# Jornada de Inovação

**Antonio Muniz**
**Bárbara Cabral**
**Carlos Alberto (Zeca)**
**Cristiane Costa Simons**
**Henrique C. Mariano**
**Luiz Mandarino**
**Marcelle Cury**
**Marcos Rodrigues**
**Raphael Boldrini**
**Renata Castro**
**Victor Gonçalves**

# Jornada de Inovação

Aplicação de conceitos, *frameworks*, ferramentas e experiências para potencializar a inovação e a transformação digital em empresas e *startups*

BRASPORT

Rio de Janeiro
2024

Editor: Antonio Muniz
Produção Editorial: Marina dos Anjos Martins de Oliveira
Editoração Eletrônica: Rinaldo Mickus e Gleyce Roberta
Capa: Rinaldo Mickus



**Dados Internacionais de Catalogação na Publicação(CIP)**
**(Câmara Brasileira do Livro, SP, Brasil)**

Jornada de inovação : aplicação de conceitos, frameworks, ferramentas e experiências para potencializar a inovação e a transformação digital em empresas e startups. -- 1. ed. -- Rio de Janeiro : Brasport Livros e Multimídias, 2024.

Vários autores.
Bibliografia.
ISBN 978-65-6096-022-0

1. Design thinking 2. Inovações tecnológicas diditais 3. Startups 4. Tecnologia e inovação 5. Transformação digital.

24-218803 CDD-607

**Índices para catálogo sistemático:**

1. Tecnologia e inovação 607

Aline Graziele Benitez - Bibliotecária - CRB-1/3129

BRASPORT Livros e Multimídia Ltda.
**Rua Washington Luís, 9, sobreloja – Centro**
**20230-900 Rio de Janeiro-RJ**
**Tel./Fax: (21) 2568 – 1415**
**e-mails: marketing@brasport.com.br**
**vendas@brasport.com.br**
**editorial@brasport.com.br**
**www.brasport.com.br**

# Jornada Colaborativa = Todos aprendem e todos ensinam!

Somos uma comunidade apaixonada por pessoas e tecnologia que compartilha experiências através de livros colaborativos e palestras. Doamos para instituições carentes os *royalties* de venda dos livros e a receita do Summit Jornada Colaborativa.

Tudo começou com um sonho de compartilhar conhecimento através do livro "Jornada DevOps", que foi escrito por 33 coautores da comunidade e alcançou quase 3 mil leitores nos primeiros quatro meses após o lançamento em 2019.

A união do time com outras comunidades em várias cidades disseminou experiências com palestras que arrecadam fundos para instituições carentes e a escrita de novos livros.

Conheça nossa comunidade e entre no time para os próximos livros:

<https://www.jornadacolaborativa.com.br/>

<3https://www.linkedin.com/company/jornadacolaborativa/>

<comunidadejornadacolaborativa@gmail.com>

# Apresentação da Jornada de Inovação

Em minha atuação como empresário, *advisor* e editor, tenho uma grande interação com executivos, empresários e conselheiros cada vez mais interessados em iniciativas que melhorem o resultado do negócio, e a cultura de inovação torna-se uma importante prática para a grande maioria das empresas nesse mundo digital em que vivemos.

Por outro lado, um estudo do Boston Consulting Group (BCG) com mais de mil empresários mostrou que 83% das organizações querem inovar, mas só 3% se dizem prontas (OLGA, 2024).

Você já percebeu o quanto é importante ter publicações de referência sobre inovação para profissionais que precisam gerar soluções inovadoras para clientes cada vez mais exigentes, né?

A história deste livro começou com a liderança do Luiz Mandarino, que convocou grandes feras de mercado e contou com a forte atuação do Henrique Mariano para complementar as ações com os curadores e autores.

A escolha das pessoas para o time de coautores com experiências diversificadas foi uma surpresa positiva para enriquecer a escrita colaborativa com um conteúdo de valor para os nossos autores.

Desejo que você evolua a sua atuação profissional e melhore a experiência dos clientes com esse riquíssimo conteúdo!

**Antonio Muniz**

Fundador da Jornada Colaborativa, CEO Advisor 10X

# Prefácio

Este livro é o resultado de um trabalho incansável de 72 coautores que se esforçaram por mais de quatro anos com muito carinho para gerar uma abordagem disruptiva sobre inovação, ajudando profissionais, organizações e governos nas suas jornadas de transformação de seus produtos e serviços, além de oferecer conceitos, dicas e boas práticas que fizeram com que este livro seja uma referência relevante sobre o assunto para todos.

Criamos este livro pensando em profissionais de todos os setores e novos talentos que reconhecem a importância crucial da inovação e da agilidade no ambiente de negócios. Em meio a uma literatura vasta e diversificada, este livro se destaca por reunir em um único lugar os principais conceitos estratégicos, táticos e operacionais, além das ferramentas essenciais para desenvolver a inovação no ambiente empresarial. Com quatro anos de amadurecimento, nosso conteúdo reflete a dedicação, o compromisso e a persistência indispensáveis não apenas no contexto da inovação, mas também na vida.

Para que o leitor possa aproveitar ao máximo o que preparamos, apresentamos uma visão detalhada do conteúdo do livro, permitindo que você identifique rapidamente como ele pode atender às suas necessidades imediatas. Sugerimos uma abordagem inovadora na leitura, focada em atender às suas expectativas e promovendo uma absorção disruptiva e prática do conhecimento. Descubra como este livro pode agregar valor de forma eficiente e transformadora.

A primeira parte do livro aborda os conceitos básicos de inovação, incluindo grau, intensidade e os estágios de inovação, facilitando a compreensão dos conceitos envolvidos e de sua aplicação, além da importância de alinhamento com as estratégias de negócios da organização, e com isso detalhando mais sobre como ela vem impactando a sociedade. Também apresentamos uma análise das *startups*, que são empresas emergentes e recém-criadas ainda em fase de desenvolvimento, que têm como objetivo principal desenvolver ou aprimorar um modelo de negócio, preferencialmente escalável, disruptivo e repetível.

Além disso, outro ponto importante são as oportunidades geradas pela inovação aberta, onde as organizações se conectam com o ecossistema em busca de soluções já desenvolvidas, acelerando a adoção de novas soluções e tecnologias. Por fim, são apresentados macrotendências e cenários futuros que permitem uma análise do que está por vir e como deverá ser a evolução nos próximos anos.

Na segunda parte exploramos estratégias de inovação e suas alternativas de execução, destacando os impactos nos processos, nas pessoas e nas políticas organizacionais. Essa parte provoca uma reflexão profunda sobre programas e a gestão de portfólios de inovação, oferecendo modelos eficazes para a captação de recursos próprios ou apoio externo com investimentos. Prepare-se para transformar sua abordagem de inovação com *insights* práticos e poderosos.

Em seguida, as oportunidades criadas pela transformação digital em processos de inovação são aprofundadas, permitindo o entendimento dos domínios relacionados e também dos impactos que as tecnologias digitais podem gerar nas organizações. Além disso, são discutidos modelos de gestão da mudança organizacional e inovação que facilitem a sua adoção e aplicação, evitando que os "anticorpos organizacionais" bloqueiem a evolução por considerarem que precisam se defender.

Na quarta parte são apresentadas formas de pensar a inovação, incluindo técnicas como *Design Thinking* e *Lean Startup*, além de *frameworks* e metodologias ágeis que facilitam o processo de desenvolvimento de inovação, incluindo discussão de casos de sucesso que geram mudanças na cultura das organizações. Também são apresentados conceitos relacionados à experiência do usuário e tecnologias que facilitam a aproximação com as necessidades dos clientes e consequentemente potencializam a entrega de valor para todos os envolvidos.

A quinta parte tem foco em fomentar a inovação, descrevendo designs organizacionais que potencializam a inovação e a criatividade. Também são consideradas a gestão de talentos e a importância da diversidade e da inclusão para o fomento da inovação. Também é abordado o desenvolvimento de programas de intraempreendedorismo que promovem oportunidades de evolução e transformação.

Em seguida, são gerados modelos de conexão a inovação, incluindo boas práticas de execução de programas de intraempreendedorismo e inovação aberta, assim como iniciativas como *ideathons* e *hackathons* (maratonas de ideias e programação) ou PoCs (Provas de Conceito) e MVPs (Mínimo Produto Viável), que permitem a identificação de ideias e oportunidades de forma mais rápida, gerando um aprendizado prático e oportuno a todos os envolvidos. Por fim, são discutidos mais detalhes sobre o ecossistema de inovação e os tipos de *startups* e como elas podem ser conectadas às necessidades de inovação.

Na sétima parte são discutidas as formas de medição da inovação – afinal, somente podemos melhorar aquilo que medimos, ou seja, é importante medir a inovação para que se possam fazer os ajustes necessários ao longo do caminho.

Na parte seguinte são apresentadas algumas ferramentas de inovação e sua conexão com a agilidade, incluindo técnicas de *product discovery* como *Design Thinking*, para identificar ideias que possam ser transformadas em um protótipo que confirme as expectativas geradas, *Design Sprint*, que alinha esses conceitos com uma abordagem de agilidade e entrega em tempo definido (*Sprint*) com foco maior em resultado, além de *Lean Inception*, que busca alinhar esses conceitos também com a abordagem enxuta, com foco na redução de desperdício e maior concentração na geração de valor.

Na última parte são discutidas tecnologias que podem facilitar o processo de inovação, como Inteligência artificial, realidade aumentada, robótica, internet das coisas (IoT – *Internet of Things*), *blockchain*, além de computação em nuvem e *big data*. Com os exemplos de aplicação dessas tecnologias descritas no livro, é possível imaginar a aplicação no seu negócio e no seu dia a dia.

Diante de todo esse conteúdo, acreditamos que você esteja ansioso para explorar o livro e seguir a sua jornada de inovação. Já deve ter identificado oportunidades para aplicar esse conhecimento em sua realidade, transformando-o em práticas que tornem você mais inovador e colaborativo, assim como fomos ao desenvolver este projeto.

Boa jornada e leitura do livro, e muita inovação na sua vida!

*A inovação sustenta o crescimento e a sobrevivência de uma empresa no longo prazo. (Clayton Christensen, em O Dilema da Inovação)*

**Henrique C. Mariano e Luiz Mandarino**

# Sumário

# PARTE I. INOVAÇÃO NA ERA DA MUDANÇA

# 1. Por que iniciar a jornada ágil de inovação nas empresas?

*Victor Gonçalves*
*Suzana Campos*

Em um mundo cada vez mais dinâmico, complexo e digital, gerar valor para as organizações requer uma mentalidade alinhada com as perspectivas contemporâneas. O maior ativo de uma empresa é a sua capacidade de tomar decisões em um ambiente onde impera a imprevisibilidade, alterando toda a dinâmica estratégica, tática e operacional. A velocidade e o volume das transformações provocadas pela revolução digital têm estimulado novas formas de encarar os desafios do consumo, com um foco crescente na experiência do usuário, em detrimento de produtos ou serviços propriamente ditos.

É consenso que as relações interpessoais são cada vez mais intermediadas por dispositivos eletrônicos, o trabalho é cada vez mais intelectual e menos braçal, os alimentos são geneticamente modificados, diversos acessórios monitoram e contribuem para a nossa saúde, o acesso à informação é instantâneo e o poder de processamento e armazenamento de dados cresce exponencialmente. No entanto, como a sociedade experimentará os efeitos dessas mudanças em termos políticos, econômicos e nos demais aspectos da vida sempre foi do interesse de alguns estudiosos.

A era da inteligência artificial, da robótica, do *big data* e das ferramentas de *analytics* já havia sido prevista por futuristas e escritores, mesmo antes de tecnologias viabilizadoras estarem disponíveis comercialmente e de novas necessidades se tornarem óbvias. Registros apontam que Alvin Toffler (1998), autor e futurista, defendia que o analfabeto do século XXI não seria aquele que não conseguisse ler e escrever, mas aquele que não conseguisse aprender, desaprender e reaprender. Sua provocação vai ao encontro das novas demandas no mundo dos negócios, onde os profissionais devem aprender habilidades que os diferenciam das máquinas, reaprender habilidades que culturalmente ficaram para trás e desaprender tudo aquilo que funcionava no passado, mas não cabe mais. Esses três passos são imprescindíveis para entender o que é necessário para a próxima fase.

Toffler defendia que a mudança é o processo no qual o futuro invade nossas vidas, sendo desconfortável porque passamos pelo sentimento de sermos competentes para incompetentes. Toda ponte para o futuro traz algum nível de insegurança ao ser humano, mas ainda assim é o único caminho viável para aqueles que desejam sobreviver e se destacar no século onde a singularidade tecnológica, a revolução das comunicações e a revolução digital alteram toda a forma de fazer negócios.

Essas mudanças exigem respostas rápidas, diversas e disruptivas. Todas as transformações, sejam elas tecnológicas, hábitos de consumo ou de relacionamentos interpessoais ou entre pessoas e marcas, causam profundas mudanças na forma como a sociedade se comporta. Toda a complexidade e a incerteza que compõem o mundo, aliadas ao progresso de tecnologias viabilizadoras, já estabeleceram um novo padrão de normalidade, fazendo com que tenhamos que nos imaginar em uma realidade ainda não vivenciada, repleta de oportunidades para aqueles que adotarem uma visão de apetite ao risco e ousadia para explorar, através da experimentação, a verdadeira inovação.

Surge, então, um novo conceito conhecido por "tempos pós-normais", que, nas palavras de Sardar (2017), é o período "onde não se pode confiar no cenário lá fora". Trata-se de uma época caracterizada pela mudança rápida, pelo realinhamento de poder e pelo comportamento caótico. Todas essas variáveis se reúnem de maneiras que confundem as decisões, portanto assume-se a necessidade das empresas se tornarem adaptáveis diante desse novo mundo, garantindo a frequente entrega de valor a partir da experimentação e do foco na experiência do cliente.

No entanto, o principal desafio de uma empresa é preparar sua cultura, de maneira integrada, para um pensamento estratégico que se desdobre em ações que considerem resiliência, flexibilidade, multidisciplinaridade e agilidade para encontrar, educar e promover constante entrega de valor, bem como para a tomada de decisões, gestão e liderança.

É nesse cenário de transformações constantes que a inovação surge como uma alternativa para a sobrevivência e diferenciação, onde as empresas precisam se manter competitivas, sem desviar da busca pela excelência nos quatro pilares de qualquer empresa: marketing, vendas, gestão e liderança. Os modelos clássicos de gestão, principalmente o *top-down*, onde as necessidades do "chão de fábrica" e dos usuários não são consideradas no momento de tomada de decisão, não são mais aceitos nesse contexto de pós-normalidade. É necessária a junção de inovação, criatividade, habilidades comportamentais e competências subjetivas (*soft skills*) com métodos de gestão, busca por resultados e posicionamento de mercado.

Com esse novo modelo gerencial e de liderança, surgem as empresas antifrágeis, que são aquelas onde a experimentação, a sujeição a erros e a iteração são a base do seu desenvolvimento. São organizações ousadas que consideram os fatores externos e inesperados em seus planejamentos, encarando-os com naturalidade e evitando se blindar aos riscos. Essas organizações conseguem aprender, melhorar e evoluir ao enfrentar adversidade, caos, desordem, estresse e aleatoriedade.

Diante desse contexto desafiador e ao mesmo tempo promissor, este livro propõe a apresentar uma abordagem ágil e sistêmica para impulsionar a inovação nas empresas brasileiras, tanto no setor privado quanto no setor público. Ao longo dos próximos capítulos, serão explorados os conceitos, as metodologias, as ferramentas e os casos de sucesso que compõem a "Jornada de Inovação".

Mais do que um manual prescritivo, este livro se propõe a ser um guia inspirador e provocativo para líderes e gestores que desejam transformar suas organizações em verdadeiras máquinas de inovar. Serão abordados desde os fundamentos teóricos da inovação até os aspectos práticos da sua implementação, passando por temas como estratégia, cultura, pessoas, processos, tecnologias e ecossistemas.

Seja você um executivo de uma grande corporação, um dirigente de um órgão público, um empreendedor à frente de uma *startup* ou um profissional interessado em se capacitar para os desafios da inovação, este livro foi escrito para você. Prepare-se para uma jornada instigante e transformadora, que vai desafiar seus modelos mentais, ampliar seus horizontes e equipá-lo com as competências necessárias para liderar a inovação na sua organização.

Afinal, em um mundo em constante mutação, onde a disrupção se tornou a regra, não há mais espaço para a zona de conforto. É preciso abraçar a mudança, romper paradigmas e se reinventar continuamente. É preciso ter coragem para questionar o *status quo*, experimentar novas abordagens e aprender com os erros e acertos. É preciso, sobretudo, ter um ***mindset* ágil** e uma cultura voltada para a inovação.

Se você chegou até aqui, é porque já entendeu a importância estratégica da inovação e está pronto para embarcar nessa jornada. Então, vire a página e deixe-se inspirar pelas ideias e histórias que serão compartilhadas ao longo do livro. O futuro da sua organização começa agora, e a inovação é o caminho para construí-lo. Boa leitura e boa jornada!

# 2. O que é inovação

*Renata Castro*
*Matheus Antonio Ventura*

## 2.1. Conceitos, fundamentos e dimensões da inovação

De acordo com o Manual de Oslo (OECD, 2018), principal referência utilizada em todos os países pertencentes à Organização para a Cooperação e Desenvolvimento Econômico (OCDE) e que estabelece as diretrizes para análise e acompanhamento da evolução do desenvolvimento tecnológico na indústria, a inovação pode ser definida como um produto, processo ou serviço (ou a combinação destes, por exemplo, em um modelo de negócios) que seja novo ou significativamente aprimorado e que tenha efetivamente sido ofertado ao mercado ou utilizado pela empresa como diferencial competitivo para o setor e/ou mercado.

O Manual de Oslo define quais atividades, incluindo as de desenvolvimento, financeiras e comerciais, são consideradas inovadoras e que podem e devem ter suas métricas apuradas e acompanhadas ao longo do tempo. São elas:

- Atividades de Pesquisa e Desenvolvimento (P&D).
- Engenharia, design e outras atividades de trabalho criativo.
- Atividades de marketing e *brand equity*.
- Atividades relacionadas à propriedade intelectual (PI).
- Atividades de treinamento de funcionários.
- Atividades de desenvolvimento de software e banco de dados.

- Atividades relacionadas à aquisição de ativos tangíveis.
- Atividades de gestão da inovação, incluindo métodos ágeis.

Uma inovação necessariamente precisa ser implementada e proporcionar impactos econômicos e sociais mensuráveis para empresas, indivíduos, governos e a sociedade de modo geral. Do contrário, trata-se apenas de mera ideia ou invenção.

## 2.2. Inovação como propulsora do desenvolvimento econômico

Considerando os impactos das inovações no crescimento da riqueza e na transformação das sociedades no longo prazo, uma das mais brilhantes teorias econômicas sobre o tema foi elaborada por Joseph Schumpeter (1942). Ele explicou como as empresas buscam continuamente, através da inovação, por novas oportunidades e vantagens competitivas sobre os concorrentes atuais ou potenciais – mesmo que isso signifique praticar o que o economista definiu como "destruição criadora ou criativa", ou seja, a interrupção da atividade econômica existente por inovações que criam novas maneiras de produzir bens ou serviços ou indústrias inteiramente novas. Isso, por sua vez, movimenta todo o sistema nacional e, às vezes, mundial de inovação.

**Figura 2.1. Destruição criadora. Fonte: adaptado de Moreira Junior (2021).**

Schumpeter certamente ficaria orgulhoso das *startups* disruptivas que atualmente rompem com modelos de negócios, inventam novos mercados e colapsam a concorrência que não bebe continuamente na fonte da inovação. Esses conceitos serão explorados mais adiante neste capítulo.

Porém, seja rompendo com paradigmas ou mantendo o fluxo de modificações pontuais e incrementais, inovar é fundamental para o desenvolvimento econômico de um país, pois permite que novas ideias e tecnologias produzam bens e serviços melhores e/ou processos produtivos mais eficientes e também mais sustentáveis.

Todos esses fatores elevam a competitividade dos mercados, gerando emprego, renda e consumo, melhorando o saldo da balança comercial ao exportar produtos com maior valor agregado e qualidade e, como resultado sistêmico, induzem ao crescimento econômico.

Dessa forma, o ciclo da inovação se retroalimenta conforme a economia se expande. Isso ocorre porque as empresas se sentem mais estimuladas a investir em infraestrutura, recursos humanos e em pesquisa e desenvolvimento de novos produtos e serviços. Os empreendedores são incentivados a criar novos negócios, o governo e as famílias estimulam a educação científica e investigativa e a sociedade ganha como um todo, melhorando não só o seu Produto Interno Bruto (PIB), mas também indicadores qualitativos de vida, como o Índice de Desenvolvimento Humano (IDH).

## 2.3. Tipos, graus, intensidade e estágios de inovação

A inovação pode ser classificada de acordo com seu tipo. Assim, podemos ter inovações de produto, inovações de processo e, ainda, inovação em modelos de negócios.

### 2.3.1. Inovações de produto

São consideradas inovações de produto as melhorias significativas em bens e/ou serviços que resultem em produtos físicos e digitais significativamente aprimorados e ofertados ao mercado e/ou utilizados de forma efetiva pela empresa que os desenvolveu. São consideradas inovações as modificações que resultem em melhor desempenho, usabilidade, eficiência, redução de custos e acessibilidade, por exemplo.

Atualmente, com o crescimento mundial da pauta de sustentabilidade, responsabilidade social e economia circular, o design de produto (e mesmo o de serviço) vem ganhando maior relevância e ampliando o conceito de inovação de produto, uma vez que passou a ser atributo relevante desde a fase de ideação para atender às novas demandas de mercado.

Outra tendência global no desenvolvimento de projetos é o envolvimento do cliente final desde o início da concepção da inovação, com o objetivo de proporcionar uma experiência de usuário excelente. As *startups* são o grande motor transformacional desse novo paradigma, ajustando-se rapidamente às demandas do cliente e, com isso, criando soluções para problemas até então sequer imaginados ou percebidos pelas grandes corporações.

Essa nova dinâmica no jogo de captura e conquista do cliente resultou na própria mudança de percepção do que é inovação e das metodologias até então utilizadas para sua criação e gestão, inclusive facilitando o caminho para o surgimento da inovação aberta, que veremos mais adiante, no Capítulo 8.

### 2.3.2. Inovações de processo

Pode-se considerar inovação de processo quaisquer mudanças significativas em fluxos organizacionais que contribuam de forma direta ou indireta para o desenvolvimento de produtos e serviços que venham a ser utilizados pela própria empresa ou sejam ofertados ao mercado. Por exemplo, melhoria dos processos estratégicos como gestão da inovação, marketing e vendas, aumento da eficiência do uso dos recursos, gestão da qualidade, conformidade administrativa, contábil e fiscal, melhoria dos processos de distribuição, logística e TI.

Em muitos casos, a própria inovação de processo resulta em novos produtos e serviços e, às vezes, em novos modelos de negócios.

### 2.3.3. Inovação em modelos de negócios

Em tempos de *startups* e unicórnios (*startups* que possuem valor de mercado avaliado em US$ 1 bilhão) oferecendo produtos e, principalmente, serviços com potencial de disrupção de mercados, sendo os exemplos mais óbvios o Uber e a AirBnB, novos modelos de negócios são a fronteira atual quando se fala em inovação.

Ainda que pioneirismo e ineditismo em produtos e serviços tenham sua relevância, modelos de negócio que criam novos mercados, sistemas de logística e dinâmicas de relacionamento com fornecedores e clientes nem sequer imaginados há uma ou duas décadas são o *drive* indutor do futuro (e que, em muitos casos, já está acontecendo agora) das empresas e das relações como o consumidor.

Dentro desse novo cenário, as empresas estão se movimentando para se adaptarem a essa nova realidade. Isso envolve ampliar e aperfeiçoar seu portfólio de negócios para atender às demandas de clientes cada vez mais exigentes e seletivos, revisar seus processos para se adaptarem à transformação digital e aplicar o conceito de destruição criativa. Isso significa matar seus próprios negócios, produtos e serviços e lançar novidades centradas no cliente antes que seus concorrentes conhecidos ou escondidos em alguma garagem o façam.

A mais famosa ferramenta de gerenciamento estratégico utilizada para ajudar os gestores a trilhar esse novo caminho é o *Business Model Canvas* (BMC), idealizado por Alexander Osterwalder e Yves Pigneur (2011), que permite esboçar e desenvolver modelos de negócio novos ou refinar os já existentes.

No livro, os autores apresentam os principais padrões e modelos de negócios adotados pelas empresas que estão na vanguarda da inovação e que são comumente utilizados de forma associada, pois cada um deles traz uma abordagem diferente que se complementa. No Capítulo 12 você poderá encontrar um detalhamento do BMC.

Padrões de modelos de negócio:

- Separados ou desagregados
- Cauda longa
- Plataformas multilaterais
- *Freemium*
- Abertos

Temos ainda o *Lean Canvas,* adaptado do BMC e inspirado por Eric Ries, autor de *A Startup Enxuta* (2019), outro livro essencial para dominar a inovação ágil. Ash Maurya, em seu livro *Comece sua Startup Enxuta* (2024), propõe um *canvas* para ser utilizado por *startups* nos estágios iniciais de ideação, modelagem e validação dos diferenciais competitivos do negócio, focando no teste de hipóteses de soluções para problemas ou dores do mercado.

Além disso, todas as opções de inovação de modelos de negócios disponíveis às empresas que desejam sobreviver passam, necessariamente, pela adoção de metodologias ágeis de gestão da inovação, que serão apresentadas mais adiante neste livro.

# 3. Grau e intensidade da inovação

*Renata Castro*
*Matheus Antonio Ventura*

Inovações podem ser classificadas em função do grau de novidade, da intensidade, do potencial de mudança dos paradigmas de mercado e de consumo de um novo produto ou serviço.

## 3.1 Grau de ineditismo

Às vezes, empresas acreditam que estão inovando ao adotarem tecnologias já consolidadas e/ou equipamentos de amplo domínio no setor onde atuam, mas, nesse caso, não se trata de inovação, e sim de uma modernização de processos e produtos que é fruto da **difusão tecnológica** ou *catching up* de inovações anteriores e representa o esforço da empresa para acompanhar a corrida dos líderes e manter-se no mercado sem, no entanto, mudar sua posição relativa. Mudanças tecnológicas desse tipo são, no máximo, classificadas como **inovações para a empresa**.

Por outro lado, as empresas também podem procurar pesquisar e desenvolver, como alternativas à redução de custo de licenciamento de patentes, rotas tecnológicas próprias para chegarem ao mesmo resultado que já existe no mercado, mas fora do seu domínio e aplicação.

Por exemplo, imagine uma indústria de cosméticos que resolva investir em pesquisa e desenvolvimento (P&D) para produzir suas próprias fragrâncias e obtenha sucesso. O ineditismo dessa inovação será em **nível nacional**, ou mesmo **mundial**, caso resolva ela própria também se tornar fornecedora desse insumo de alto valor agregado.

A inovação pode ainda representar potencial para mudar a dinâmica entre os atores do setor e até mesmo abrir novos mercados, o que permitiria à empresa deter um monopólio por certo período até que outro competidor apareça, como veremos a seguir.

## 3.2. Intensidade da inovação

Foi também Schumpeter (1988) que definiu a intensidade de uma inovação que chega ao mercado.

As empresas mais inovadoras, que dependem de portfólios de produtos e serviços constantemente renovados e melhorados, geralmente buscam aplicar sistemas de gestão de inovação incremental que promovem alterações significativas. Porém, são adicionais a produtos já existentes com o propósito de permanentemente oferecer ao consumidor novidades que o mantenham fiel à marca, assim como sua participação no mercado e competitividade frente aos demais concorrentes. No entanto, não garante, via de regra, que essas empresas darão grandes saltos de liderança, mantendo-as apenas na disputa.

Apesar do melhor custo e de ser menos complexa e arriscada tecnologicamente, a inovação incremental é fundamental do ponto de vista estratégico para a sobrevivência da empresa no longo prazo. Pense, por exemplo, em grandes corporações quase centenárias, mas que ainda estão no mercado, como a Gillette e a Coca-Cola. Elas nunca pararam de vender aparelhos de barbear e refrigerante, mas, ao longo das décadas, continuamente foram aprimorando e/ou desenvolvendo novas aplicações e sabores, sempre melhorando as versões anteriores dos mesmos produtos, respectivamente. Essa abordagem funciona muito bem até certo ponto.

Ocasionalmente, as empresas, dentro do *pipeline* de projetos, podem chegar a resultados que sejam **inovações radicais**, potencialmente capazes de alterar a dinâmica de setores inteiros e mesmo de criar novos mercados e paradigmas de modelo de negócios e de consumo.

E nem mesmo a Gillette e a Coca-Cola podem dispensar essa estratégia de inovação. A primeira foi seriamente ameaçada em sua sustentabilidade quando a *startup* Dollar Shave Club sacudiu o mercado com seu novo modelo de negócios baseado em assinaturas com lâminas de baixo custo para um "barbear perfeito".

A Procter & Gamble (dona da Gillette) não só não percebeu como também não reagiu imediatamente à nova ameaça. Como resultado, assistiu a Unilever, sua principal concorrente, comprar a *startup* de 1 dólar por 1 bilhão de dólares e nunca mais recuperou sua liderança absoluta no mercado.

As *startups* são o exemplo mais óbvio de berço de inovações radicais, mas as grandes empresas também perseguem o seu "oceano azul" no desenvolvimento de produtos e serviços que, além de inéditos (uma característica inerente à inovação radical), as mantêm na liderança de seus mercados e, muitas vezes, em novos monopólios que trazem com eles vantagens competitivas de médio e longo prazo.

*A estratégia do oceano azul*, livro de Kim e Mauborgne (2019), apresenta a estratégia de inovação baseada na premissa de criar novos mercados sem concorrentes e com oportunidades de negócios ainda não percebidas, ajudando as empresas a deixarem de navegar por oceanos vermelhos cheios de tubarões (concorrentes) e mercados sangrentos e saturados. A proposta é atraente, mas incorre um custo de oportunidade traduzido em tempo e recursos para que tais projetos se tornem viáveis e lucrativos.

Um passo (ou vários) além das inovações radicais estão as **inovações disruptivas**. Ao contrário do que a palavra pode sugerir, não são eventos dramáticos que acontecem de uma hora para outra sem nenhuma previsibilidade – embora, como nos explica Nassim Taleb em *A Lógica do Cisne Negro* (2021), isso seja muito mais fácil de se concluir quando se olha em retrospecto para a sequência de eventos que levaram à disrupção.

Inspirado no conceito de destruição criativa (SCHUMPETER, 1988), Christensen, autor de *O Dilema da Inovação* (2011), explica que as empresas tendem a inovar de maneira mais sustentável, via modificações incrementais que as levam a desenvolver produtos cada vez mais sofisticados e caros que atendem a uma determinada faixa de clientes com um certo perfil de consumo. Esse sistema se retroalimenta dentro da lógica da rentabilidade e de sucesso que esses produtos ou serviços propiciam. Porém, essa estratégia de inovação no longo prazo esconde vários riscos.

O maior risco ignorado é de mercado, uma vez que, ao tornarem suas inovações cada vez mais sofisticadas e caras, as empresas desprezam toda uma faixa de consumidor que, teoricamente, não tem interesse em consumir seus produtos.

Acontece que, em muitos casos, isso está longe de ser verdade. Veja, por exemplo, o sistema bancário. Os bancos com suas megaestruturas oferecem soluções complexas e caras a um público restrito a uma determinada faixa de renda e assim permaneceriam *ad infinitum,* se as *fintechs,* com muita criatividade, tecnologia e margens de lucro menores, não viessem oferecer um produto financeiro acessível e fácil de aderir e utilizar.

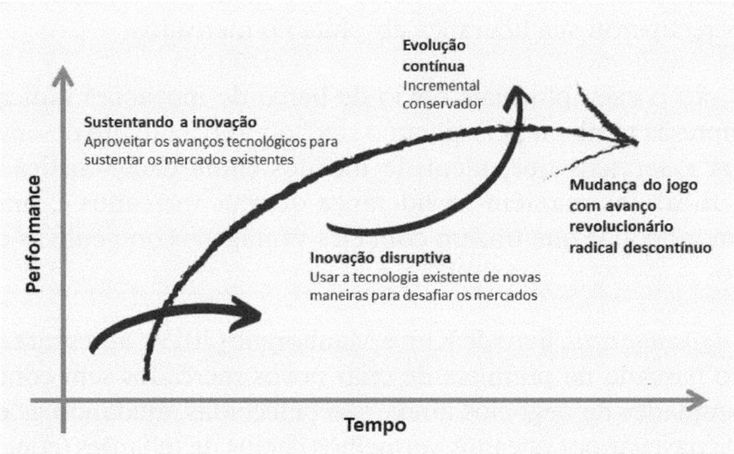


**Figura 3.1. Inovação disruptiva. Fonte: adaptada de Zaman (2020).**

Para ilustrar o conceito apresentado na Figura 3.1, pense na disrupção que o Nubank vem causando no modelo de negócios dos principais bancos brasileiros. Isso porque, além de "bancarizar" milhões de pessoas que de outra forma não teriam acesso a uma conta corrente (um mercado negligenciado), ainda motivou que milhões de clientes insatisfeitos com taxas abusivas também migrassem para soluções mais simples e gratuitas.

Em *A Estratégia da Inovação Radical*, Pedro Waengertner (2018) deixa bem claro que os modelos mais tradicionais de gestão da inovação não se encaixam muito bem nos conceitos de inovação radical e disruptiva, que naturalmente exigem métodos mais ágeis para o desenvolvimento de novos produtos, serviços e modelos de negócios.

# 4. Estágios da inovação

*Renata Castro*
*Matheus Antonio Ventura*

## 4.1. Nível de Maturidade Tecnológica (NMT)

O NMT ou *Technology Readiness Level* (TRL) é uma metodologia desenvolvida pela NASA em 1974 para mensurar e comparar a evolução da maturidade de novas tecnologias aeroespaciais. É muito utilizada por empresas e agentes de fomento à inovação na tomada de decisão da alocação de recursos conforme vão sendo superados os *milestones* ou critérios mínimos que tornam a tecnologia apta para a próxima fase de desenvolvimento.

Em 2014, a União Europeia lançou um manual com um refinamento das definições dos TRLs, que contemplasse qualquer tipo de inovação e não apenas as ligadas à indústria aeroespacial. No Brasil, foi normatizada pela NBR ISO 16290:2015.

## 4.2. Ciclo de vida do projeto e riscos tecnológicos inerentes à inovação

É possível associar o nível de maturidade de um projeto ao seu ciclo de vida ou às etapas de pesquisa, desenvolvimento e inovação, e também ao risco inerente a cada uma delas, considerando que quanto mais recente for a tecnologia maiores serão as incertezas e, portanto, as chances de fracasso.

A compreensão dessa lógica é crucial porque é justamente onde se concentra o maior risco tecnológico (TRLs 1 a 6) que a indução à inovação deve ser apoiada com recursos não reembolsáveis (a fundo perdido) e capital de risco (investimento anjo e semente) como forma de mitigar os riscos e facilitar a tomada de decisão de transformar uma ideia ou conceito (pesquisa básica) em algo com potencial mercadológico (pesquisa aplicada) e que, posteriormente, possa chegar ao mercado (inovação).

A Figura 4.1 apresenta um comparativo entre risco tecnológico, níveis de maturidade, ciclo de vida do projeto e os principais atores da cadeia de inovação. Importante observar que entre o TRL 3 e 6 as pesquisas enfrentam o enorme desafio de atravessar o **"Vale da Morte"**, assim denominado porque o risco associado ao seu desenvolvimento ainda é tão elevado que dificilmente conseguem prosperar sem auxílio financeiro.

<table>
<tr><th>Risco</th><th>Níveis</th><th>Fases</th><th>Etapas</th><th>Descrição</th><th>Atores</th></tr>
<tr><td rowspan="4">Elevado</td><td>TRL 0</td><td rowspan="4">Conceito</td><td>Ideação</td><td>Na classificação original não existe nível 0. Refere-se ao estágio no qual se formula uma hipótese e se refina uma ideia.</td><td rowspan="3">Academia, universidades, governo</td></tr>
<tr><td>TRL 1</td><td>Pesquisa básica</td><td>Princípios básicos observados e relatados. A pesquisa concentra-se no levantamento bibliográfico e na busca por referências.</td></tr>
<tr><td>TRL 2</td><td>Conceituação</td><td>Conceitos e possíveis aplicações da tecnologia são formulados com base nos dados levantados na etapa anterior.</td></tr>
<tr><td>TRL 3</td><td>Pesquisa aplicada</td><td>Prova de conceito experimental, por meio da modelagem e da experimentação daquilo que se teorizou desde a ideação.</td><td rowspan="4">Vale da morte</td></tr>
<tr><td rowspan="2">Alto</td><td>TRL 4</td><td rowspan="2">Protótipo</td><td>Testes laboratoriais</td><td>Prova de conceito validada em laboratório e avançando na construção de protótipo inicial que possa ser testado.</td></tr>
<tr><td>TRL 5</td><td>Teste piloto</td><td>Tecnologia validada em ambiente relevante. São definidos requisitos mínimos de funcionalidade do protótipo, que aumentam o risco das próximas etapas relacionadas à escala de produção.</td></tr>
<tr><td rowspan="2">Médio</td><td>TRL 6</td><td rowspan="2">Validação</td><td>Protótipo ou MVP</td><td>Tecnologia demonstrada em ambiente relevante que valida que o protótipo atendeu aos requisitos mínimos e pode seguir nos testes de viabilidade comercial.</td></tr>
<tr><td>TRL 7</td><td>Demonstração</td><td>Demonstração do protótipo em ambiente operacional em condições reais de produção para teste de performance e conformidade. Superada esta fase, conclui-se a validação e o risco tecnológico diminui.</td><td rowspan="3">Iniciativa pública e privada</td></tr>
<tr><td rowspan="2">Baixo</td><td>TRL 8</td><td rowspan="2">Produção</td><td>Scaleup</td><td>Produto completo e qualificado. A tecnologia está madura o suficiente para operar no ambiente de produção industrial. Alguns riscos ainda são possíveis ao se mudar de escala de produção.</td></tr>
<tr><td>TRL 9</td><td>Inovação</td><td>Produto real aprovado em ambiente industrial e condições de produção. Para chegar ao mercado, é preciso também que estejam superadas outras barreiras, pois o produto precisa ser competitivo.</td></tr>
</table>

**Figura 4.1. Quadro comparativo. Fonte: coautora Renata Castro.**

Muitos projetos também sucumbem ao vale da morte porque estão tão no estado da arte tecnológica que simplesmente não há ainda recursos adjacentes que possam sustentar seu amadurecimento e, assim, permanecem inertes até que outras tecnologias o alcancem e permitam seu avanço.

É o que estamos observando com a convergência de várias plataformas de conhecimento, tais como *big data analytics, cloud computing, blockchain, machine learning* etc., que permitem, agora, que inovações radicais e disruptivas como inteligência artificial estejam acelerando rapidamente por todos os níveis de maturidade tecnológica e algumas já estejam praticamente prontas para o mercado. Isso nos leva a outra ferramenta importante de observação de estágios e tendências de inovação, a Curva Gartner.

## 4.3. *Hype Cycle* ou Curva Gartner

*Hype Cycle* é uma curva de padrões que tendem a se repetir no ciclo de vida de uma determinada tecnologia ou inovação e foi desenvolvida pela Gartner em 2018. Desde então, a consultoria divulga todos os anos mais de 100 *Hype Cycles* em vários setores e segmentos de mercado para acompanhar a maturidade da inovação e o potencial futuro das tecnologias e como estas evoluem, ou não, na curva ao longo do período observado.

A curva pretende mostrar que um gatilho tecnológico, por exemplo, uma grande descoberta ainda nas fases de Pesquisa e Desenvolvimento (P&D), pode dar início a uma onda hiperbólica (daí *Hype*) que cria grandes expectativas, mas que normalmente não corresponde à realidade e sucumbe, com algumas poucas tecnologias chegando ao estágio de maturidade suficiente para gerar engajamento e sustentabilidade produtiva.

Sua principal utilidade é ajudar a mapear e acompanhar a evolução e a velocidade de desenvolvimento tecnológico de um determinado segmento de mercado, chegar ao platô de produtividade e prover subsídios à tomada de decisão estratégica para a sua adoção ou não.

Contudo, aprender a interpretar a curva demonstrada na Figura 4.2 é essencial para o *timing* de captura de valor da tendência dentro do ambiente empresarial. Não parece fácil, e não é mesmo, tomar essa decisão, mesmo com a ajuda da curva. A Gartner recomenda que:

- não se deve apostar em um gatilho tecnológico (***Technology Trigger***) de uma inovação apenas porque está crescendo de forma vertiginosa ou com *hype*;

- tampouco deve-se ignorar uma tendência só porque não atingiu as expectativas exageradas (***Peak of Inflated Expectations***) e começou a descer ou está no meio da curva da desilusão (***Trough of Disillusionment***). Mantenha-a no seu radar;
- conforme as tecnologias superam a desilusão e começam a subir a curva do esclarecimento ***(Slope of Enlightenment)***, observe os primeiros adotantes aprendendo as lições difíceis das novas tecnologias de menor impacto no seu negócio e decida por adotá-las ou não quando já estiverem bem maduras ***(Plateau of Productivity)***;
- no entanto, seja agressivo de forma estratégica e incorpore antecipadamente tecnologias com potencial de alavancagem e/ou disrupção no seu negócio.

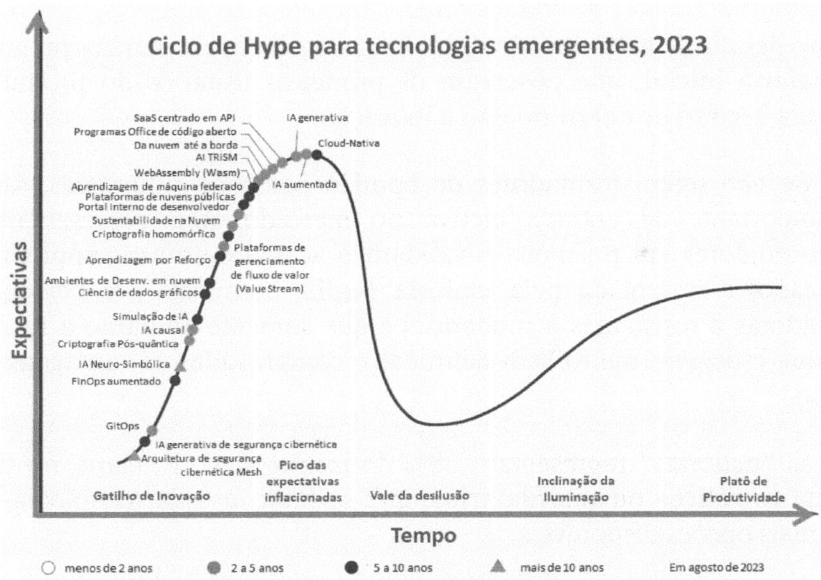


**Figura 4.2.** ***Hype cycle*****. Fonte: adaptado de Perri (2023).**

E muito conectada à lógica da *Hype Cycle*, temos a **Curva de Adoção de Inovação** (ROGERS, 2003), normalmente utilizada como ferramenta de marketing para construção de estratégias de lançamento de novos produtos no mercado, a fronteira final de qualquer inovação que superou todas as etapas anteriores vistas quando falamos dos seus estágios de desenvolvimento.

A premissa dessa teoria é que, mesmo que se tenha um produto fantástico, tecnologicamente falando, pronto para entrar no mercado, ainda pode ser bastante desafiador convencer os consumidores que o adotem.

A primeira parte da curva pode ser considerada, em alguns aspectos, uma sobreposição ao início do *Hype Cycle*, quando começa a subida exagerada de expectativas em relação a algo com potencial disruptivo.

Então, temos os ***early adopters***, compostos por entusiastas e visionários da nova tecnologia, que não representam mais do que 15% do potencial do mercado, mas que são extremamente importantes, pois, como vanguardistas, costumam correr mais riscos e ser intensos difusores da inovação, apresentando o produto ao resto do mercado e sendo fortes influenciadores de tendências e de adoção.

Essa é uma etapa crucial a ser vencida; do contrário, o produto não conseguirá ultrapassar o abismo (*The Chasm*) que divide os fãs e defensores do produto daqueles consumidores menos empolgados e dispostos a mudanças. Este conceito foi proposto por Geoffrey Moore em *Crossing the Chasm* (1991) e não fazia parte originalmente do modelo de Rogers.

Vencido o desafio do salto dos adotantes iniciais, a curva encontra os pragmáticos ou a **maioria inicial**, que observam os primeiros usuários do produto para tomarem a decisão de aderir ou não à inovação.

Apesar de não serem formadores de opinião como os entusiastas, são uma etapa importante de entrada efetiva no mercado, pois representam 34% dos consumidores em potencial e validam o acesso de outra expressiva fatia do mercado, representada pela **maioria tardia**, composta por pessoas mais conservadoras e resistentes a mudanças e que somente adotarão a tecnologia depois que estiverem muito bem definidas e comprovadas as vantagens de sua aquisição.

Juntas, as "maiorias" representam 68% do *market share*. E, claro, no final da curva, há os **céticos ou retardatários**, que só farão uso da tecnologia se não houver mais opções disponíveis.

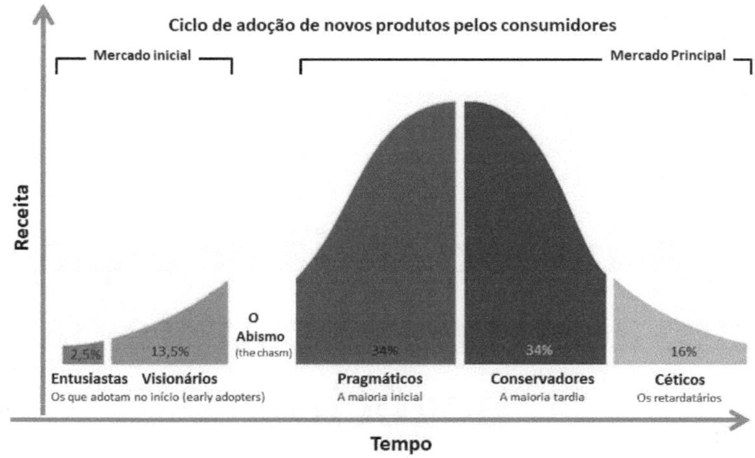


**Figura 4.3. Ciclo de adoção. Fonte: adaptada de Rogers (2003).**

# 4.4. Conclusão

E o que essas três ferramentas têm em comum? Em todas elas você encontrará uma versão do "vale da morte" acontecendo em momentos diferentes do ciclo de vida do produto, o que valida por si só a "tese" de que inovação não só é necessária e obrigatória estrategicamente para as empresas, como também representa enormes desafios tecnológicos e de risco de mercado ao longo de toda a cadeia inovativa que precisam ser constantemente monitorados na tentativa de mitigar insucessos e falhas (ainda que se possa aprender muito com estas).

Neste livro você encontrará valorosas informações, conceitos e ferramentas que permitem que a gestão da inovação seja mais ágil.

# 5. A importância de alinhar a inovação com a estratégia de negócios

*Mauricio Moreira da Silva*
*Luciana Mourão Temporal*
*Alan Fernandes*

Com a evolução cada vez mais rápida dos negócios, em um mundo onde as mudanças e incertezas estão presentes no dia a dia dos diversos segmentos da sociedade, a inovação torna-se algo de fundamental importância para as empresas se manterem no mercado e não serem engolidas pela própria concorrência e por novos modelos de negócios e oportunidades que surgem com a inovação, que muitas vezes trazem cenários disruptivos.

A verdade é que, nos dias atuais, apoiar-se somente em referências de sucesso ocorridas no passado, mesmo sendo um passado recente, já não garante mais o sucesso ou a sobrevivência no mercado.

Dentro das organizações, está cada vez mais presente a ideia de que estratégias de inovação devem ser adotadas para a evolução dos negócios; porém, na prática, não adianta ter uma área de inovação totalmente apartada, sem comunicação com o restante da empresa e longe da realidade dos negócios e das suas operações do dia a dia.

A estratégia da inovação precisa estar sincronizada com a própria estratégia de negócios das organizações, com total comprometimento e apoio executivo.

Porém, na prática, é grande a dificuldade de conseguir um bom alinhamento entre a inovação e a gestão dos negócios.

Quando esses dois pontos estão desconectados, são grandes as chances de iniciativas e projetos de inovação não surtirem o efeito desejado. A inovação deve ser entendida como um meio para atingir um objetivo, para solucionar um problema do cliente de forma criativa e que no final realmente faça sentido. **Inovação sem um propósito de negócio não fará sentido algum** e ficará realmente desconectada dos objetivos estratégicos da empresa.

Apesar de todas as dificuldades de criar uma estratégia de inovação que realmente traga resultado e tenha um propósito conectado com os objetivos de negócio, é possível criar uma forma eficiente para conectar a inovação com as metas empresariais, visando entregar valor e uma boa experiência para os clientes.

Essa estratégia de inovação passa por um bom plano de comunicação, apoio executivo e transparência em relação às expectativas e metas de negócio, garantindo que os esforços e investimentos sejam aplicados na direção correta.

## 5.1. Como conectar a inovação com a estratégia de negócio

Um bom projeto de inovação deve levar em conta o fator de conexão com os objetivos de negócio da organização. Esse processo, quando bem definido e formatado, deixará claro e transparente para todos os envolvidos quais são as metas e prioridades, possibilitando que os esforços sejam direcionados a alcançar esses resultados, aumentando as chances de sucesso na jornada da inovação.

Em geral, empresas que já nasceram no ambiente digital ou são *startups* têm mais facilidade para inovar, pois a cultura da experimentação, da aceitação e do aprendizado com os erros normalmente está no seu DNA. Além disso, para essas empresas, é mais comum que a estratégia de negócios esteja diretamente ligada à criação de produtos ou serviços inovadores.

Já as empresas tradicionais, independentemente do porte, que não nasceram neste universo digital, mas que já reconheceram a importância de buscar a transformação digital e a inovação, primeiramente precisam se preparar através de um alinhamento da estratégia de inovação e transformação digital com os objetivos de negócios, e não apenas como uma tendência tecnológica, pois do contrário corre-se o risco de fracassar nessa jornada.

Mas não se iluda: mesmo as empresas que já nasceram digitais e são reconhecidamente inovadoras no mercado, independentemente da área de atuação, também precisam ficar atentas ao alinhamento estratégico de inovação com o dia a dia dos negócios, pois nos dias atuais as mudanças ocorrem muito rapidamente, tanto em relação à concorrência como em relação aos hábitos dos consumidores.

Um produto ou serviço que faz sucesso hoje não necessariamente continuará fazendo o mesmo sucesso no futuro. Por este motivo, independentemente do porte ou da área de negócio, as variáveis de incerteza e volatilidade devem ser consideradas na definição de uma estratégia de transformação digital e inovação.

Um plano efetivo para uma comunicação transparente dos objetivos de negócio da empresa, visando atingir todos os níveis da organização, é de suma importância para conseguir um bom alinhamento entre inovação e estratégia de negócios. Quando as metas ficam claras para as pessoas de forma transparente, naturalmente haverá um maior engajamento em alcançar os objetivos traçados, com a inovação sendo parte importante do processo.

Estimular o trabalho colaborativo entre as diversas áreas e níveis das organizações, evitando os silos organizacionais (quando departamentos ou setores dentro das empresas trabalham de forma isolada), também é outro fator muito importante nessa jornada da inovação alinhada com as estratégias de negócio.

Deve fazer parte da estratégia de inovação a criação de métricas efetivas para avaliar os resultados dos investimentos em inovação - e aqui entra uma mudança de *mindset* importante para os gestores, pois normalmente métricas para inovação diferem das utilizadas para medir os resultados operacionais. Porém, é importante que estas também estejam alinhadas com a estratégia de negócios da organização.

Como exemplo de métricas para inovação podemos citar:

- Retorno financeiro gerado por novos produtos ou serviços de inovação.
- Quantidade de projetos, de produtos ou de serviços inovadores em andamento.
- Impactos financeiros gerados por novos produtos ou serviços.
- Quantidade de ideias inovadoras geradas pelos colaboradores que foram utilizadas em novos produtos ou serviços.

Não medir esse tipo de investimento é um equívoco que muitas vezes pode levar a uma visão incompleta ou incorreta dos resultados dos investimentos em inovação, dificultando ainda mais o alinhamento da inovação com as estratégias de negócio.

## 5.2. Inovação e mudança cultural nas organizações

Outro ponto importante a destacar é que as iniciativas de inovação precisam estar sintonizadas também com a cultura da empresa. Sem uma cultura de experimentação e aprendizado contínuo com os erros, a inovação, que está fortemente ligada com a criatividade, ficará comprometida.

É por isso que várias empresas estão optando pela adoção de processos de inovação semelhantes ao das *startups*, onde a experimentação e os erros fazem parte do processo evolutivo. Além disso, a adoção de métodos ágeis alinhados com estratégias de MVP (*Minimum Viable Product*) é importante para facilitar a implantação de uma cultura de inovação, estimulando a criatividade dos colaboradores, proporcionando segurança no reconhecimento de falhas e estimulando o compartilhamento de novas ideias.

Portanto, é válido dizer que quaisquer iniciativas de inovação, além de estarem alinhadas com as estratégias do negócio, devem também levar em consideração a necessidade de mudanças culturais nas organizações, necessárias para atingir o nível de transformação e inovação desejado.

Nesse aspecto, é de grande importância o apoio de uma liderança preparada para suportar todas essas transformações, com *mindset* ágil e fluência digital, capaz de identificar como as novas tecnologias podem ser usadas para alavancar os negócios da organização e também de influenciar as pessoas na mudança cultural, implementando processos ágeis no dia a dia do trabalho e estimulando a colaboração, a experimentação e a criatividade.

## 5.3. Escolhendo o caminho de inovação

O claro entendimento das escolhas da empresa, seus objetivos estratégicos, principalmente em termos das vantagens competitivas esperadas, é a chave para conectar um movimento de inovação com a estratégia. A percepção da direção escolhida é determinante para afinar a aplicação da inovação, indo além da sustentabilidade, do crescimento e da ampliação do negócio e buscando compreender que inovação pode realmente criar e capturar valor para seu negócio.

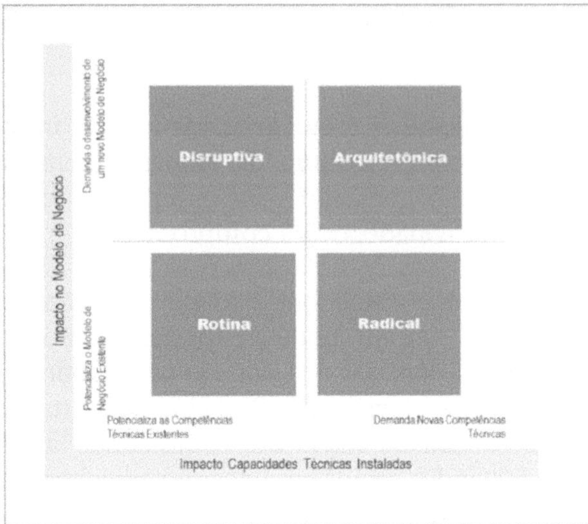


**Figura 5.1. Importância da inovação alinhada com a estratégia. Fonte: adaptado de Pisano (2015).**

De acordo com Gary P. Pisano, em seu "Mapa Panorâmico da Inovação" ilustrado na Figura 5.1, existem dois eixos principais a serem considerados em termos de impacto esperado na implementação da inovação: modelo de negócio e as capacidades técnicas instaladas. Essas duas dimensões permitem criar quatro quadrantes que caracterizam a inovação conforme o posicionamento da empresa: **rotina**, **disruptiva**, **radical** e **arquitetônica**.

A inovação de **rotina** é a mais tradicional e facilmente encontrada em todo negócio sustentável, pois trata da renovação natural para atender à dinâmica de mercado. Possui baixo impacto tanto no modelo de negócio quanto nas capacidades técnicas instaladas. Normalmente, a própria política interna de incentivo é capaz de promover a geração de novas ideias e as mudanças necessárias.

A inovação **radical** mantém as bases do modelo de negócio vigente, mas exige a agregação de novas competências tecnológicas. Esse posicionamento requer a aquisição ou o desenvolvimento de novas tecnologias com investimentos naturalmente mais elevados e por consequência com alto impacto no perfil de competências dos colaboradores, seja por meio de formação ou agregação de novas disciplinas.

No quadrante oposto à inovação radical temos a inovação **disruptiva**, que requer a reavaliação e a mudança no modelo de negócio. As mudanças podem estar principalmente no mercado de atuação, na carteira de produtos e serviços existentes ou nos processos vigentes, e o foco da transformação passa pelas escolhas estratégicas. A inovação disruptiva é a que requer maior enfoque na mudança cultural.

A inovação **arquitetônica** traz maior impacto e risco à empresa porque afeta tanto os pilares do modelo de negócio vigente quanto a tecnologia e as competências técnicas existentes. Muitas vezes as empresas optam por esta alternativa em continuidade a uma escolha de inovação disruptiva ou radical, trazendo uma visão clara de onde se espera chegar e qual será o caminho adotado de forma a preservar sua identidade.

Nesse contexto, o mais importante é a clara consciência da liderança em termos dos *trade-offs* necessários e uma precisa medição dos investimentos necessários e do retorno esperado.

# 6. Como a inovação vem impactando a sociedade?

*Jacqueline Viana*
*Renan Rufino*

A inovação permite que as organizações continuem relevantes no mercado competitivo (micro perspectiva). Por outro lado, a inovação também desempenha um papel crítico na busca de soluções para todos os desafios que o mundo enfrenta atualmente, ou seja, ela tem potencial para ajudar a resolver diversos problemas da sociedade (macro perspectiva), conforme demonstrado na Figura 6.1.

Cabe lembrar alguns dos desafios globais: controle de doenças e pandemias, acesso à água, desigualdade social, destinação adequada do lixo, explosão demográfica, manutenção da biodiversidade, mudanças climáticas, produção de alimentos, saúde de qualidade, geração de energia, inclusão digital etc., que necessitam de resoluções viáveis e principalmente escaláveis.

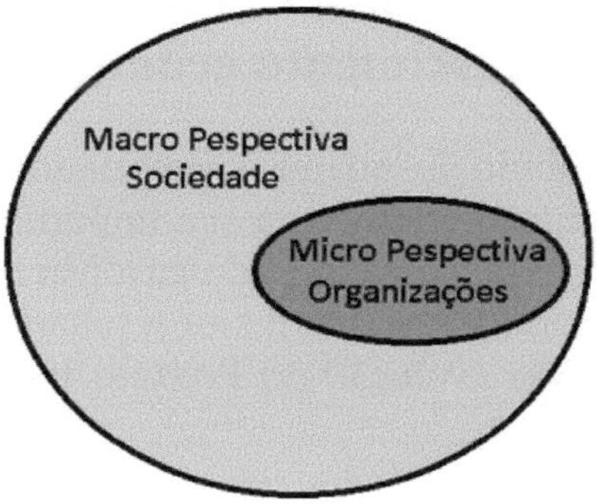


Figura **6.1. Macro e micro perspectiva. Fonte: adaptado de Kylliäinenn (2019).**

Como já visto no Capítulo 2, organizações mundiais como a OCDE (Organização para a Cooperação e o Desenvolvimento Econômico) identificaram a inovação como uma estratégia essencial para o crescimento e a sustentabilidade no atual ambiente econômico global.

O mundo vive hoje uma revolução tecnológica sem precedentes, que transforma economias, governos e sociedades de forma complexa e imprevisível.

Fomos impactados pelo surgimento de: Google, Facebook, Twitter, iPhones, AirBnb, Uber, Waze, NuBank e WhatsApp. Tudo tão comum hoje, mas tão disruptivo dias atrás.

Tudo isso faz com que as pessoas estejam mais conectadas e exigentes do que nunca. Essa é uma mudança relevante na sociedade: há uma clara alteração de comportamento.

## 6.1. Resultados da inovação na sociedade

Dentre os aspectos mais relevantes, os resultados fundamentais esperados da inovação, em geral associados a melhorias, são: crescimento econômico, maior bem-estar, melhor comunicação, acessibilidade educacional e sustentabilidade ambiental.

### 6.1.1. A inovação tecnológica é considerada uma das principais fontes de crescimento econômico

Conforme vimos no Capítulo 2, quando apresentamos ao leitor o conceito schumpeteriano de destruição criativa e a sua importância para o crescimento econômico, um dos objetivos da inovação é desenvolver novas ideias e tecnologias que aumentem a produtividade e gerem maior resultado com o mesmo insumo, o que pode ser medido pela evolução do Produto Interno Bruto (PIB) de um país.

Um bom exemplo para contextualizar essa questão é a chamada agricultura de precisão, onde inovações tecnológicas como GPS (*Global Positioning System*), drones e *big data* já são utilizadas visando o aumento da produtividade alimentícia, o que torna a agricultura mais competitiva e se traduz em maior exportação e aumento das divisas de comércio internacional, aumentando, de fato, o PIB e a prosperidade das nações.

### 6.1.2. A inovação impacta no presente e no futuro do emprego

De acordo com o relatório do Fórum Econômico Mundial *The Future of Jobs Report 2023* (WEF, 2023), cerca de 69 milhões de novos empregos poderão ser criados até 2027, e seis em dez profissionais requererão treinamento até esse mesmo ano com prioridades para pensamento analítico, pensamento criativo e uso de IA e analítica de dados. Novos conjuntos de habilidades são necessários em ocupações antigas e novas. Como e onde as pessoas trabalham também continuarão a mudar.

Um exemplo é a solução SEIF (Segurança, Informação e Formação), que é uma plataforma de monitoramento e gestão de segurança do trabalho desenvolvida pelo Centro de Inovação SESI em Tecnologias para a Saúde. Sensores são embutidos em capacetes de trabalhadores e cones para mapear situações de risco no ambiente de trabalho. As informações são enviadas direto aos celulares dos gestores de segurança e saúde da empresa. Dessa forma, eles podem tomar decisões em tempo real – por exemplo, impedir o acesso a determinada área da obra, se necessário.

### 6.1.3. Inovação promove acessibilidade educacional a diversas camadas da sociedade

De acordo com o Relatório Anual do Banco Mundial de 2022 (WORLD BANK GROUP, 2022), mesmo entre os 20% mais pobres da população, cerca de nove em cada dez famílias têm em mãos o celular, que é uma inovação-chave quando se fala de educação. Embora existam algumas barreiras à adoção de tecnologia, como baixa renda ou capacidade do usuário, mais pessoas podem acessar informações e aprimorar seus conhecimentos, apesar de sua posição socioeconômica ou área demográfica.

Mesmo para a classe média e alta, que tem acesso a instituições de ensino conceituadas, a educação tradicional não é capaz de acompanhar todas as mudanças que estão acontecendo no mundo.

Exemplos aqui não faltam: livros digitais e artigos disponibilizados na internet de forma gratuita, *podcasts*, plataformas de ensino a custo zero ou baixo custo estão à disposição de todos.

### 6.1.4. Inovação ajuda na sustentabilidade ambiental

A Terra sofre à medida que o consumismo se espalha. Embora tenha um impacto positivo na inovação como fonte de crescimento econômico, o aumento do consumo de produtos inovadores é frequentemente considerado uma das razões da deterioração ambiental, como, por exemplo, o lixo eletrônico e a massificação do uso do plástico.

Frequentemente as políticas regulatórias não são suficientes para fazer uma mudança, pelo menos não rápida o suficiente. Tais mudanças levam tempo para entrar em vigor, e é por isso que a sobrevivência a longo prazo de nossa sociedade depende de novas tecnologias inovadoras responsáveis.

Um bom exemplo de nova solução tecnológica mais verde é o veículo elétrico ou movido a hidrogênio e biocombustíveis. Apesar de ainda não ser necessariamente uma alternativa mais competitiva em relação aos veículos movidos a combustíveis fósseis tradicionais, ele definitivamente oferecerá muitas vantagens ao meio ambiente para o futuro do mundo. Alguns benefícios do carro elétrico (IBERDROLA, s.d.) são a não produção de emissões diretas de dióxido de carbono e o menor custo de manutenção, considerando o número muito menor de peças móveis, o que reduz fortemente a taxa de falhas.

## 6.1.5. Inovação ajuda na redução de doenças

A expectativa é a melhoria nos índices de qualidade de vida em nível global e até mesmo aumento da expectativa de vida, uma vez que avanços científicos estão sendo aplicados diretamente na saúde.

Como exemplos vemos atendimentos e diagnósticos mais precisos e automatizados, uso de robôs auxiliares em procedimentos cirúrgicos, triagens inteligentes etc.

# 7. O que podemos aprender com as *startups*?

*Flávio França*

Já sabemos que a cultura das *startups* é completamente diferente da cultura das empresas tradicionais. Entretanto, o que muitas grandes empresas não perceberam é que podem sim aprender, e muito, com as *startups*.

## 7.1. Não se contentar com as soluções "tradicionais"

Desde crianças, sempre ouvimos dizer que as coisas possuem uma "resposta certa". É o famoso "gabarito" que aprendemos no colégio. Acabamos levando esse pensamento para a vida adulta e, consequentemente, para o mercado de trabalho. Para todas as situações, tendemos a acreditar que existe apenas uma única resposta certa e inúmeras outras erradas.

Acontece que as *startups* possuem uma crença totalmente diferente. Elas normalmente trabalham com "várias respostas" ou vários caminhos possíveis para resolver um único problema. Exatamente por isso as *startups* causam disrupção nos mercados e desenvolvem soluções diferentes das tradicionais.

Esse é um exercício que ajudaria muito as grandes empresas. Muito se fala sobre "pensar fora da caixa", mas de nada adianta pensar fora de uma caixa, mas dentro de outra. Muitas das inovações que são trabalhadas em grandes empresas ainda estão submetidas a uma série de normas e padrões que a empresa estabelece. Pensar fora da caixa é justamente desafiar padrões. E isso as *startups* fazem muito bem.

## 7.2. Experimentação

Experimentar novas ideias faz parte da rotina das *startups*. Elas estão sempre testando novos produtos, novas *features* e novos modelos de negócio. O processo de validação faz parte do ciclo de vida de *startups*.

De acordo com o método *Lean Startup* formulado por Eric Ries, as *startups* constantemente percorrem um ciclo com as seguintes atividades: construir, medir e aprender. Ou seja, parte-se de uma ideia, constrói-se um pequeno produto para executar essa ideia ou parte dela, medem-se os resultados e finalmente aprende-se com os dados desse experimento.

Enquanto isso faz parte do dia a dia das *startups*, as grandes empresas, por outro lado, não possuem muita abertura para experimentar. Por estarem já estabelecidas no mercado, com modelos já validados, existe uma maior resistência a experimentar ideias novas. O medo de fracassar as leva a evitarem testar novos produtos, serviços e modelos.

## 7.3. Errar não é necessariamente uma coisa ruim

Outro conceito que aprendemos na infância e infelizmente levamos para a vida adulta é uma enorme aversão ao erro. Vemos o erro como algo ruim, algo que devemos nos esforçar ao máximo para evitar. Aprendemos isso com os nossos pais e em nossas escolas.

Qual é a consequência disso? Adquirimos um enorme medo de errar. Dessa forma, não tomamos risco e consequentemente não experimentamos nem testamos novas soluções. Essa ideia nos leva a conduzir a vida a partir do medo, em vez daquilo que realmente desejamos fazer.

Em um mundo que prega incessantemente o culto a uma suposta "estabilidade", o medo do fracasso fala mais alto do que o desejo de experimentar novas ideias.

O mundo das *startups* tenta desmistificar o conceito de fracasso. No Vale do Silício existe o dito "fail fast, fail often" ("erre rápido, erre com frequência"). Muita gente não compreende bem essa frase. Parece que ela é um culto ao erro. Mas na verdade o que ela quer dizer é que devemos experimentar com frequência, identificar rapidamente os erros e aprender com eles.

No mercado corporativo, normalmente os erros são mal vistos e tendem a ser escondidos. No mundo das *startups*, os erros são identificados rapidamente, assumidos com humildade e servem de instrumento para o aprendizado. Nesse ponto as *startups* podem ensinar muito às empresas tradicionais.

## 7.4. Trabalhar com poucos recursos

*Startups* são empresas que começam pequenas por definição. Por isso, aprendem desde o começo a trabalhar com recursos escassos. Tal situação força as *startups* a terem um controle financeiro mais eficiente de cada custo e cada despesa e a tomarem decisões inteligentes sobre como alocar os recursos.

Por exemplo, se não for estritamente necessário realizar determinada reunião presencialmente, os empreendedores da *startup* irão sempre optar por realizar a reunião remotamente, evitando custos com deslocamento, viagem, hospedagem e alimentação.

Muitas *startups*, inclusive, adiam muito a decisão de alugar um escritório físico, substituindo-o pelo *home office*, por cafeterias ou *coworkings*, soluções substancialmente mais baratas.

Basicamente, todos os custos que não forem estritamente necessários para o desenvolvimento do produto e a operação da empresa são passíveis de corte, para que a *startup* funcione da forma mais enxuta possível.

## 7.5. Lidar com incertezas

*Startups* estão cercadas de incertezas sobre como os produtos vão se comportar no mercado.

Elas precisam estar sempre atentas a como fatores externos afetam a condução dos negócios. Isso dá para essas empresas nascentes importantes habilidades, como flexibilidade e adaptabilidade.

## 7.6. Adaptar-se a mudanças

Como diria Charles Darwin, "não é necessariamente o mais forte que sobrevive, mas o que melhor se adapta". As *startups* possuem uma capacidade diferenciada de se adaptar às mudanças, justamente por terem uma estrutura enxuta e, portanto, sem amarras burocráticas.

Dependendo das incertezas e mudanças no mercado, uma *startup* tem capacidade de mudar totalmente seu produto ou seu modelo de negócio, o que chamamos de "pivotar". Já empresas grandes dificilmente apresentam essa capacidade, pois qualquer grande mudança precisará passar por um enorme fluxo de aprovações e por muitos processos de *compliance*, o que torna decisões rápidas inviáveis.

Esses são alguns dos itens que as empresas tradicionais podem aprender com as *startups*. Obviamente existem várias outras características importantes para destacar. Você consegue se lembrar de mais alguma?

# 8. Inovação aberta

***Renata Castro***
***Matheus Antonio Ventura***

*A inovação aberta é, fundamentalmente, sobre operar em um mundo de conhecimento abundante onde nem todas as pessoas espertas trabalham para você, então é melhor você encontrá-las, se conectar com elas e se inspirar naquilo que sabem fazer. (Henry Chesbrough, Diretor Executivo, Center for Open Innovation Haas School of Business, UC Berkeley)*

Neste livro já vimos como inovar é condição estratégica para que as empresas se mantenham em seus mercados e explorem novas oportunidades. Também ficou claro que o processo inovativo envolve uma variedade de riscos.

Além disso, a inovação demanda investimento em recursos humanos extremamente qualificados, infraestrutura verticalizada e sofisticada em laboratórios de P&D e linhas de produção, além de tempo para que a pesquisa vire tecnologia, amadureça e esteja pronta para, de fato, ser um produto que chegue ao mercado. O modelo tradicional, a **inovação fechada**, gera produtos e resultados sem cooperação de parceiros externos (WEST; GALLAGHER, 2006).

Porém, ciclos de inovação mais curtos e ágeis que levam mais rapidamente os produtos ao mercado demandam um aumento de custos associados à P&D que precisa se justificar frente à escassez de recursos disponíveis, o que acaba por induzir as empresas a procurar novas estratégias de inovação.

Se inovar é preciso, o que as empresas e o ecossistema de inovação como um todo podem fazer para mitigar a variedade de riscos inerentes ao processo?

Uma das respostas é o ecossistema se reorganizar em um modelo aberto, colaborativo, muito diferente do modelo de inovação fechada, autorreferenciado, autocontido e, via de regra, mais custoso.

## 8.1. Inovação aberta como oportunidade estratégica

Ainda que as empresas deem preferência a continuarem centralizando seus fluxos de inovação, Chesbrough (2003) explica, ao cunhar o termo **inovação aberta** em seu livro homônimo, que a universalização do conhecimento praticamente inviabiliza que se retenham nos centros de P&D os melhores talentos, pois, além do custo elevado em mantê-los, não há mais como garantir que os melhores profissionais estarão em seus quadros. Depender dessa estrutura como única fonte para o desenvolvimento de inovações é arriscado, pois incute uma potencial "cegueira" institucional.

É preciso olhar para fora dos limites organizacionais e, mais ainda, ultrapassar essas fronteiras e abraçar o ecossistema inovativo, que, na lógica aberta, é colaborativo, fluido, ágil, integrado e, sem dúvidas, mais veloz e transformacional. De fato, uma quebra de paradigma. E, por isso mesmo, bastante desafiador para a maioria das empresas.

Iniciar o movimento dessa mudança passa quase que obrigatoriamente por um redesenho do modelo de negócios da empresa. Alexander Osterwalder e Yves Pigneur (2011) nos apresentam a versão aberta do modelo de negócios, que permite que empresas possam criar e capturar valor em colaboração mútua com uma rede de parceiros em vários pontos da cadeia de inovação.

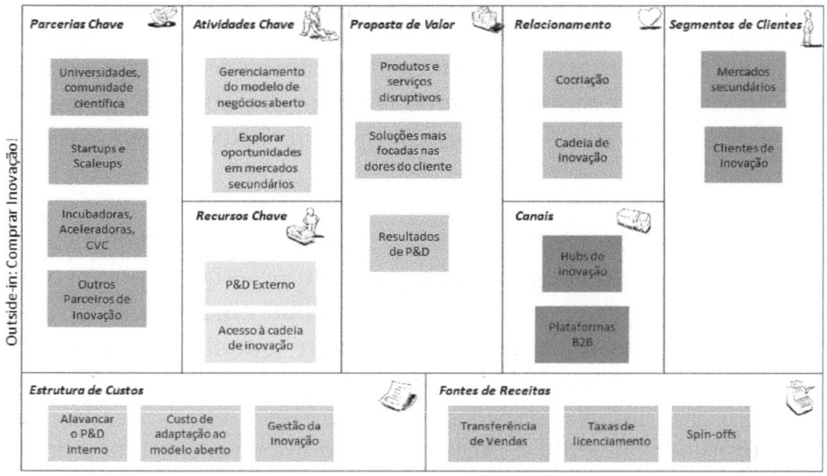


**Figura 8.1. Modelo de negócio aberto acoplado. Fonte: adaptado de Osterwalder; Pigneur (2011) e Gassmann; Enkel (2004).**

# 8.2. Vantagens e desafios

A troca de informação e de valor acontece de forma bidirecional, pois não somente as empresas se valem do conhecimento de outros elos da cadeia, como todo o sistema também se beneficia com os licenciamentos de patentes e de propriedade intelectual, que possibilitam a criação de novos modelos de negócios como *joint ventures* e *spin-offs*, por exemplo, e o uso de inovações que, de outro modo, permaneceriam no *pipeline* interno esperando por uma oportunidade de irem a mercado.

Essa riqueza intelectual, criativa e tecnológica gerada pela troca de conhecimento e ideias abre um mundo de vantagens competitivas. Um dos benefícios mais óbvios é a mitigação do risco inerente ao processo inovativo.

Com inovação aberta é muito mais provável que uma tecnologia vença o "vale da morte" e chegue ao mercado porque, ao compartilhar a busca pela solução do desafio, também estão sendo compartilhados os aprendizados com as falhas inevitáveis que ocorrem durante o processo e que o retroalimentam para geração de ideias que cada vez mais se aproximem do *Product Market Fit*.

O modelo aberto talvez seja o melhor caminho que a empresa pode trilhar para potencializar suas chances de criar uma inovação radical ou com potencial de disrupção do mercado antes que a concorrência o faça, conforme vimos nesta primeira parte do livro.

O modelo colaborativo também permite que as inovações cheguem ao mercado de forma muito mais rápida e com melhor aproveitamento dos recursos disponíveis, reduzindo os custos embutidos no esforço de inovação da empresa. As lições aprendidas em outros projetos também enriquecem outros ciclos de desenvolvimento e com isso economizam outro recurso corporativo valioso: o tempo.

A inovação aberta não se presta apenas a reinventar o modelo tradicional de se fazer inovação. Serve muito bem também para empresas que desejam fomentar a cultura da inovação corporativa sem que isso implique em investimentos elevados em infraestrutura, recursos humanos altamente qualificados e propriedade intelectual.

É uma forma rápida, eficiente e provocativa de iniciar a mudança dentro com recursos de fora, inclusive facilitando a adoção dos métodos ágeis na gestão de projetos de inovação, transformando a cultura organizacional e incluindo profissionais mais engajados e colaborativos.

Mas isso não significa que adotar o modelo de inovação aberta seja fácil. Pelo contrário, pode ser bastante desafiador. Para começar, é preciso desenvolver metodologias e práticas para o compartilhamento de informações estratégicas com os potenciais parceiros a fim de mitigar o desconforto e a preocupação com propriedade intelectual e vantagem competitiva.

Quando se fala em inovação aberta, normalmente imaginam-se grandes corporações interagindo com *startups*, mas, na verdade, a proposta do modelo contempla também outros atores, como universidades, institutos tecnológicos e pesquisadores. Porém, integrá-los à cadeia de inovação corporativa apresenta seus desafios, dado que, historicamente, há uma complexidade ao se realizar a ponte entre academia e mercado.

A falta de uma gestão da inovação bem orquestrada, estruturada e transparente também pode ser uma dificuldade em si, já que coordenar esforços e troca de informações entre atores dentro e fora da organização pode trazer mais caos do que soluções. As metodologias ágeis apresentadas ao longo de todo o livro trazem várias ferramentas práticas e objetivas para o gerenciamento de pessoas e de ideias até chegar à inovação.

Essa dificuldade pode ser ainda enfatizada pela falta de cultura inovativa – e é preciso ponderar se isso irá prejudicar o processo de abertura colaborativa. Então, é preciso engajar as pessoas munindo-as de sentimento de propósito e pertencimento e colocá-las no centro da transição, sob pena de a mudança organizacional fracassar.

> *O problema em nossas organizações não é a falta de ideias disruptivas – temos muitas delas. O verdadeiro problema é que, se você tentar conduzir a inovação dentro de uma organização tradicional, o sistema imunológico corporativo entrará em ação e você gastará todo o seu tempo lutando contra os anticorpos. (PALAO; LAPIERRE; ISMAIL, 2018)*

Pessoas (o sistema imunológico das empresas) também são o desafio mais relevante para se obter uma cadeia horizontal bem-sucedida no desenvolvimento de novas ideias, pois é preciso que haja o alinhamento de interesses e de expectativas de todos os atores envolvidos dentro e fora do funil de inovação.

Para saber como criar um ambiente propício ao livre desenvolvimento de ideias e estabelecer uma cultura forte de inovação na sua empresa, não deixe de consultar a Parte V (Fomentando a Inovação) deste livro.

Além disso, optar pela inovação aberta precisa ser uma decisão estratégica orientada pela visão institucional, ponderando-se os prós e contras da mudança, quais partes do funil de inovação serão alteradas primeiro, quais parcerias serão estabelecidas e qual modelo de inovação aberta será adotado, como veremos adiante.

## 8.3. Tipos de inovação aberta

Gassmann e Enkel (2004), e mais tarde Conboy e Morgan (2011), ampliaram e refinaram o conceito de inovação aberta em três grandes fluxos que podemos observar na Figura 8.2.

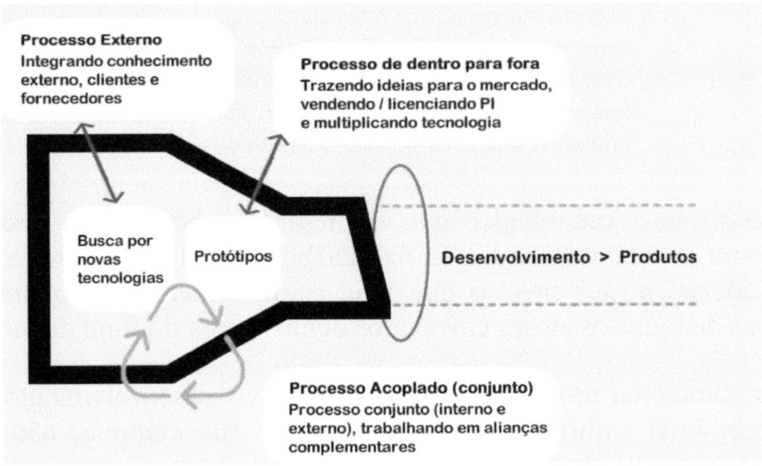


**Figura 8.2. Fluxos de inovação aberta. Fonte: adaptado de Gassmann e Enkel (2004).**

O **processo externo** acontece quando se traz para dentro do funil de inovação da empresa o conhecimento e a *expertise* de fornecedores, clientes e de outros atores do ecossistema, como universidades, empresas e *startups* em variados modelos de interação, conforme veremos mais adiante, que permitem e/ou facilitam a resolução de desafios tecnológicos já existentes ou mesmo propiciam o desenvolvimento de novos produtos ou serviços.

O **processo de dentro para fora** ocorre na direção contrária: quando o P&D da empresa desenvolve uma tecnologia ou solução que, devido a questões estratégicas ou de oportunidade, pode ser transferida para ser executada por um parceiro externo. Normalmente, esse modelo de inovação aberta acontece quando a empresa percebe que não quer ou não tem capacidade de levar ao mercado todo o seu *pipeline* de projetos, mas o conhecimento gerado é percebido como valor para o setor, como uma patente, por exemplo, e então é vendido ou licenciado.

O **processo acoplado (conjunto)** é a evolução dos fluxos anteriores, pois a dinâmica do compartilhamento de conhecimento e do desenvolvimento de tecnologias é bidirecional. Aqui os parceiros trabalham de fato em sinergia e em complementaridade. Nessa dinâmica, o aprendizado é mútuo e ambos os lados se beneficiam.

É o modelo mais utilizado atualmente, principalmente por empresas de alta tecnologia que vêm sendo ameaçadas por soluções radicais e disruptivas propostas por novos entrantes em seus mercados. Em muitos desses casos, a melhor estratégia a ser adotada é a "se não pode com eles, junte-se a eles" – essa é a essência de *hubs* de inovação, incubadoras e aceleradoras, que são apenas algumas das formas de se fazer inovação aberta, como veremos a seguir.

## 8.4. Incubadoras, aceleradoras e programas de aceleração

Incubadoras e aceleradoras propiciam suporte na forma de mentorias e infraestrutura para projetos nascidos nas bancadas de laboratório ou em *startups* e que apresentam algum potencial de se tornarem produtos. Normalmente, ficam fisicamente instaladas em espaços dentro da própria universidade.

Já os programas de aceleração são normalmente patrocinados por empresas ou *hubs* de inovação para o desenvolvimento de produtos e serviços que se encontram em estágios mais avançados, e que já provaram ser modelos não somente viáveis como também repetíveis e escaláveis, que precisam agora ganhar tração para realmente chegar ao mercado.

É uma das formas mais utilizadas pelas empresas para gerar conexões com *startups* inovadoras não só pela troca tecnológica proporcionada pela inovação aberta em si, mas também como ferramenta de estratégia de negócios, pois as mantêm bem próximas das empresas nascentes que um dia podem afetar – positiva ou negativamente – a proposta de valor dos produtos e serviços oferecidos.

Outras formas de se fazer inovação aberta:

- ***Hubs* de inovação:** são espaços voltados para a geração de negócios que reúnem *startups*, médias e grandes empresas e potenciais investidores. Mais detalhes a respeito poderão ser vistos no Capítulo 48 (Ecossistemas de inovação).
- **Cocriação, *crowdsourcing* e *ideathons*:** são mecanismos relativamente baratos de troca e geração de ideias com o objetivo de melhoramento ou desenvolvimento de novos produtos ou serviços com a participação de clientes, fornecedores e consumidores que fornecem *insights* e percepções valiosas que a empresa normalmente não tem condições de capturar dentro da sua própria estrutura e utilizando ferramentas mais tradicionais como pesquisas de marketing e de mercado. Por exemplo, a Natura é uma das empresas pioneiras no Brasil em inovar, aproveitando o compartilhamento das dores e percepções das necessidades dos clientes como ferramenta estratégica de competitividade mundial no mercado de cosméticos.

- ***Hackathons*:** modelo nascido na indústria de software, é uma sofisticação dos formatos descritos no parágrafo anterior. Envolve a resolução de desafios propostos em um curto espaço de tempo, em verdadeiras maratonas de desenvolvimento de soluções com a participação de equipes internas e externas, que fomentam a troca de experiências, a densidade de conhecimento compartilhado e o *networking*. Atualmente, este formato de competição tecnológica é utilizado pelos mais variados tipos de empresas e também pelo setor governamental com muito sucesso, pois estimula a busca por respostas criativas e força os participantes a propor rapidamente soluções que podem, inclusive, envolver a elaboração de MVPs (produtos mínimos viáveis) para solução dos desafios apresentados.
- **Prestação de serviços e consultoria:** também uma das primeiras formas das empresas capturarem conhecimento externo de universidades e centros tecnológicos, aproveitando-se da elevada qualificação profissional e da infraestrutura de laboratórios de excelência especializados para pesquisa e desenvolvimento de etapas iniciais e intermediárias, necessárias à evolução do processo inovativo, mas que, por questões financeiras e de oportunidade, não interessa que sejam desenvolvidas internamente.
- ***Joint ventures* (JVs) e *spin-offs*:** uma das primeiras formas de fazer inovação aberta. No caso das JVs, a empresa se alia a outra que detém uma tecnologia de interesse para juntas desenvolverem o produto ou serviço que chegará ao mercado. As *spin-offs* são originalmente unidades de negócios que, em função da relevância da solução desenvolvida internamente, derivam em novas empresas que podem ou não estar apartadas da "empresa-mãe".
- ***Corporate Venture Capital* (CVC):** é o modelo de inovação aberta no qual grandes corporações participam da *scaleup* (*startup* em rápido crescimento) efetivamente com investimento (*equity*), mas sem participação majoritária, que continua sendo dos fundadores. O aporte de recursos se dá normalmente através de fundos de investimentos, embora possa ser feito de forma direta, mas a lógica não é apenas de retorno financeiro. A empresa ganha estrategicamente ao poder colaborar "por dentro" do modelo de negócio e disso extrair vantagem competitiva no mercado. Para as *scaleups*, representa uma oportunidade de alavancagem e tração que provavelmente demoraria muito mais para acontecer se continuassem a trilhar o caminho sozinhas. É também uma excelente forma de ganharem reputação no mercado e de terem à sua disposição uma base de clientes já mapeados para refinamento e ajustes necessários em seus produtos. Essa é a base do conceito de *smart money*, no qual o dinheiro vem atrelado à *expertise* e, juntos, as oportunidades são criadas e multiplicadas. Esse relacionamento mais visceral permite que empresas transformem muito mais rápido a cultura organizacional de inovação,

> tornando-se mais ágeis em responder às novas demandas do mercado e dos consumidores. Mas, por isso mesmo, precisa ser antes considerado que essa forma de se fazer inovação aberta pode desencadear uma enorme resistência funcional se não for feito um bom trabalho de base que prepare a organização para a grande mudança de *mindset* que virá na sequência da adoção desse modelo. Portanto, é preciso certa maturidade institucional para adotar e conduzir um CVC de forma construtiva.

Veja mais sobre o ecossistema de inovação aberta ao longo do livro e mais detalhadamente no Capítulo 48.

# 9. Macrotendências e cenários futuros (2040)

*Renata Castro*

Antes de falarmos sobre megatendências tecnológicas, precisamos entender que o próprio mundo como o conhecemos está passando por uma vertiginosa transformação.

De acordo com a EY (2018), umas das maiores consultorias de negócios globais, para tirarmos o melhor proveito das inovações disruptivas previstas para acontecerem ainda nesta primeira metade do século, é preciso colocar antes em perspectiva a relevância que a própria humanidade desempenha sobre as megatendências.

Essas influências que exercemos sobre as mudanças desde que inventamos a civilização são chamadas pela consultoria de **três forças primárias** (vide Figura 9.1), que, juntas, são responsáveis pela maior parte das inovações disruptivas que já aconteceram e também das que estão por vir: **tecnologia, globalização e demografia**. A diferença primordial é que, agora, as ondas transformacionais ocorrem em intervalos cada vez mais curtos e impactam um número cada vez maior de pessoas.

A próxima onda já está em andamento com uma tendência identificada em cada uma das forças primárias. Aprimoramento humano (tecnologia), futuro do trabalho (globalização) e envelhecimento da população (demografia) são os *drivers* da sociedade que, combinados com as tendências tecnológicas, retroalimentam e impulsionam as próximas megatendências que devem se concretizar em três ou cinco anos e afetarão o mundo e as relações de trabalho de modo massivo em dez anos ou mais.

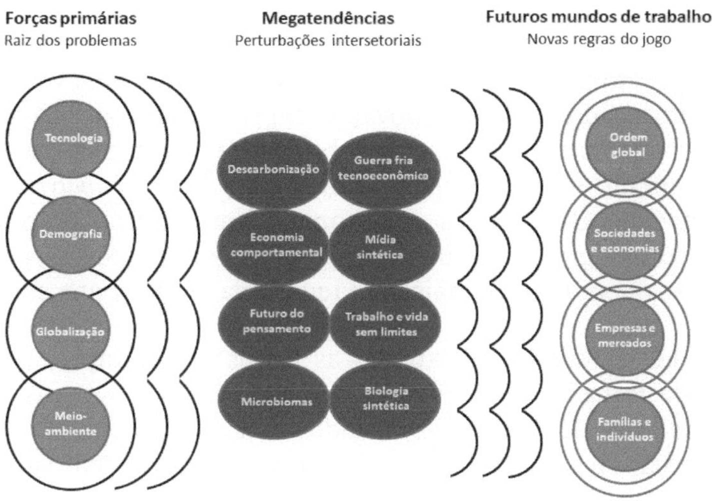


**Figura 9.1. Forças primárias. Fonte: adaptado de EY (2018).**

Não muito diferente, apenas com outro enfoque na abordagem, e mesmo considerando a expectativa de contínua evolução das tecnologias para os próximos anos, a Gartner (2022) em seu relatório identificou 13 tendências tecnológicas estratégicas para o futuro dos negócios nos próximos anos e que devem ser acompanhadas de perto pelas empresas.

**Figura 9.2. Principais tecnologias estratégicas. Fonte: adaptado de Gartner (2022).**

Se combinarmos as duas pesquisas, veremos que as tecnologias identificadas pela segunda consultoria foram organizadas em três verticais que acompanham as forças primárias. No entanto, alerta a consultoria, é impossível dissociar as tendências totalmente, pois elas sempre acabam por interagir mutuamente e todas afetam a humanidade de alguma forma, como veremos a seguir.

# 9.1. Indústria X.0

A indústria 4.0, em muitos aspectos, já é uma realidade, uma vez que a Quarta Revolução Industrial não é uma inovação em si, mas o conceito que simboliza a convergência de várias tecnologias habilitadoras – internet das coisas (IoT), computação em nuvem, inteligência artificial, *big data and analytics,* manufatura aditiva (impressão 3D), robôs autônomos, entre outras – que atingiram maturidade tecnológica e foram incorporadas aos processos produtivos no mundo inteiro, ou seja, não é mais uma tendência, está acontecendo agora.

A indústria 4.0 já mudou não apenas as linhas de produção, como também as relações de trabalho com clientes e fornecedores, e vem reinventando o modelo de negócios de muitos setores industriais. E é dado como certo que essa transformação nos levará às versões 5.0 e além, como mostrado na Figura 9.3.

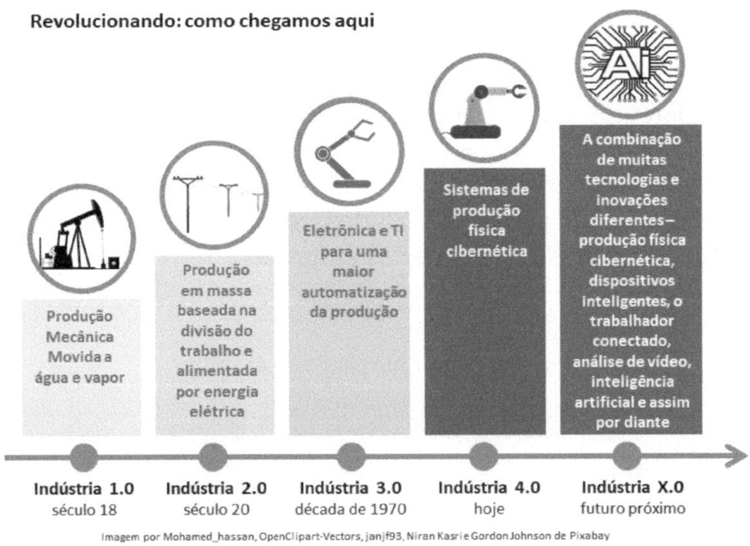


**Figura 9.3. Evolução das indústrias. Fonte: adaptado de Accenture (2019).**

Dessa percepção, há iniciativas que começaram a chamar a tendência de **Indústria X.0**, uma vez que não é mais possível distinguir uma revolução industrial das anteriores porque a velocidade das tecnologias habilitadoras é enorme e as tornou fluidas e sem contornos definidos. Ou seja, daqui em diante passaremos de uma versão a outra sem que haja tempo de cunhar termos ou teorias a respeito.

Por outro lado, a Indústria X.0 propõe muito mais do que acompanhar a evolução das tecnologias. É mais sobre como as empresas irão utilizar o seu potencial como mola propulsora da inovação e transformação dos modelos de negócios e, ainda mais importante, como essa disrupção muda a forma como os trabalhadores são inseridos nesse contexto.

Hoje, enquanto muito se fala como a robótica e a inteligência artificial vêm roubando o emprego de milhões de pessoas nas indústrias, a versão X.0 propõe trazê-las de volta ao modelo como elemento integrador que resulte em novas formas de se trabalhar e em soluções mais abrangentes e mais intelectuais. Sim, isso mesmo, é o homem conectado às tecnologias habilitadoras e trabalhando juntos, criando novas formas de inovar, de fazer negócios e de interagir com clientes e fornecedores, além de novas fontes de receita e melhorias nas cadeias de suprimentos.

É certo que veremos cada vez menos trabalhadores na linha de fábrica, mas isso é algo bom porque retira o risco de acidentes das variáveis que precisavam ser controladas e evitadas. Por outro lado, pessoas com treinamento adequado poderão contribuir de formas mais estratégicas para o negócio, utilizando, por exemplo, *big data* e *analytics* que serão coletados através de *tablets e wearables* para simulações preditivas de falhas e incremento de melhoria aos processos fabris. E farão isso em parceria com dispositivos de inteligência artificial.

Naturalmente, apesar de todas as tecnologias para que a indústria X.0 aconteça já estarem disponíveis, torná-la uma realidade amplamente difundida não será algo fácil, principalmente porque a maioria das empresas dos segmentos industriais é tradicionalmente avessa ao risco. Porém, é mudar ou sair do jogo; portanto, podemos ter certeza que as transformações continuarão a impulsionar a inovação nas indústrias.

## 9.2. Quatro coisas que você acha que são tendências, mas que já existem agora

- **Design de alimentos:** desde 2013 é possível comer – com muito sabor, textura e suculência – hambúrgueres, linguiças, almôndegas e tortilhas desenvolvidos com biotecnologia a partir de plantas pela Beyond Meat. Em 2016, a Impossible Foods juntou-se a esse mercado e desde 2018 temos a *startup* brasileira Fazenda Futuro entregando carne vegetal em supermercados e restaurantes. Os produtos são incrivelmente semelhantes à versão "original" da carne bovina, incluindo o suco avermelhado característico do ponto mal-passado.

- **Impressão 3D de órgãos:** talvez você se lembre do camundongo com uma orelha impressa em material biocompatível nas costas... isso aconteceu na década de 1990. Desde 2016 já são realizadas cirurgias experimentais de transplantes de tecidos vivos impressos em animais. Em 2017 começaram a ser feitos os primeiros transplantes de orelhas e narizes humanos impressos com biotinta. Desde então, já fomos capazes de imprimir corações, fígados, rins, pele, medula óssea e até cérebros funcionais em pequena escala, mas que já revolucionaram o modo de se fazer pesquisa médica. Espera-se que em três ou cinco anos já seja possível realizar o primeiro transplante com um pâncreas bioimpresso.
- **IA e *deep learning*:** inteligência artificial e aprendizado de máquina já avançaram o suficiente para termos produtos comerciais como, por exemplo, o Google Pixel Buds, que são fones de ouvido de tradução simultânea capazes de reconhecer um idioma e traduzir diretamente em 40 línguas diferentes. O contrário também é possível, ou seja, responder no idioma do interlocutor em tempo real.
- **Computação quântica:** considerado o ramo mais futurista da física, a teoria quântica desafia o senso comum com seus conceitos de sobreposição, entrelaçamento e teletransporte e, por isso mesmo, ainda é considerada pela maioria como uma tecnologia distante. Contrariando essa percepção, o fato é que já estão disponíveis comercialmente desde 2019 vários produtos de computação quântica, como o *chip* da Intel Horse Ridge. A gigante dos processadores não está sozinha: a IBM anunciou em 2019 seu primeiro computador quântico de uso comercial: Q System One. Desde 2019, o Google já tinha atingido a **supremacia quântica** ao realizar, em alguns segundos, algo que o mais potente computador do mundo demoraria cerca de 10 mil anos para fazer. E atualmente é possível contratar serviços de computação quântica na nuvem.

# PARTE II.
# ESTRATÉGIA DE INOVAÇÃO

# 10. Estratégia para a inovação

*Wesley de Sá Teles*
*Fernando Hannaka*
*Patricia Silva Corrêa*
*Luiz Mandarino*
*Cristiane Costa Simons*

O tema da inovação é um dos mais discutidos no planejamento estratégico das organizações.

Uma das principais razões de inovar no contexto estratégico das organizações é a busca por sua perpetuação ou crescimento no mercado.

Uma maneira simples de entender a importância de inovar é estudar um produto que está no mercado há muito tempo. Como visto anteriormente, temos diversos exemplos de produtos que possuem uma mesma formulação há décadas, mas incorporaram a inovação no produto (pequenas alterações de cores e sabores), na embalagem (dimensões), na distribuição, na comercialização e no relacionamento com o cliente. Esse tipo de inovação é conhecido como incremental e está mais presente nas organizações.

Em contrapartida ao modelo incremental, temos o modelo de inovação radical ou disruptiva, no qual a inovação ultrapassa a fronteira do incremental e novos produtos ou mercados são criados.

É neste contexto que entra a estratégia para a inovação: um somatório de ferramentas, métodos e melhores práticas visando a geração e implantação de soluções para renovação de produtos e serviços de modo incremental quando o objetivo é de perpetuar a organização no mercado atual ou, de modo radical ou disruptivo, quando o foco está na criação e no desenvolvimento de um novo mercado para a organização.

Na Tabela 10.1, buscamos desenvolver uma ferramenta que é o ***Canvas* da Inovação Estratégica** (CIE).

**Tabela 10.1. *Canvas* da Inovação Estratégica (CIE). Fonte: os autores.**

| **Onde inovar?** | **O que inovar?** | **Como inovar?** |
|---|---|---|
| 1. Quais são os tipos de inovação priorizadas (*core*, adjacente, disruptiva)?<br>2. Quais áreas são mais sensíveis para a empresa?<br>3.Quais áreas estão com grau de prontidão para se conectar com a inovação (dentro e fora da empresa)? | 1. Qual é o objetivo da inovação para a empresa?<br>2. A estratégia de inovação está ligada ao planejamento estratégico?<br>3. Qual a definição de inovação para a empresa?<br>4. Quais tipos de inovação serão utilizados (inovação em produto e/ou serviço, canal, relacionamento com o cliente...)?<br>5. Quais tecnologias são importantes e devem ser monitoradas?<br>6. O que a concorrência está realizando em termos de inovação (conexão com *startups*, aquisição de empresas, entrada em novos mercados, parcerias estratégicas...)? | 1. Qual é o propósito da inovação para a empresa (redução de custos, ampliação de receita, entrada em novo mercado)?<br>2. Quais processos serão selecionados para incorporar a inovação (processos-chave ou adjacentes)?<br>3. Como as pessoas estão sensibilizadas para o processo de inovação?<br>4. Quais são as políticas definidas pela empresa para estimular a inovação? |

| **Qual é a estrutura para inovar?** | **Quais recursos para inovar?** |
|---|---|
| 1. Serão utilizados times da empresa (equipes em tempo parcial, dedicadas, por programa, projeto...)?<br>2. Será utilizada uma estrutura formal para inovação (área, supervisão, coordenação...)?<br>3. Será utilizada uma governança para a inovação (comissão, comitê...)?<br>4. Será utilizada uma estrutura externa para inovação (consultoria, aceleradora, incubadora, laboratório, *hub*...)? | 1. Será dedicada uma verba para inovação?<br>2. Será utilizado fundo de *corporate venture*?<br>3. Serão utilizados programas de incentivo à inovação? |

Essa ferramenta aborda cinco temas centrais que nos permitirão traçar uma estratégia de inovação, respondendo aos seguintes campos do *canvas*:

1. O que inovar?
2. Como inovar?
3. Onde inovar?
4. Quais recursos para inovar?
5. Qual é a estrutura para inovar?

Após estudar conceitualmente como responder a essas cinco questões, procure formular sua estratégia em um único parágrafo. Isso ajudará a delimitar o escopo de atuação de todo projeto que será criado a partir dessa definição.

Nos próximos tópicos vamos apresentar os conceitos que regem esses cinco temas centrais, que auxiliarão no preenchimento e na construção do *Canvas* de Inovação Estratégica (CIE).

## 10.1. O que inovar?

A primeira pergunta que deve ser respondida é: "O que inovar?".

Para que a estratégia possa ser desmembrada em ações, é preciso delimitar "o que será novo?", "o que vamos remodelar?", "o que vamos lançar?" e várias outras perguntas com foco na área em que a inovação está atuando. Assim, vamos destacar as quatro áreas nas quais as organizações atuam para inovar.

### 10.1.1. Inovação de produto e/ou serviço

Este tipo de inovação refere-se a mudança de produtos e serviços através da melhoria em design, usabilidade, desempenho, funcionalidade etc. É a forma mais comum de inovar, pois impacta diretamente no faturamento da empresa e é mais palpável. O investimento às vezes pode ser menor que em outras áreas, consequentemente com menos risco.

Essa inovação pode ser algo que os concorrentes já praticam, mas é inédito para a empresa – por exemplo, oferecer um refrigerante na versão zero açúcar – ou ser algo que ninguém tenha feito ainda (por exemplo, um refrigerante com café). Esse tipo de inovação é essencial para toda empresa manter ou expandir o seu mercado.

## 10.1.2. Inovação organizacional

Quando se fala em inovação organizacional, as mudanças serão muito mais estruturais e abrangentes. Isto pode afetar a cultura e até os colaboradores que permanecerão na empresa. Algumas, por exemplo, estão inovando para tornar suas equipes ágeis, e isso requer alterações em várias áreas, tais como contratação e retenção de colaboradores, plano de treinamento e iniciativas motivacionais, gerenciamento das equipes, estrutura hierárquica, espaço físico e plano de carreiras e avaliação de desempenho. Percebe-se que há um maior investimento, tanto financeiro quanto de esforço organizacional.

## 10.1.3. Inovação de processo

Esse tipo de inovação envolve em sua maior parte mudança ou melhoria de processos existentes com o objetivo de obter maior eficiência, diminuir custos, aumentar engajamento e reduzir impacto no meio ambiente ou na sociedade. A inovação pode ser pontual em algumas áreas ou pode também impactar todos os processos de forma geral.

Um famoso exemplo é a invenção do *kanban* pela Toyota na década de 50 para criar gatilhos visuais e orientar o seu processo de fabricação de carros, amplamente utilizada por times ágeis nos dias atuais. Inovação de processos requer recursos específicos, incluindo equipamentos, pessoas e treinamento.

## 10.1.4. Inovação de negócio

Quando há uma inovação de negócio, há uma significativa mudança nas atividades *core* da empresa. Isso pode ou não impactar seu propósito ou missão, mas altera significativamente o valor agregado apresentado ao cliente e consiste em mudanças operacionais na forma de conduzir o negócio.

Um exemplo são empresas que passam a vender serviços em vez de produtos, garantindo um negócio mais sustentável, tal como a Xerox fez na mudança de venda de impressoras para prestação de serviços de impressão. Esse tipo de inovação tem maior risco, mas também pode garantir a sobrevivência da empresa ou levá-la para outro patamar bem à frente dos concorrentes.

Além dessas quatro áreas citadas para inovar, temos o *framework* desenvolvido por Larry Keeley, que indica dez tipos de estratégia de inovação que podem ser utilizadas pelas empresas, divididas em três blocos: configuração, oferta e experiência. Quanto maior a conjugação de estratégias, mais disruptiva a solução será apresentada para um determinado mercado.

## 10.2. Como inovar?

Para detalhar o campo "Como inovar?", vamos apresentar a ferramenta dos **4Ps da Inovação**, que está baseada em quatro pilares fundamentais: propósito, processos, pessoas e políticas.

### 10.2.1. Propósito

O propósito de inovar refere-se ao porquê de estarmos conduzindo uma inovação, isto é, o que esperamos de resultado depois de todo este esforço.

No mundo dos negócios toda decisão está fortemente ligada aos resultados da empresa, tais como aumento da receita (vendas) e redução de saídas (despesas, custos etc.). Dependendo do ramo de atuação, o propósito pode ser voltado a outros aspectos, dentre eles sustentabilidade, humanitarismo etc. Em todos esses casos o propósito da inovação, além de estar relacionado ao motivo de uma organização existir (missão) e aonde quer chegar (visão), o propósito deverá dar suporte a viabilidade do negócio.

Assim, a escolha de projetos de inovação será conduzida com base em metas estratégicas que contribuam diretamente para o desempenho da empresa.

### 10.2.2. Processos

O processo para inovar definirá como será desenvolvida a inovação. Existem várias formas de conduzir a inovação, e um dos métodos mais conhecidos é o **funil de inovação**.

Nesse processo existem basicamente três etapas. A primeira é a geração de ideias. Aqui são coletados dados e desafios identificados pela equipe, e é importante pensar como esses desafios estão alinhados com a estratégia da empresa, pois o próximo passo é o meio do funil: a triagem das ideias. Quanto mais impacto as ideias tiverem, maior a chance de serem escolhidas.

Finalmente, no fundo do funil ocorre a implementação do projeto de inovação e é mensurado o resultado de acordo com as metas do negócio.

### 10.2.3. Pessoas

Para conduzir o ciclo de inovação é necessário ter pessoas para inovar, profissionais interessados em resolver problemas, sair da zona de conforto e aprender durante o processo.

Pessoas com espírito empreendedor normalmente vislumbram oportunidades onde ninguém havia pensado antes e são proativas em suas atitudes para tornar a ideia concreta.

Gestores também são importantes peças em um processo de inovação para liderar equipes de forma ágil, com flexibilidade e mentalidade *Lean*. Além disso, permitir que equipes participem de eventos e congressos é uma ótima forma de desenvolver um pensamento amplo e atualizado com o mercado para propor inovações para a organização.

### 10.2.4. Políticas

Finalmente, para tornar a inovação possível em uma empresa é necessário criar um ambiente propício para o desenvolvimento de ideias, dando ênfase ao aprendizado e não somente ao erro.

Existem várias formas de gerir a inovação: algumas empresas formam grupos de trabalho e criam comissões; outras alocam um determinado tempo para que os profissionais trabalhem no que tiverem interesse e se auto-organizem. Também é necessário definir formas de mensurar o sucesso e recompensar aqueles que atingirem as metas propostas.

Independentemente da política de inovação aplicada, o importante é criar meios para que a inovação seja estratégica para a empresa e motivadora para os membros da equipe.

## 10.3. Onde inovar?

Delimitar o escopo da inovação é essencial para diminuir as chances de fracasso da estratégia. Os **Três Horizontes da Inovação** é uma ferramenta muito utilizada para delimitar esse escopo.

Pense na modalidade esportiva do tiro ao alvo. O centro do alvo é conhecido como "Core" ou "Coração" e é a área mais difícil de ser atingida no esporte. No nosso caso, é justamente o inverso, porque representamos este *core* com 70%

da área do alvo. Nessa grande área estão representados os nossos principais produtos e serviços. É onde devemos concentrar nossos esforços e investimentos, com inovações incrementais e em um ambiente de maior domínio da empresa.

Em volta desse centro maior estão os outros dois círculos em proporção menor. O mais próximo trata de áreas "adjacentes" ao negócio central e representamos com 20% da área do alvo. Os 10% restantes correspondem aos projetos, produtos ou ideias "disruptivas" que se distanciam da operação tradicional e dos mercados atendidos pela organização.

O Capítulo 12 trata com maiores detalhes do tema, trazendo uma visão detalhada de como aplicar a teoria dos três horizontes e o *framework* do *Business Model Canvas* (BMC) para definir onde inovar.

## 10.4. Quais recursos para inovar?

Inovar não consiste somente em ter ideias disruptivas. É um processo que exige planejamento, disciplina e recursos, como tempo e dinheiro.

Ser inovador envolve muitas vezes a aquisição de novos sistemas, equipamentos e a contratação de pessoas.

Há várias estratégias que podem ser conjugadas para que se tenham recursos para investir e suportar os projetos de inovação. É possível separar uma verba específica aplicando o capital próprio da empresa, ter uma estrutura e governança apartada para avaliar a melhor forma de investir esse recurso (*corporate ventures* ou fundos corporativos), bem como buscar linhas de financiamento e incentivos fiscais para a inovação.

O grau de maturidade da corporação quanto à estratégia de inovação e consequentemente o seu portfólio de projetos irá definir e direcionar qual tipo de recurso aplicar.

## 10.5. Qual é a estrutura para inovar?

Inovar é um constante exercício de foco e definição de prioridades.

É fundamental que ocorra o debate estratégico de qual governança utilizar para gerir a inovação, como times dedicados ou em tempo parcial, áreas formais (coordenações, gerências, diretorias etc.), comitês e comissões para tratar do tema da inovação, bem como lançar mão de estruturas externas para dinamizar e colaborar com a criação de um processo de inovação, como consultorias, aceleradoras, incubadoras, laboratórios, *hubs* de inovação etc.

As partes V (Fomentando a inovação) e VI (Conectando a inovação) possuem importantes *insights* sobre como escolher a melhor estrutura para gerir a inovação na prática.

## 10.6. Como levar inovação ao planejamento estratégico?

O *Canvas* da Inovação Estratégica (CIE) traz de modo prático as cinco dimensões (O que inovar?, Como inovar?, Onde inovar?, Quais recursos para inovar?, Qual é a estrutura para inovar?) e as perguntas estratégicas para estimular a definição da estratégia de inovação da empresa.

É possível conjugar com o *canvas* outro eixo central à estratégia, que é o modelo de captação dos projetos inovadores, como programas de ideias e de relacionamento com *startups*, e priorização a partir de um funil de inovação.

A incorporação de outros fatores e metodologias em fases mais avançadas de implantação da estratégia contribui para o processo. Por exemplo, a liberação de uma equipe para trabalhar na ideação ou orçamentação será mediante a avaliação da ideia e definição de prioridade, por exemplo, pelo comitê estratégico.

Caso as ideias e os projetos superem a capacidade de condução da corporação, haverá a necessidade de uma ferramenta de priorização e a adoção de um "Funil de Inovação", que aproveitará muitas ideias e *startups* promissoras, descartando aquelas que realmente não se enquadram dentro da estratégia definida pela empresa.

# 11. Horizontes de inovação

***Júnior Rodrigues***

*Para uma empresa excelente, a inovação é a única coisa permanente.*
*(Tom Peters)*

Steve Blank (2015) destaca que o **primeiro horizonte** é o nível do conhecido: é o modelo de negócio onde a empresa se encontra atualmente. Aqui, a inovação é alcançada aprimorando o que já está funcionando, com o objetivo de gerar retorno em um curto espaço de tempo por meio de inovações incrementais que gerem resultados rápidos. O foco é a eficiência dos processos existentes, sem que haja a necessidade de investimentos, reduzindo o risco e obtendo *quick wins* (ganhos rápidos).

É aqui que reside o principal negócio da empresa, com clientes, características do produto, concorrentes, preços, canal de distribuição, cadeia de suprimentos, tudo bem conhecido.

O autor destaca, também, que há um **segundo horizonte** cujo objetivo é criar novos produtos, serviços ou soluções dentro do mesmo modelo de negócios, ou para entrar em um mercado adjacente. Nesse caso, há uma inovação no próprio modelo, com vistas a se adaptar às oportunidades ou mudanças no mercado, mas mantendo o seu cerne.

Por ser um terreno parcialmente conhecido, ainda não é um movimento tão arriscado, pois trata-se de um horizonte mais próximo da realidade atual da empresa. Por exemplo, seria possível inovar experimentando um canal de distribuição diferente, usando a mesma tecnologia com novos clientes ou vendendo novos produtos para clientes existentes.

Isso já poderia ser visto como disrupção, ou inovação de ruptura, pois temos uma situação onde produtos tidos como caros e complexos se tornam tão simples e acessíveis que escalam e popularizam a solução a níveis até então inimagináveis (CHRISTENSEN, 2011).

Porém, para Blank (2015), a disrupção acontece quando se cria um novo modelo de negócios, onde a organização se lança no terreno do desconhecido e busca arriscar indo além do que está acostumada a fazer. Christensen (2011) considera que esse **terceiro horizonte** é uma nova situação para a empresa, que poderá arrebanhar novos clientes, com menores custos e de forma mais efetiva, conforme definido na Figura 11.1.

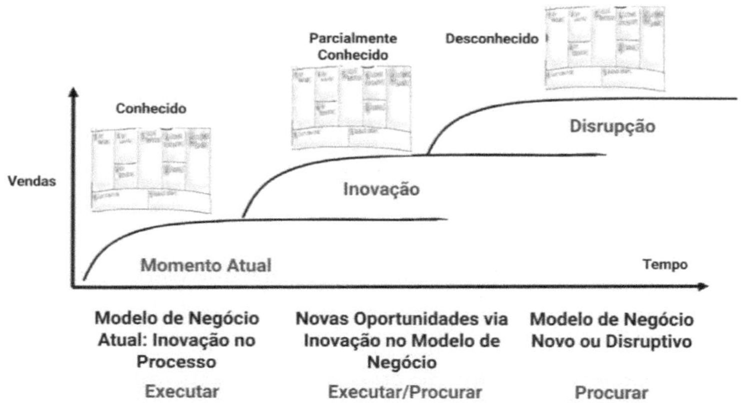


**Figura 11.1. Três horizontes da inovação com BMC. Fonte: adaptado de Blank (2015).**

Essas iniciativas precisam estar fisicamente separadas das demais áreas operacionais, seja em uma incubadora externa ou até em suas próprias instalações, pois a empresa está essencialmente incubando uma *startup* na prática, operando com velocidade e urgência para encontrar um modelo de negócios repetível e escalável.

Isso deve ser alcançado por meio de um processo de experimentação, no qual a organização busca identificar um problema a ser resolvido, ter uma ideia sobre a solução necessária e validar tais ideias com usuários, por meio de protótipos ou MVPs, sem lançar o produto de fato.

Por não possuir uma visão concreta do resultado que será alcançado e, portanto, existir um alto risco de não atingimento, um investimento alto no seu desenvolvimento, sem a confiança de que o produto adere às necessidades dos clientes, pode trazer enormes prejuízos.

Empresas ou órgãos governamentais que buscam inovar podem comprar, construir, formar parcerias ou usar a inovação aberta como uma forma de não parar no tempo e perder o bonde das inovações. Mas tentar encontrar um meio para que elas inovem internamente com a velocidade e a urgência das *startups* é o grande desafio atual.

É nesse ponto que o modelo de três horizontes pode ajudar, permitindo que se concentre energia nos aspectos necessários à longevidade da organização, uma vez que cada horizonte requer foco, gerenciamento, ferramentas e objetivos diferentes.

Entretanto, como estamos falando de modelos de negócios e não somente do desenvolvimento de soluções, é preciso acrescentar uma ferramenta que permita identificar a estrutura necessária para a organização inovar e alcançar seus objetivos, seja no momento atual ou futuro.

Sendo assim, é possível construir um *canvas* com as principais definições acerca do modelo de negócios vigente e a proposição de novos modelos, considerando melhorias e inovações na empresa ao longo do tempo, tanto nos seus produtos como no próprio modelo.

Podemos complementar o modelo de três horizontes usando o *Business Model Canvas* (BMC), ferramenta apresentada por Osterwalder e Pigneur (2011) e demonstrada na Figura 11.2. Os modelos de negócio podem ser definidos com um *canvas* criado para cada um do três momentos: o **atual**, o que a empresa realiza hoje; o de **inovação**, onde se ampliará o escopo com base no modelo atual; e o de **disrupção**, no qual serão considerados negócios não existentes atualmente.

O BMC permite às empresas uma definição de modelo de negócio e visualizá-la de forma sistêmica, integrada, rápida e visual. Além de integrar percepções sobre como a empresa pode ou deve atuar, permite que o negócio seja completamente visualizado em uma única página.

Vale ressaltar que se trata de um processo colaborativo, podendo ser ajustado quando necessário e se valendo da participação de diversos envolvidos, para fomentar o surgimento de novas ideias. O *canvas* é composto pelos seguintes elementos:

- **Proposta de valor:** quais benefícios pretende entregar e o que poderá levar as pessoas a se interessarem pelo seu produto ou serviço.
- **Segmento de clientes:** a qual fatia do mercado você deseja atender e o perfil de seus clientes.
- **Canais de entrega:** como sua empresa chegará ao cliente, como se comunicará e como o cliente poderá interagir com o seu negócio.
- **Relacionamento com clientes:** como sua empresa vai conquistar e manter um bom relacionamento com seus clientes.
- **Receitas:** como e quanto seus clientes terão que pagar pelos benefícios e de onde virá seu fluxo de receitas.
- **Recursos:** quais são os ativos para realizar sua proposta de valor e colocar o negócio para funcionar.
- **Atividades:** o que de mais importante será realizado para que a proposta de valor seja entregue ao cliente.
- **Parcerias:** fornecedores e parceiros necessários como apoio para a realização de sua proposta.
- **Estrutura de custos:** o que será gasto para a operacionalização de seu negócio, considerando custos com canais, recursos, atividades e parcerias.

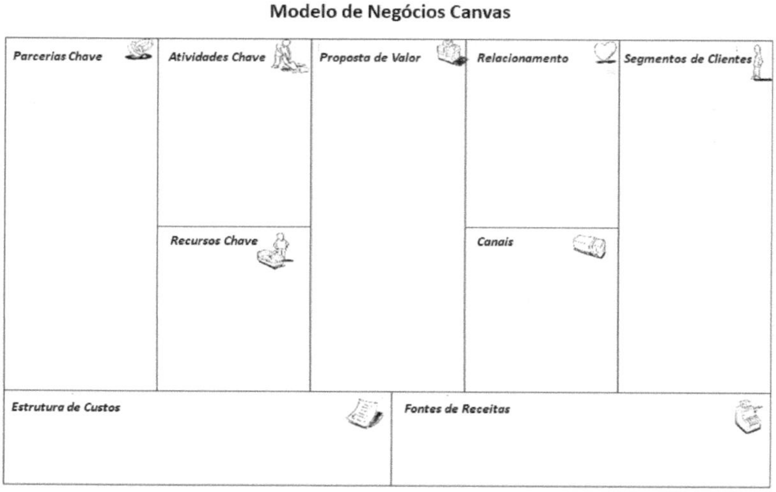


Figura **11.2.** ***Business Model Canvas* – Quadro de modelo de negócios. Fonte: adaptado de Osterwalder e Pigneur (2011).**

Delimitar o escopo da inovação é essencial para diminuir as chances de fracasso da estratégia, a qual deve ser diferenciada para cada um dos três horizontes. Deve-se identificar claramente qual a grande área onde estão representados os nossos principais produtos e serviços e onde devemos concentrar nossos esforços e investimentos, seja nos processos atuais, com inovações incrementais ou disruptivas.

Blank (2015) ainda acrescenta que o horizonte 1 está mais associado a uma gestão dos processos operacionais que existem na organização, sendo os horizontes 2 e 3 componentes do chamado ***Lean Innovation Management*** (gestão enxuta da inovação), que fornece as ferramentas para um gerenciamento de produtos eficaz.

Em adição, empresas organizadas como equipes pequenas podem atuar em poucas semanas e entregar uma série de produtos mínimos viáveis (MVPs) iterativos e incrementais. Devido ao tamanho dessas equipes e suas despesas decorrentes, as empresas podem executar um grande número dessas iniciativas em paralelo, de forma viável.

## 11.1. Estamos no caminho certo?

Com isso, pode-se realizar uma análise do portfólio, conforme proposto no Capítulo 11, para identificar se os produtos ou serviços que estão sendo oferecidos são capazes de atender às necessidades dos *stakeholders*. O intuito dessas informações é ajudar a responder às seguintes questões:

- O que está sendo construído?
- Quando é que o produto vai precisar estar concluído?
- Como é que vai se chegar lá e alcançar o objetivo?

Da mesma forma, uma análise do mercado pode ajudar a identificar como se está em relação à concorrência e se o produto que está sendo ofertado possui vantagem competitiva ou está defasado. Isso pode definir com mais precisão os próximos passos.

Ainda é possível mapear os possíveis mercados de atuação no futuro, onde os modelos de melhorias e de inovação serão executados, para avaliar como é preciso se preparar para enfrentar a provável concorrência.

# 12. Programas de inovação e gestão do portfólio

*Wesley de Sá Teles*
*Fernando Hannaka*
*Patricia Silva Corrêa*

As organizações que desejam obter aumento de receita, maior participação no mercado ou diversificação da linha de produtos e serviços recorrem à união de bons **programas de inovação** com uma efetiva **gestão do portfólio de inovações**.

Em algumas organizações a **gestão do portfólio de inovação** é bem delimitada por setor ou departamento que trabalha com ideias que não fazem parte da rotina. Em outras organizações, faz parte da rotina diária dos setores de Engenharia de Produto e de Marketing.

Um **programa de inovação** é um conjunto de ações voltadas para fomentar a inovação nas organizações. Os programas englobam ações para estimular a geração de ideias internas, parcerias com *startups* ou convênio com universidades e centros de pesquisa.

A gestão do portfólio de inovação é o conjunto de metodologias e técnicas para administrar, de modo centralizado, um ou mais programas e projetos de inovação. Inclui ferramentas para identificar, priorizar, autorizar, gerenciar e controlar projetos, programas e outros trabalhos relacionados.

A gestão do portfólio de inovação visa alinhar o programa de inovação com os objetivos específicos da estratégia. Dessa forma, sempre que tratarmos esses dois temas temos que fazer referência à estratégia que os rege.

## 12.1. Geração de ideias

Uma das ações mais conhecidas para estimular a inovação nas organizações são os **programas internos de geração de ideias**. Nesses programas os colaboradores são estimulados a sugerir ideias para novos produtos, serviços ou pequenas melhorias em processos.

O maior desafio desses programas é gerar valor. Para gerar inovação, uma ideia precisa gerar valor. Esse valor é percebido na criação ou no aumento de receita, no lançamento de um novo produto ou serviço no mercado ou no desenvolvimento de um novo processo interno.

É um programa baseado nas pessoas e com forte conteúdo de mudança cultural, fomentando o intraempreendedorismo. Algumas pessoas têm um perfil criativo, útil para gerar novas ideias. Outras são experientes com simplificação do processo a partir da observação, sendo essenciais para a conceituação das ideias. E há aqueles que são hábeis na execução de uma ideia, importantes na fase de implantação.

Para saber mais sobre como estruturar um programa de intraempreendedorismo, leia o Capítulo 39.

## 12.2. Parceria com *startups*

Outro modo de inovar é realizar parceria com *startups*. Uma *startup* é criada por um grupo de pessoas que buscam uma solução para um problema específico ou um mercado repetível e escalável.

Uma organização pode se deparar com um problema que não tem capacidade técnica e recurso interno para resolver. Ele pode estar afetando sua participação no mercado, reduzindo sua produtividade ou pode ser uma excelente ideia que a equipe não consegue viabilizar.

A forma de realizar esse processo é lançar um desafio, por meio de um edital ou através de um contato direto com o ecossistema de inovação. Esse edital detalha os problemas (dores) específicos e alinhados à estratégia de inovação da empresa.

No contato direto é possível fazer uma seleção prévia (*scouting*) das *startups* que possuam soluções alinhadas à temática de interesse da empresa.

Normalmente esse tipo de programa compreende quatro fases distintas: elaboração dos desafios, realização da chamada, avaliação das soluções e seleção das *startups*.

Tal processo pode contar com investimentos da empresa (recursos financeiros) para o desenvolvimento da solução apresentada ou simplesmente com a disponibilização das informações e mentoria dos times internos da empresa.

O objetivo principal é criar uma relação de parceria na qual os dois lados ganham, além de gerar um ecossistema de ideias e inovação que pode se expandir para a resolução de outros problemas da organização e novos mercados para as *startups*.

Para saber mais sobre como estruturar um programa de inovação aberta leia o Capítulo 40.

## 12.3. Parceria com universidades e centros de pesquisa

Diferentemente de uma parceria com *startup*, com universidades e centros de pesquisa buscam-se soluções para problemas específicos ou inovações que exijam pesquisa aprofundada por meio de estudos detalhados do problema em laboratórios científicos.

Nesse caso, a busca principal da organização está na transferência tecnológica recebida da universidade ou centro de pesquisa, que, por sua vez, recebe investimentos para modernização dos laboratórios e custeio das pesquisas.

Esse tipo de parceria, do ponto de vista da organização, visa fomentar a pesquisa e permitir a formação de estudantes, pesquisadores e outros profissionais que podem ou não trabalhar na empresa.

## 12.4. *Corporate ventures*

*Corporate ventures* são grandes organizações que investem capital em *startups* ou em ideias inovadoras dos colaboradores internos. Em resumo: a organização aporta capital em uma empresa que busca financiamento em troca de participação (lucros ou direito de voto) e acesso às soluções inovadoras.

As *corporate ventures* possuem algumas classificações:

- ***Corporate Venture Capital* (CVC):** quando a organização assume o papel de investidora em oportunidades convergentes com sua estratégia corporativa. A forma mais comum é investir capital comprando parte das ações de uma *startup*.
- ***Corporate Venture* Externo (CVE):** ocorre quando, em vez de investir capital, a organização cede ajuda de alguma forma, como espaço para a outra parte, permitindo o uso da marca ou colocando à disposição seus canais de distribuição e comercialização dos produtos.
- ***Corporate Venture* Interno (CVI):** ocorre quando a empresa investe em ideias dos colaboradores internos para a criação de um novo produto ou até mesmo um novo negócio. Nesse caso, a organização dá todo o suporte para que a ideia se transforme em um novo negócio.

A inovação fica evidente para o mercado externo quando acontecem dois movimentos: *spin-in* e *spin-off*.

No ***spin-in*** a organização investidora oficializa a integração da outra parte em seu negócio, através da aquisição total das ações. Nesse campo há uma infinidade de exemplos que vão desde fusões e aquisições até incorporações. Um movimento recente são os *hubs* de inovação aberta das grandes organizações, que abrem as portas para "incubar" *startups* com grande potencial de *spin-in*.

O ***spin-off*** ocorre quando aquele investimento interno começa a obter retorno suficiente para não depender mais da organização investidora, geralmente oficializado com a criação de uma nova empresa ou venda para outra grande corporação. Isso pode ocorrer com *hubs* de inovação originalmente constituídos por empresas e outros agentes de mercado, abrindo-os para que outros agentes do mercado possam investir e negociar as soluções desenvolvidas nesse ambiente.

Nos itens anteriores foram listados alguns modelos de programas de inovação que podem ser utilizados para fomentar a geração de ideias e a criação de novos produtos, serviços e negócios. Agora vamos alinhar a estratégia com a execução através da **gestão do portfólio de inovação**.

## 12.5. Gestão do portfólio

Inovar de modo sistemático é um dos grandes desafios das organizações. Lidar com a gestão de vários programas e projetos simultâneos exige a utilização de uma metodologia de gestão de portfólio de inovação. Por lidar com questões estratégicas, essa gestão pode ser centralizada no escritório de gerenciamento de projetos (*Project Management Office* – PMO), que, além de gerir a execução dos projetos, irá garantir a sua governança para que permaneçam alinhados com a estratégia da organização.

O maior desafio na gestão do portfólio de inovação é a seleção e priorização das ideias coletadas e cadastradas. Decidir qual será estudada e implementada primeiro é uma etapa complexa que envolve uma gama de técnicas e ferramentas.

Somada a essa dificuldade está o fato de que o portfólio precisa estar balanceado, como veremos no Capítulo 12 ("Horizontes de inovação"). Um portfólio saudável tem 70% dos seus investimentos em inovações incrementais no *core* da organização, 20% em projetos adjacentes e 10% em projetos disruptivos.

Outro ponto que afeta a gestão do portfólio de inovação é o risco inerente à inovação. Não se tem certeza de que os retornos apurados na fase de ideação e planejamento serão alcançados quando o projeto for concluído e entrar em operação. Portanto, os métodos de projeção financeira tradicionais nem sempre se aplicam aos projetos de inovação.

A gestão do portfólio de inovação é uma função crítica de gestão executiva. Requer esforço disciplinado para garantir a governança e a estratégia da organização. O monitoramento dos projetos e programas devem ser contínuos para assegurar que as principais atividades sejam executadas e que a tomada de decisão seja correta.

São necessárias ferramentas para:

- alinhar os investimentos com a estratégia da organização;
- identificar, qualificar e financiar programas e projetos;
- priorizar programas e projetos com base em critérios adequados;
- gerir a demanda e a capacidade dos recursos organizacionais;
- monitorar e controlar esses projetos;
- garantir o desempenho da carteira;
- gerir os riscos em todas as suas fases;
- identificar e tomar ações corretivas em projetos que indiquem alto risco negativo;

- comunicar os resultados às partes interessadas;
- implementar um processo de melhoria contínua da carteira.

Por ter uma visão abrangente, o PMO busca reunir e centralizar todas as informações relativas aos programas e projetos de inovação da organização. Nesse modelo as informações ficam organizadas, analisadas e classificadas, facilitando a tomada de decisão estratégica.

## 12.6. Funil de inovação e estágios de decisão (*stage gates*)

Devido aos desafios apresentados, é consenso no meio empresarial e acadêmico que não há um modelo único para gerir a inovação, principalmente devido à imprevisibilidade da inovação e ao impacto da sua mudança.

Mas, mesmo assim, o funil de inovação e os estágios de decisão (*stage gates*) são as ferramentas mais utilizadas para representar todo o fluxo criativo do processo inovador. No funil, o fluxo equivale às etapas do processo. Cada fase é demarcada por um estágio de decisão. Nesse estágio são analisadas e tomadas as decisões que levam essa ideia a outra fase do funil.

Nesse processo de decisão, um importante ponto que deve ser observado é o equilíbrio entre a inovação e o mercado. A inovação deve ser estimulada sem perder de vista as oportunidades de comercialização.

A inovação deve ser encarada como investimento, e parte da receita precisa ser reservada para gerar produtos e serviços inovadores a fim de garantir a perenidade da empresa no longo prazo. Um funil muito restritivo pode reduzir essa inovação, ao passo que um funil muito aberto pode prejudicar o fluxo de caixa da organização, principalmente se o retorno sobre o investimento for a longo prazo.

# 13. Gestão de inovação

*Julieta S. Dienstmann*
*Matheus Antonio Ventura*

Um dos maiores desafios das empresas não reside no processo de geração de ideias. Muitas vezes, o problema do processo de inovação está em gerir a execução desse conjunto de ideias e torná-las uma entrega de valor para o mercado.

Ao reunir essas ideias e dar nome a elas, estruturar informações, como, por exemplo, qual o potencial de ganho e qual a dor do mercado que tal projeto atenderá, você terá o que chamamos de portfólio de projetos de inovação.

O benefício da gestão do portfólio de projetos é construir a ponte entre a estratégia da empresa e sua operacionalização, ou seja, priorizar e gerenciar a transformação de ideias em inovação.

Há algumas práticas para gerenciar esse portfólio de projetos de inovação que vamos abordar neste capítulo. Porém, tenha em mente que a gestão de portfólio tem um fluxo que pode ser simplificado como demonstrado na Figura 13.1.

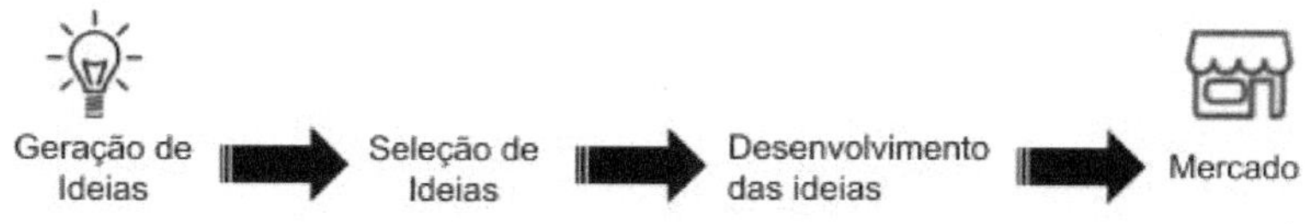


**Figura 13.1. Fluxo simplificado de gestão do portfólio de inovação. Fonte: adaptado de Salerno e Gomes (2018).**

## 13.1. Modelo *Fuzzy Front-End* (FFE)

Seus recursos e tempo não são infinitos; por isso, é necessário selecionar em quais frentes você e seu time irão trabalhar. No entanto, essa restrição de recursos não deve limitar a captação de ideias. Neste momento, assim como no processo de *Design Thinking*, divergir, ou seja, abrir e ampliar o repertório de projetos, é uma estratégia necessária para gerar diversidade e aumentar a probabilidade de identificação de boas soluções, trazendo competitividade para a empresa.

Pense o processo da inovação como um funil. No topo desse funil você possui várias ideias, algumas divergentes entre si. Quanto mais ideias forem geradas nesse começo, melhor. Em processo de inovação de produtos, esse conjunto difuso de ideias (*Fuzzy*) que temos no início (*Front-End*) é recheado de incertezas sobre o mercado, sobre a tecnologia usada ou sobre a forma de gerir esse processo.

Nesse modelo, ideias são geradas e a saída do processo é um conceito sobre o produto ou uma solução a ser desenvolvida.

O FFE faz parte do modelo de desenvolvimento de produtos chamado *Product Development Process*, um processo linear para identificar uma ideia e enriquecer o conceito do produto com atributos que permitam a escolha de qual projeto seguir adiante, finalizando com uma etapa de *go/no-go* ("aprovação ou reprovação") da ideia para seguir adiante ou não como um projeto.

Podemos ilustrar o *Fuzzy Front-End* como um conjunto de ideias com potencial de mercado, envolto em uma nuvem de incertezas que vai tendo seu conceito refinado até que se possa ter segurança em selecionar a ideia que a empresa irá abordar.

## 13.2. Funil de desenvolvimento (funil de inovação)

No processo de gestão do portfólio de projetos de inovação, existem modelos como o funil de desenvolvimento de Clark e Wheelwright.

As ideias são selecionadas para serem desenvolvidas (gerar ideia, selecionar ideia e desenvolver o mercado). Na última etapa do funil, os projetos são implementados e então a saída é a entrega da inovação.

Nesse modelo de funil, existe a possibilidade de trabalhar com inovação aberta, podendo haver a aquisição de uma *startup*, por exemplo, ou a criação de uma *spin-off* a partir de um projeto de inovação da empresa que formará uma empresa nova com foco nesse produto/serviço.

## 13.3. *Stage gate*

Uma ideia bastante difundida na gestão de portfólios é trabalhar com o modelo de *stage gates*, de Robert Cooper (2001).

Esse modelo contempla estágios de decisão ao longo do projeto para avaliação do progresso até aquele ponto, verificando os resultados e determinando se o projeto segue para o próximo estágio. É um modelo que faz sentido para as inovações incrementais.

O processo de desenvolvimento de um produto pode utilizar um banco de ideias para pinçar novas iniciativas e também para "estacionar", ou colocar em espera, ideias que não serão levadas adiante, mas que poderiam ser revisitadas no futuro.

## 13.4. Coragem para "pivotar" ou "matar" o projeto

"Pivotar" (alterar o rumo) ou "matar" um projeto é uma função primordial da gestão do portfólio. Seja um portfólio de projetos, seja o investimento em *startups* ou na sua própria *startup*, é necessário saber a hora de "pivotar" ou de "matar" a iniciativa. Dentro do portfólio de projetos de inovação, vimos que há uma análise e seleção das ideias com uma etapa clara de *go/no-go*.

## 13.5. O que envolve essa decisão?

Algumas empresas fazem análises financeiras tradicionais considerando critérios como: Valor Presente Líquido (VPL), Taxa Interna de Retorno (TIR), *Payback* e o custo de oportunidade do capital.

Porém, em alguns mercados de tecnologia, em que o processo de inovação envolve a ida ao mercado com uma versão inicial do produto/serviço, considera-se que a empresa ou iniciativa pode operar no vermelho durante um tempo, por ser o investimento necessário para testar a hipótese e encontrar o "marketing *fit*" (o cliente certo que paga pelo seu produto).

Em empresas de *Software as a Service* (SaaS), por exemplo, podem ser bastante relevantes métricas como *Net Promoter Score* (medição da satisfação do cliente com sua empresa), engajamento ou nível de adoção da sua solução, bem como a relação entre o valor do cliente ao longo de sua vida na empresa (*Lifetime Value* – LTV) e o Custo de Aquisição de Clientes (CAC), o reúso do serviço ou tempo de uso.

## 13.6. Preciso de um portfólio para inovar? Um contraponto

Os modelos apresentados até aqui são lineares, pois consideram que a sequência de passos de ideação, refinamento e seleção da ideia é um processo fluido.

Porém, em ambientes de maior incerteza e volatilidade, essas atividades podem ocorrer de forma incremental através de ciclos de experimentação que fornecem informações para a tomada de decisão sobre em qual projeto ou produto investir.

Nesse caso, a experimentação tem um papel fundamental e envolve ir ao mercado com uma versão beta do projeto ou até mesmo com uma versão minimamente viável do produto (MVP) – ou seja, lançar algo que faça sentido para o cliente o mais rapidamente possível, para que se possa obter um *feedback* real sobre o produto ou serviço e assim evoluir a proposta de valor. Esse ciclo de construção-medição-aprendizado é geralmente seguido por *startups*.

A própria *startup* é um "projeto" que busca validação no mercado sobre o produto ou serviço que oferece. Nesse caso, não é um portfólio, mas uma empresa em criação que possui um *roadmap* de lançamentos e incrementos em seu produto ou serviço.

Vale realizar a seguinte pergunta: qual abordagem utilizar: portfólio de projetos ou *roadmap* de produtos?

Para responder a essa pergunta você deve conhecer as características da sua empresa. Geralmente, empresas de grande porte e mais tradicionais costumam trabalhar um portfólio de projetos de inovação como algo que as auxiliam a isolar essas iniciativas de sua operação diária ou dos demais tipos de projetos da empresa.

Algumas delas mesclam essa abordagem com ações de inovação aberta ou laboratórios de inovação, onde projetos internos de inovação são empreendidos. Inclusive, esses laboratórios fomentam *startups*, criando *hubs* de inovação que identificam, selecionam, mentoreiam e investem para promover o crescimento das *startups*.

# 14. Modelos para tomada de decisão

*Flavia Lins Garcia*
*Patricia Horisawa*
*José Ricardo de Almeida*

Tomar decisões de qualidade sempre foi de suma importância na estratégia de qualquer empresa, principalmente nos dias atuais, onde temos um ambiente complexo e carregado de incertezas. Nesse cenário, ter decisões embasadas em análises corretas e muita informação relacionada pode fazer a diferença entre o sucesso e o fracasso.

Pode-se dizer que as áreas com maior inovação são aquelas que atuam com maior conexão entre diferentes áreas e decorrem do trabalho de diversos times integrados, podendo dessa forma quebrar o *status quo* e redefinir formas de usos. O grau de conhecimento do cenário é de suma importância para as tomadas de decisão.

Dentro desse contexto, podemos destacar três modelos de tomada de decisão que são aplicados para seleção de ideias e de projetos inovadores.

## 14.1. *Cynefin*

O *Cynefin* é um modelo de avaliação que se baseia no cenário atual predominante em cada ambiente, considerando a complexidade e a natureza da relação entre causa e efeito de eventos, incertezas, previsibilidade e velocidade de mudança, repetições de eventos e informação existente para uso na escolha de respostas.

Foi criado em 1999 por Dave Snowden, então empregado da IBM, para ajudar líderes a compreender melhor o ambiente organizacional onde estão inseridos e, com base nisso, tomar decisões mais apropriadas.

Não há um método único para tratativas de problemas, e sim diferentes abordagens apropriadas para cada cenário. Foram considerados quatro tipos diferentes de cenários: simples, complicado, complexo e caótico, conforme Figura 14.1 a seguir:

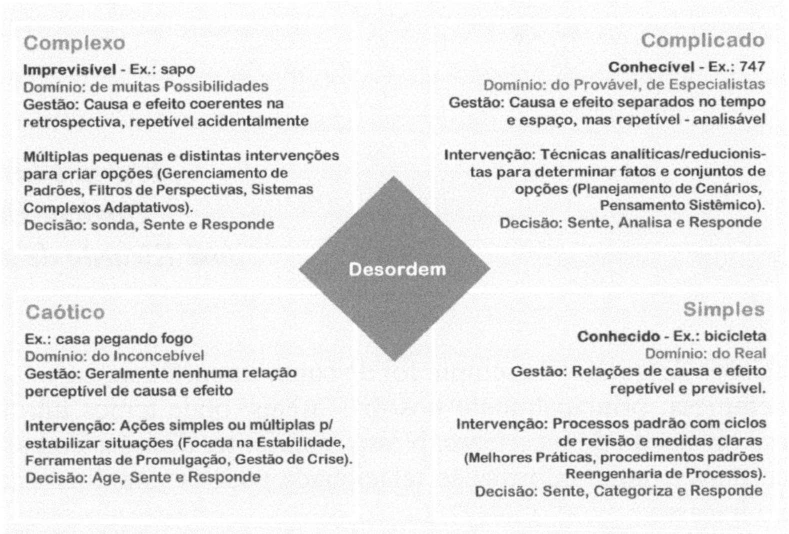


**Figura 14.1. *Framework Cynefin*. Fonte: adaptado de Parola (2018).**

Nos cenários nomeados de **Simples** e **Complicado**, há conhecimento e informações suficientes para identificar causas, gatilhos de eventos e efeitos do que ocorre, então as metodologias preditivas podem ser consideradas nas tomadas de decisão.

No cenário **Simples** a causa é conhecida, há maior estabilidade no ambiente, há identificação fácil da resposta e menos esforço de análise e alinhamentos. Já o cenário **Complicado** é caracterizado pelo maior esforço de análise e alinhamento, mas ainda é possível desenvolver respostas porque a causa ainda é conhecida. Torna-se mais complicado em função do grau de complexidade envolvido na análise e escolha da resposta adequada, surgindo a necessidade clara de especialistas em busca das melhores respostas para cada situação. Podem existir várias respostas, devendo ser escolhida a que será mais bem aplicada.

Nos cenários chamados de **Complexo** e **Caótico**, a relação entre causa e efeito não é aparentemente visível, sendo necessário seguir um caminho baseado na intuição e em padrões e metodologias ancorados em tentativa, erro e aprendizado, que abordem fortemente a experimentação, a avaliação, o *feedback* e a resposta rápida às mudanças.

O cenário **Caótico** seria bem definido por palavras como sobrevivência ou incêndio generalizado, onde é impossível determinar relação de causa e efeito porque os padrões mudam constantemente. É fortemente caracterizado pela imprevisibilidade e velocidade de mudança, então qualquer busca por padrões e respostas corretas pode falhar. A primeira ação é sair da situação caótica do ambiente, estancando o incêndio e tendo uma estratégia de ataque, para depois agir em soluções e respostas definitivas e mais objetivas.

O modelo *Cynefin* nos mostra que a correta identificação do ambiente em que estamos ajuda a escolher ferramentas e a tomar decisões mais apropriadas a cada contexto. Assim, obteremos resultados melhores.

## 14.2. *Stacey Matrix*

O conceito *Stacey Matrix*, definido por Ralph Stacey, é um mapa ou gráfico que também considera o cenário e leva em conta as escolhas de ações e métodos de gerenciamento apropriados para sistemas adaptativos complexos, onde gerenciar e liderar é ter uma variedade de abordagens e estar consciente de quando usar cada uma. Baseia-se em duas dimensões: o grau de certeza e o nível de concordância sobre determinado assunto.

O **grau de certeza** é determinado pelo nível de conhecimento das ligações de causa e efeito. Estar perto da certeza, por exemplo, pode ser atuar em uma situação muito semelhante ao ocorrido anteriormente, sendo possível repetir a ação e esperar resultado satisfatório similar. Já estar longe da certeza é ter um cenário completamente novo e desconhecido, onde a relação de causa e efeito não é clara e previsível.

O **nível de concordância** mede o nível de concordância sobre uma questão ou decisão dentro de um grupo. Pode variar em função do gerenciamento, da liderança e da estrutura organizacional.

Ao utilizarmos esses aspectos como dois eixos em um gráfico, é possível definir áreas que facilitam a escolha de métodos e abordagens para solução e gestão, conforme demonstra a Figura14.2:

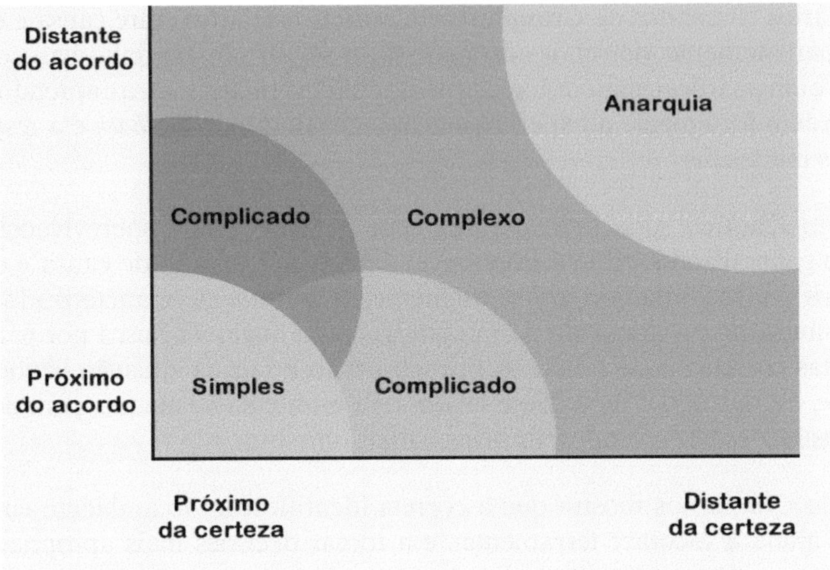


Figura 14.2. *Stacey Matrix*. Fonte: adaptado de Stacey (2007).

1. **Cenário simples: tomada de decisão técnica racional.** Esta região da matriz está próxima da certeza e do acordo. São sugeridas técnicas de gestão e administração tradicionais, onde dados históricos são utilizados para previsibilidade futura e as ações são definidas. Monitorar o planejado *versus* o resultado real é uma boa prática, com bons resultados. Aplicar a repetição acarreta em melhoria de eficiência e resultados.
2. **Cenário complicado: tomada de decisão política ou julgadora.** São questões que possuem muita certeza sobre como os resultados são criados, mas altos níveis de discordância sobre quais resultados são desejáveis. É provável que nem planos nem missão compartilhada funcionem nesse contexto. Em vez disso, a política se torna importante. Construção de coalizão, negociação e compromisso são usados para criar a agenda e a direção da organização. Outras questões têm um alto nível de concordância, mas sobre as quais não há muita certeza quanto às ligações de causa e efeito para criar os resultados desejados – nesses casos, o monitoramento em relação a um plano predefinido não funcionará. Um forte senso de missão ou visão compartilhada pode substituir um plano nesses casos. As comparações são feitas não em relação aos planos, mas em relação à missão e à visão da organização. O objetivo é seguir em direção a um estado futuro acordado, mesmo que os caminhos específicos não possam ser predeterminados.
3. **Cenário de anarquia: controlar o caos.** Situações em que existem níveis muito altos de incerteza e desacordo geralmente resultam em colapso ou anarquia. Os métodos tradicionais de planejamento, visão e negociação não são tão eficazes. Essa é uma área em que as organizações devem evitar ficar. O caos deve ser minimizado.

4. **Cenário complexo: decisões disruptivas e com base no aprendizado.** É a área do gráfico que fica entre a região da anarquia as regiões das abordagens de gerenciamento tradicionais. Stacey chama essa região central de **zona de complexidade** ou **beira do caos**. As abordagens tradicionais de gerenciamento e decisão não são muito eficazes, mas é uma zona de alta criatividade, inovação e ruptura com o passado para criar novos modos de operação.

## 14.3. Teoria dos jogos

A teoria dos jogos oferece uma metodologia adequada para a análise das relações de cooperação ou não cooperação em diferentes grupos e contextos.

Os modelos matemáticos propostos pela teoria descrevem interações competitivas ou cooperativas, sujeitas a um conjunto de regras, sendo os resultados das interações decorrentes das estratégias ou de um plano de ação que descreva as decisões tomadas por um jogador sob quaisquer circunstâncias.

Os jogadores podem ser empresas, pessoas, grupos de pessoas ou de animais que tomam decisões. De acordo com Fernandes (1995), a teoria dos jogos é básica para o entendimento de situações em que um indivíduo deve decidir sobre seu comportamento com base no comportamento de outro(s) indivíduo(s) do grupo.

**Terra dos comuns (ou dilema dos comuns)**

O jogo utilizando múltiplos atores é o da Terra dos Comuns, que trata da subtração de um recurso que é comum a todos. Esse dilema é conhecido por tragédia dos comuns (HARDIN, 1968).

O termo foi exemplificado a partir de uma suposta situação que ocorria na Europa da Idade Média, onde havia muitas terras sem um dono específico e na qual os pastores podiam criar seu rebanho livremente. Seria vantajoso, para cada pastor, sempre aumentar uma cabeça de gado ao seu plantel.

Acontece que, se todos agissem assim, como é a tendência, em pouco tempo o pasto comum estaria superpovoado e, consequentemente, logo se esgotaria, o que iria provocar a falta de alimento para o gado de todos. Aí reside o prejuízo para todos e se configura a tragédia.

O conflito consiste em utilizar ou não o máximo possível do recurso, mesmo que com isso ele venha a ser esgotado e, no futuro, deixe de estar disponível para todos, os que o utilizaram adequadamente e aqueles que o utilizaram de forma abusiva (HARDIN, 1968).

Algumas condições para produzir um dilema da terra dos comuns são especificadas por Gardner, Ostrom e Walker (1990):

a) A existência de um recurso extenso que é usufruído de forma indevida por um, em detrimento dos outros membros do grupo.
b) A existência de dois ou mais indivíduos interessados no mesmo recurso.
c) O recurso existente pode ser renovável quando em condições naturais.

Para evitar a tragédia dos comuns, que ocorre frequentemente no uso de recursos naturais renováveis, alguns governos propõem limites para sua utilização e multas para quem descumprir esses limites. No entanto, segundo Ostrom et al. (1999), trata-se de uma forma ingênua de evitar a tragédia dos comuns. Soluções como essa podem retardar a tragédia, mas não evitá-la, justamente em função das dificuldades de controlar os trapaceiros ou *free riders*.

Essa teoria pode ser aplicada na escolha da carteira de portfólio, pois poderemos optar por projetos prioritários, que terão seus recursos escassos mais rapidamente, e assim melhorar seu desempenho criando valor para o negócio.

# 15. Como financiar a inovação?

*Henrique C. Mariano*

## 15.1. Preciso mesmo de financiamento? Como consigo um patrocínio ou um investidor?

O capital é um dos elementos fundamentais em qualquer ecossistema de inovação. Mas será que apenas o aporte monetário garante que a inovação seja desenvolvida e aplicada?

Para trazer alguns *insights* sobre o tema, começaremos analisando o conceito de *effectuation* x *causation*, que permite pensar fora da caixa sobre investimento em inovação. Em seguida, analisaremos os tipos de financiamento, os diferentes momentos de necessidade de investimento e concluiremos com algumas reflexões.

## 15.2. *Effectuation* x *causation*

A autora indiana Saras D. Sarasvathy (2008) realizou um estudo com empreendedores experientes e identificou algumas questões-chaves na pesquisa relacionadas com a personalidade do empreendedor e com o seu ambiente. Os resultados analisados de forma conjunta e considerando os processos evolutivos criaram o conceito de *effectuation*.

Para entender melhor esse conceito, ela definiu cinco princípios de excelência empreendedora:

- **Pássaro na mão.** Descobrir seus pontos fortes e trabalhar com eles, sendo que este princípio começa respondendo a algumas perguntas como quem eu sou, o que eu sei e quem eu conheço. Com essas reflexões, imaginar o negócio que poderia ser criado e como chegar lá. Este princípio contrasta com a ideia de predefinir metas/objetivos.
- **Perda aceitável.** Definir o que é aceitável de ser perdido a cada passo, e não tentar criar uma imagem completa de toda a oportunidade, bem como evitar a geração de um resultado no estilo "tudo ou nada". Assim, não há expectativa de amplo retorno e apenas o foco no risco de queda.
- **Limonada.** Convidar o fator surpresa e não tentar controlar o futuro, usando uma notícia "ruim" como oportunidade. Nesse caso, não precisa gastar muito tempo criando vários cenários hipotéticos para todas as piores possibilidades. Em outras palavras, se você receber alguns limões, prepare a melhor limonada possível!
- **Colcha de retalhos.** Construir parcerias com potenciais interessados, pois esses parceiros-chave podem reduzir a incerteza e cocriar um "oceano azul" com pessoas interessadas. Este princípio contrasta com a ideia de que você precisa evitar os concorrentes e considerá-los rivais.
- **Piloto no avião.** Você é o piloto e está no comando. Portanto, não tente prever o futuro. Foque no trabalho de criá-lo e gerar os resultados desejados. Este princípio baseia-se na ideia de que o futuro não é encontrado ou é previsível – na verdade, é o resultado da ação e do esforço do empreendedor e da sua equipe.

Com base nesses princípios, a autora definiu o ciclo eficaz, adaptado na Figura 15.1 a seguir:

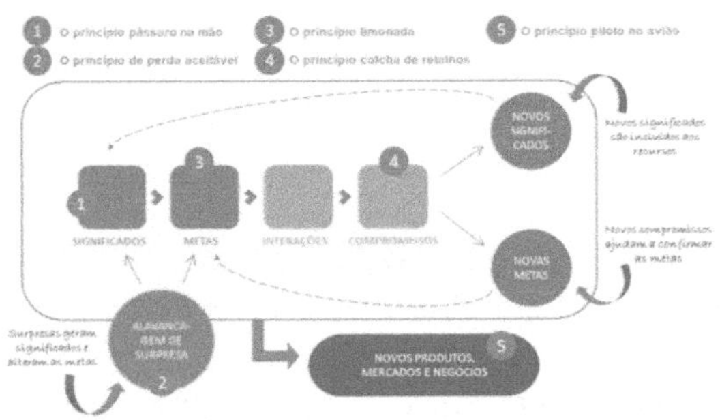


**Figura 15.1. Diagrama do ciclo eficaz. Fonte: adaptado de Sarasvathy (2008).**

Neste diagrama, o ciclo começa pelos significados com base nas perguntas de "quem eu sou?", "o que eu sei?" e "quem eu conheço?". Depois as metas são definidas pelo empreendedor pela pergunta "o que eu posso fazer?". Na terceira fase, ocorre uma interação com outras pessoas visando a geração de compromissos com as partes interessadas. Portanto, o ciclo é mantido com a entrada de novas surpresas que impactam o processo até que sejam criados novos produtos vendáveis com clientes comprometidos e outras pessoas interessadas focadas em desenvolver novos mercados.

Considerando essa rápida visão sobre o conceito de *effectuation*, agora é possível explicá-lo de forma ainda mais simples: é como se uma pessoa que quer preparar o jantar simplesmente abre a geladeira, descobre os itens que tem dentro e define qual será o prato para a noite. Esse processo é o inverso da abordagem convencional para empreendedorismo, onde, na mesma situação, em um modelo *causation*, a pessoa começa a imaginar o que quer comer, lista todos os produtos que são necessários, vai ao supermercado comprar os itens em falta e só depois de voltar para a casa é que começa realmente a preparar o jantar, sendo que claramente este segundo modelo necessita de dinheiro/financiamento para comprar os ingredientes.

Por isso a reflexão a todos os empreendedores ou empresas que necessitam financiar a inovação é: vocês realmente pensaram fora da caixa e tentaram exaurir todas as possibilidades de inovar sem necessidade de financiamento ou investimento externo?

É óbvio que esse modelo de *effectuation* com financiamento próprio não resolve todas as necessidades – e em muitos casos o desenvolvimento de uma inovação necessita de investimento. Para esses casos, vamos explicar a seguir outras formas possíveis de financiamento.

## 15.3. Tipos de financiamento para a inovação

- ***Bootstrap* (ou crescimento orgânico).** Neste modelo se utilizam somente os recursos financeiros disponíveis, ou seja, sem considerar apoio externo. Os empreendedores usam a renda de ativos já poupados ou obtida através de outros trabalhos, enquanto que as empresas utilizam os lucros gerados pelas suas próprias operações para financiar a inovação. Este modelo é similar ao conceito de *effectuation*.
- **Família, amigos e apoiadores.** Aqui, se buscam pessoas da família, amigos ou mesmo apoiadores, que podem ser outras empresas ou pessoas físicas interessadas. No termo em inglês, são incluídos neste grupo os to-

los, assim formando o trio *family, friends and fools*, sendo que obviamente o conceito não faz referência a enganar ou mentir sobre o investimento, mas sobre um possível investimento a fundo perdido, considerando o risco de retorno para esses apoiadores.

- **Investidores anjos, clientes anjos e dinheiro inteligente (*smart money*).** Estes apoiadores também são chamados de capital semente (*seed*), pois apoiam na evolução da entrega de valor através de diferentes recursos, que podem ser financeiros, de conhecimento ou contatos, no caso de clientes anjos com a intenção de comprar os produtos e serviços que serão oferecidos no futuro. Chama-se dinheiro inteligente porque não se restringe à ajuda financeira, mas também a outras necessidades do inovador para desenvolvimento da sua ideia, como: mentoria, *expertise* e *networking* (conexões). Esses investidores podem atuar individualmente ou em grupos que chamamos de *pool* de investidores. Todo esse apoio é importante nesse fase inicial da aplicação da inovação, pois permite estruturar a sustentabilidade da nova solução.
- **Incubadoras e aceleradoras.** Estas empresas apoiam empreendedores com funções básicas e comuns em qualquer empresa, em especial áreas administrativas como contabilidade, jurídico, recursos humanos etc. Ou seja, visam em um primeiro momento incubar as ideias para que estas possam germinar e depois acelerar o crescimento, compartilhando recursos e potencializando as chances de surgimento e crescimento da inovação.
- **Fundos de governos, empresas de apoio e agências de fomento.** Existem muitos interessados no desenvolvimento da inovação, sendo que muitos deles não possuem interesse em participar dos lucros ou obter resultados financeiros: o foco deles é apenas desenvolver o ecossistema de inovação. O processo normalmente começa com um edital ou algo similar com as regras para participação, sendo que em geral envolvem o financiamento de parte da inovação, considerando a contrapartida de gastos também pelos inovadores. Podem ser editais públicos gerados nas três esferas (federal, estadual ou municipal) ou de fundações privadas, assim como de fundos públicos ou privados criados especialmente para esse fim.
- ***Crowdfunding* (vaquinha) e *equity crowdfunding*.** Representa o modelo de convidar pessoas a participar com pequenas contribuições financeiras para um projeto ou ação de inovação. É uma das maneiras de conseguir financiamento, com vários portais na internet oferecendo a administração e gestão dessas campanhas, sendo muito utilizado em projetos sociais.
- **Capital de risco (*venture capital*).** Aqui se concentram empresas ou fundos que podem ser públicos ou privados e que fazem investimentos em inovações, assumindo riscos com o objetivo de ter bons retornos sobre

os seus investimentos. Esses fundos podem ser de vários tipos, como sócios gerais (GPs – *General Partners*) ou sócios limitados (LPs – *Limited Partners*), definidos a partir do nível de envolvimento na administração da empresa investida e na limitação ao risco, incluindo possíveis débitos e obrigações. Esses investimentos podem ser feitos em diferentes rodadas (A, B, C, ...). Essas empresas de capital de risco também podem participar de ofertas primárias de ações (IPO – *Initial Public Offering*) ou de ofertas secundárias.

## 15.4. Diferentes momentos de necessidade de investimento

- **Germinação – *Seed* (inclui a pré-germinação – *Pre-Seed*).** Estas são as primeiras fases do desenvolvimento da inovação e estão vinculadas às etapas de entendimento do mercado, definição da necessidade, identificação de ideias e caminhos, geração de um protótipo e um produto mínimo viável (MVP), ou seja, transformação da ideia em um produto ou serviço, passando por todas as definições do modelo de negócio que será aplicado. Também estão incluídas aqui a busca dos primeiros clientes e o crescimento inicial da operação.
- **Estágios iniciais de investimentos.** Nesta fase, a empresa já tem um produto ou serviço definido, com uma proposta de valor clara, e busca apoio para aumentar o número de clientes, expandindo a sua operação em tamanho e volume de vendas, assim tornando o processo de tração ainda mais robusto e sustentável. Além disso, também são consideradas melhorias na inovação para que possa facilitar o processo de fabricação do produto ou de entrega dos serviços envolvidos.
- **Últimos estágios ou estágio de crescimento.** Por fim, nestes estágios finais de crescimento são aplicados mais investimentos que permitem o desenvolvimento da inovação com foco em novos mercados e aperfeiçoamentos que podem aumentar o seu uso ou a sua aderência. Mesmo que sejam realizadas várias rodadas de investimento, cada uma delas deve ter um objetivo claro, de forma que atenda às expectativas dos investidores que aplicaram dinheiro na empresa que está fomentando a inovação.

Podemos concluir que existem vários meios de financiar a inovação. É importante começar antes com a pergunta sobre quando os recursos externos serão necessários, e se é possível usar somente os recursos internos para iniciar o projeto, considerando a obtenção de outros recursos em momentos mais propícios.

Existem diversos exemplos de empreendedores e empresas que conseguiram desenvolver produtos e serviços fantásticos sem muito investimento inicial, e onde a limitação de recursos foi fundamental para que encontrassem soluções de forma criativa (como é conhecido popularmente, pensaram "fora da caixa"). Essas restrições foram essenciais para gerar no grupo o senso de prioridade e de foco para consolidar ideias e gerar uma inovação genuína.

Além disso, quando pensar sobre financiamento de inovação, não se limite a considerar somente os recursos financeiros, pois é importante analisar também que outros recursos, incluindo conhecimento, relacionamento ou acesso, são fundamentais para o desenvolvimento da inovação.

Uma boa prática é fazer a análise dos diversos tipos de recursos (*pool*) que estão disponíveis aos empreendedores. Tal ação pode facilitar o processo de planejamento e execução do projeto de inovação e ajudaria a encontrar atalhos ou caminhos mais suaves para essa longa jornada, que possui riscos de falha e incertezas trazidas pela concorrência e por situações novas ou inesperadas.

# PARTE III. TRANSFORMAÇÃO DIGITAL E SEUS IMPACTOS NAS CORPORAÇÕES

# 16. Transformação digital (TD) como diferencial competitivo para as empresas

*Sérgio Murilo Schütz*

A transformação digital (TD) iniciou sua era quando as máquinas mecânicas começaram a ser substituídas por máquinas eletrônicas que passaram a ser o elemento transformador da construção do raciocínio lógico computacional, trazendo o sistema binário para iniciar a grande revolução da indústria depois das primeiras revoluções industriais.

Principalmente com a chegada da pandemia do COVID-19, o mundo precisou se reinventar em diversos fatores, e a tecnologia foi vital para a continuidade dos negócios e da vida.

A transformação digital já está acontecendo, queiramos ou não, e desde então tem gerado inovação e mudanças significativas nas organizações e na sociedade, promovendo modificações na nossa maneira de trabalhar, conviver, divertir, comprar, comer, vestir, viajar, estudar etc.

## 16.1. Sua empresa tem maturidade para TD?

O maior desafio é pôr em prática a mudança de mentalidade, estabelecer uma cultura ágil e digital e repensar o design organizacional com modelos compatíveis com a estratégia.

Um ponto eventualmente desprezado é que a estratégia precisa ser suportada por uma infraestrutura de TI rápida e consciente das cargas de trabalho. A combinação entre infraestrutura de TI e as modernas tecnologias na *cloud* criou um mundo híbrido e ágil, ampliando as estratégias e decisões táticas possíveis na corrida pela transformação digital.

Os negócios no mundo digital para os próximos anos já indicam como tendência uma ampliação dos negócios digitais atrelados a urbanização, cibersegurança, volumes de dados e conformidade e ecossistema de negócios. Isso sem contar o impulsionamento dos negócios digitais gerados pela pandemia do COVID-19.

A transformação digital exige a migração de um modelo de serviços de TI centralizado para um modelo distribuído geograficamente e regionalizado na *cloud* (nuvem), resultando em uma infraestrutura de *multicloud* híbrida, modelo que atende às operacionalizações internas e externas em âmbito digital.

Os **elementos básicos** da transformação digital estão galgados em **processos, pessoas e tecnologia**, impactando a transformação:

- **da experiência do cliente:** entender o cliente, definir novos pontos de contato, identificar novas formas de comunicação;
- **dos processos operacionais:** mapear os processos, capacitar o colaborador, gerenciar desempenho;
- **dos modelos de negócio:** novos modelos de negócios, novas formas de medir resultados.

A TD também envolve o planejamento estratégico e a agilidade no seu processo de implementação, percorrendo todos os níveis da organização de forma contínua.

## 16.2. Sobrevivência: a transformação digital das empresas

Mesmo empresas que, nesse momento, possuem bom posicionamento no mercado, estão saudáveis financeiramente e com bons resultados nas vendas precisam planejar sua transformação digital, já que no mundo VUCA e pós-normal em alguns anos elas podem não ocupar mais as posições atuais de liderança.

Uma prática é aprender pela observação, compreendendo as estratégias das empresas que têm liderado a transformação digital nos últimos anos.

No entanto, poucas empresas têm aplicado esforços de forma concreta em uma estratégia de transformação digital eficiente e na velocidade que o mercado e o momento exigem. A transformação precisa partir da alta administração (*C-level*), e a cultura e a liderança devem fazer parte do dia a dia da pauta executiva da organização. Esse patrocínio executivo precisa ser o condutor das mudanças, para que sua empresa obtenha o conhecimento necessário para usufruir de todas as informações e recursos que a transformação digital oferece. O futuro será presente somente para aqueles que souberem se adaptar e evoluir em sua transformação digital nos negócios.

# 17. Os cinco domínios da transformação digital

*Luiz Garcia*
*Flávia Lins Garcia*

O ser humano sempre buscou melhorias contínuas em tudo que favoreça a sua sobrevivência. Com o avanço da tecnologia, todas as áreas deram saltos de evolução, quantitativos e qualitativos cada vez maiores e em menor tempo.

Em seu livro *Transformação digital: repensando o seu negócio para a era digital* (2017), Rogers aponta as cinco dimensões da transformação digital: **clientes, competição, dados, inovação e valor**. Exploraremos cada um deles a seguir.

## 17.1. Cliente

O cliente atual está mais conectado. Sua comunicação é mais rápida e ele é mais fácil de ser alcançado, tanto para escutar ou postar nos meios digitais. Portanto, informações negativas ou positivas sobre a sua empresa podem mudar da noite para o dia. Sua forma de comprar, vestir-se, agir e de se manifestar muda com a velocidade de uma montanha russa.

Fidelizar um cliente é algo que empresários sempre quiseram, mas a cultura organizacional de uma empresa que pensa essa atual transformação digital deve praticamente viver para isso. Por exemplo, vamos supor um grande fabricante de refrigerantes mundial recebe a denúncia de um inseto dentro de seu recipiente fechado. Qual seria o impacto há 40 anos? E o impacto hoje em dia? A velocidade da comunicação atual do mundo poderia fazer o valor das ações dessa empresa despencar de forma bem acelerada.

Domine as ferramentas que colocam o cliente no centro da empresa, ajude o RH a disseminar essa cultura de *customer centricity*, implante pesquisa de NPS (*Net Promoter Score*), alinhe áreas e objetivos para que todos tenham a mesma visão e ciência do impacto positivo e negativo da satisfação do cliente.

Antes o consumidor usava a sua própria voz para gritar na multidão e poucos escutavam. Hoje ele nem precisa usar a voz e todos o escutam!

## 17.2. Competição

Se a comunicação mudou a maneira como os clientes interagem com o mundo, imagine o mercado? O conhecimento sempre foi a arma mais importante de qualquer pessoa, seja ela física ou jurídica.

Hoje a tal transformação digital permite que a empresa seja ótima no seu segmento de atuação e abocanhe outros setores competitivos que ela antes não ousava atuar e para os quais seria difícil obter *expertise*.

Agora uma empresa de varejo pode atuar em segmentos financeiros e realizar parcerias lucrativas com empresas de comunicação. Como se preparar para um mercado com novos entrantes que são poderosos, ágeis e inovadores? Simples: o mercado é para aqueles que ousam e inovam todo dia, que conseguem ser flexíveis, adaptáveis e sensíveis ao olhar do cliente – novamente o cliente. Invista sempre em aprimoramento e em novos espaços. Qualquer treinador sabe que a competição eleva o nível de ambas as equipes.

Um bom exemplo está no progresso da equipe de vôlei do Brasil, que não conseguia ter resultados consistentes até a década de 80, mesmo com excelentes atletas e comissão técnica. O ponto de inflexão foi sua equipe de apoio começar a fazer análises estatísticas e avaliações constantes dos seus atletas e concorrentes.

## 17.3. Dados

Não precisamos voltar muito no tempo para entender que um LP continha 12 faixas de música, um CD continha aproximadamente 20 músicas e hoje praticamente não existem limites para armazenarmos o que queremos ouvir.

Antigamente as empresas e os diretores de área tinham que escolher as informações que seriam consideradas importantes. As análises complexas eram demoradas, e custava caro armazenar tudo isso. Hoje não existem praticamente limitações – e os profissionais responsáveis pelas estratégias não podem e não devem ficar limitados a análises superficiais.

Um exemplo interessante é o caso de uma escola que quer avaliar por que a taxa de evasão estava subindo. Todas as análises iniciais levavam a crer que os alunos que estavam saindo da escola eram do mesmo bairro; inicialmente cogitou-se que eles estavam saindo devido à dificuldade de locomoção. Estendendo o acesso a todos os dados disponíveis e após vários cruzamentos de dados e um longo dia de trabalho, foi possível identificar que quase a totalidade dos pais dos alunos evadidos trabalhavam na mesma fábrica e havia ocorrido uma demissão em massa um mês antes. A dificuldade não era de locomoção, mas financeira, totalmente diferente da conclusão inicial.

Tendo a visibilidade da causa-raiz da evasão escolar, foi possível produzir planos de ação para retenção dos alunos restantes e de captação de novos alunos que poderiam estar estudando em outras escolas concorrentes.

## 17.4. Inovação

Ainda no exemplo da escola, uma integrante do corpo docente sugeriu firmar uma parceria com empresas de RH para apoiar a recolocação dos pais desempregados em troca de bolsas-desconto para os funcionários da empresa de RH, já que havia vagas disponíveis nas turmas sem impacto financeiro para a escola. Foi um sucesso! Foi obtida significativa redução na taxa de evasão e na inadimplência.

A inovação digital permitiu a análise integrada entre a base de dados dos alunos, dos pais em busca de um emprego e depois, por consequência, a integração com o sistema de notas dos alunos, onde houve novo impacto: a melhora das notas devido à redução do estresse dos pais.

A inovação não surge das máquinas, e sim de ideias e *insights*, de pessoas e de muita pesquisa e validação de hipóteses. A tecnologia contribui ampliando as possibilidades e apoiando as ações na prática. Se os saltos cada vez são maiores, então aqui é onde as empresas precisam sonhar cada vez mais alto. A cada dia a tecnologia derruba barreiras, abre portas e retira impeditivos, quase na velocidade da luz. Incentive a disruptura do tradicional, a visão "e se..." e agregue valor – o próximo e último domínio da transformação digital.

## 17.5. Valor

Qual valor uma empresa deve entregar? Qual valor quer transmitir para o mercado? Esse é um cuidado enorme que as empresas devem ter. As mudanças atualmente são rápidas e constantes, mas será que ocorre o mesmo com a cultura e os valores da empresa?

Será que os clientes percebem a mudança cultural da empresa? Podemos citar o caso da Uber, que começou com uma ideia, inovou um segmento e se transforma a cada dia. Mas qual o valor que ela quer passar a seus clientes? Hoje a empresa se posiciona como solucionadora de problemas de mobilidade, podendo ser patinetes ou o melhor trajeto de um ponto a outro, com diversos custos e meios de transporte. As pessoas entendem que ela é uma empresa que se especializou em locomoção urbana. Este é o DNA e o valor que ela pretende entregar aos seus clientes. Busca a cada dia aprimorar a experiência de uso, ampliando formas de pagamento e acoplando serviços que facilitem a vida do consumidor.

As empresas que buscam ser referência e ter inovação no seu DNA conseguirão obter o sucesso quando conseguirem integrar com maestria os cinco domínios apresentados, tendo assim capacidade para satisfazer o seu cliente.

# 18. Os 6Ds dos exponenciais

***Sarah Lopes***

A inovação e o empreendedorismo popularizaram uma série de termos que, se já não fazem, em breve farão parte do seu cotidiano.

A **disrupção** – que pode ser interpretada como a interrupção do curso normal de um processo – é um deles. O termo se tornou um sinônimo de inovação, principalmente quando se trata de algo feito de maneira diferente do que os concorrentes que já utilizavam. Ou seja, não significa necessariamente criar algo inédito; tem mais a ver com a maneira e o tempo em que as coisas acontecem.

O conceito de disrupção foi apresentado por Clayton Christensen em 1995:

> *Uma inovação disruptiva concede aos novos consumidores acesso ao produto historicamente disponível apenas para consumidores com muito dinheiro ou habilidade.*

Inovadores ágeis e resilientes vêm se tornando "empreendedores exponenciais", abrindo caminho para um novo mundo de abundância. As principais organizações exponenciais do momento têm um ponto muito importante entre si: a utilização da tecnologia como aliada.

Dois principais diferenciais de uma organização exponencial são tanto sua capacidade de inovação (fazer diferente) quanto de escala (atender a muitos clientes a custos competitivos). Ou seja, a empresa exponencial percebe (antes dos concorrentes) uma oportunidade de mercado e apresenta uma solução inovadora, algo realmente inédito, seja no conteúdo ou na forma de entregá-lo.

Um exemplo desse perfil exponencial é o Airbnb. Baseada na economia do compartilhamento, a plataforma possibilita aos viajantes uma opção mais barata e uma experiência única de hospedagem, muito diferente da tradicional, em hotéis ou pousadas.

Eles não inventaram as viagens e não construíram uma estrutura sequer em hotelaria, mas mudaram a forma como as pessoas enxergam todas essas experiências. Além disso, a plataforma de hospedagens permite que qualquer um alugue recursos não utilizados, o que incentiva o compartilhamento e reduz o desperdício. O Airbnb se tornou diferenciado e ganhou destaque ao oferecer acomodações exclusivas e acessíveis em um mundo de hospedagem padronizada. Estima-se que o Airbnb tenha atendido a 400 milhões de hóspedes nos primeiros dez anos, mantendo a aposta de chegar a 1 bilhão até 2028.

As empresas exponenciais (ExOs) são conhecidas por seu perfil adaptável e transformador, e por desenvolverem novas formas de lidar com velhas questões. Elas dão novo sentido a velhos conceitos, imaginam novas alternativas e não têm medo de explorar o desconhecido. Em outras palavras, inovação é a base para uma ExO de sucesso.

Analisando os diversos cenários de empresas que subestimaram o crescimento exponencial, Peter Diamandis e Steven Kotler apresentaram em seu livro *Bold: Oportunidades Exponenciais* (2018) o que eles chamaram de "6Ds Exponenciais": um modelo para entender as características próprias dos exponenciais. São apresentados como uma reação em cadeia e ilustram o que pode acontecer quando uma tecnologia exponencial nasce. A Figura 18.1 apresenta o modelo 6Ds dos exponenciais.

**Figura 18.1. Modelo 6Ds dos exponenciais. Fonte: adaptado de Diamandis e Kotler (2018) e Ismail, Malone e Van Geest (2019).**

1. **Digitalização** – A inovação ocorre à medida que os seres humanos compartilham ideias. Tudo o que possa ser digitalizado pode se disseminar exponencialmente e tornar-se disponível para ser

reproduzido e compartilhado. De fácil acesso e distribuição, a informação digital pode ser propagada na velocidade da internet. Isso tem a ver com a Lei de Moore do poder computacional crescente (a lei que diz que o poder de processamento dos computadores dobraria a cada 18 meses). Assim, o primeiro D quer mostrar o poder que um processo ou produto adquire somente pelo fato de mudar de físico para digital. Podemos ver o impacto radical da digitalização no mercado financeiro, que está se transformando por conta de *startups* como o Nubank. A empresa possui uma estratégia 100% digital, mantendo a personalização e a qualidade no atendimento.

2. **Decepção** – Depois de iniciar o processo de digitalização, vem a decepção com o período em que o crescimento passa quase despercebido de tão pequeno – parece o progresso do crescimento linear. É um crescimento dissimulado.
3. **Disrupção** – Uma inovação cria um mercado novo, e o mercado existente é superado em efetividade e custo. A disrupção sempre sucede a decepção, e a ameaça parece insignificante. Um exemplo é a fotografia, sendo a Kodak um dos casos mais emblemáticos. O custo marginal de cada foto digital ficou próximo de zero (custa o mesmo tirar uma ou dezenas de fotos). Antes havia a escassez e por isso fazíamos uma seleção de que fotos tirar e revelar, e assim havia um mercado para cursos de fotografia e câmeras de alto desempenho. Com a digitalização, a disrupção criou oportunidades para organizar, editar e armazenar grandes quantidades de fotos. Empresas estabelecidas que se criaram no mundo da escassez precisam identificar a mudança e se adaptar a um mundo de abundância. Há apenas duas opções: autodestruir-se ou ser destruído por alguém.
4. **Desmonetização** – As tecnologias atuais vêm tornando o processo de produção mais rápido, flexível e eficiente. Isso fez com que as fábricas ficassem menos prejudiciais ao meio ambiente, desenvolvessem produtos melhores, customizados e a preços mais baixos. Isso vai ao encontro da expectativa das pessoas: elas querem que as coisas sejam mais baratas, mais rápidas, mais convenientes e entregues em suas portas sem nenhum custo extra. A tecnologia tem a capacidade de transformar um produto ou serviço em algo substancialmente barato (ou mesmo gratuito). Programas são mais baratos de produzir do que equipamentos. Podemos baixar inúmeros aplicativos em nossos *smartphones* e usufruir de múltiplos serviços a um custo próximo de zero. O Napster desmonetizou a indústria de música. O Craigslist, os anúncios classificados. O Skype, a telefonia de longa distância. A Uber está desmonetizando o transporte urbano. A Airbnb está desmonetizando o setor de hotelaria. Essa lista só vai aumentando. E como a desmonetização também é dissimulada, quase ninguém

nesses setores está preparado para uma mudança radical.

5. **Desmaterialização** – As tecnologias que já foram volumosas (rádios, câmeras, vídeos, telefones) estão agora inseridas em *smartphones* que cabem no bolso. Com o surgimento dos *smartphones*, a própria câmera digital se desmaterializou. A câmera passou a vir com a maioria dos telefones, e junto com ela uma lista de tecnologias se desmaterializaram: GPS, biblioteca de livros, coleção de CDs, lanterna, calculadora, relógio de pulso... talvez por isso os *smartphones* sejam a tecnologia em mais rápida disseminação na história da humanidade.
6. **Democratização** – Apesar de as câmeras virem "de graça", ainda existem os custos do telefone. Mas à medida que a tecnologia é digitalizada, mais pessoas têm acesso a ela. Esse custo fica tão baixo que é acessível a quase todo mundo. Tecnologias de ponta não estão mais restritas a grandes corporações ou governos.

Esse é o fim da cadeia exponencial, o resultado lógico da desmonetização e da desmaterialização.

## 18.1. Conclusões

Atualmente as organizações lineares estão ameaçadas pelos 6Ds. Mais cedo ou mais tarde a sua empresa ou o seu mercado será afetado por algum tipo de inovação que pode provocar a disrupção no seu jeito de fazer negócio.

Sendo assim, um passo fundamental é criar uma cultura organizacional aberta para a inovação. Ter a própria estratégia de inovação, condizente com o modelo de negócio, permitirá delinear o equilíbrio certo na inovação, ter entregas claras, parcerias relevantes e investimentos mais coerentes.

No entanto, não basta apenas entender os 6Ds dos exponenciais e sua escala de impacto crescente. É preciso também entender as tecnologias e ferramentas que provocam essas mudanças.

# 19. Impacto das tecnologias digitais

*Henrique C. Mariano*
*Laíny B. Moraes*

Atualmente é fácil identificar o impacto das tecnologias digitais na nossa vida, especialmente em soluções e plataformas que estão facilmente disponíveis e muitas vezes sem custo. Contudo, não é tão fácil identificar quais tecnologias estão suportando esses produtos e serviços.

Inclusive enquanto você estiver lendo este livro já devem estar sendo desenvolvidas muitas outras tecnologias. Por isso, a ideia deste capítulo não é gerar uma lista das tecnologias que vão mudar a sua vida, e sim destacar algumas que podem ter um impacto mais contínuo e de forma mais abrangente em nosso mundo.

## 19.1. Repensando dados na era digital

Muitas informações podem ser extraídas a partir da utilização de um serviço, *app* ou até mesmo um aparelho digital. E esse conjunto de dados, quando analisado, pode expor informações sobre hábitos de uso, preferências etc.

Por exemplo: um aplicativo de *delivery* de comidas consolida informações como preferência por estabelecimentos com frete grátis, menor tempo de entrega e promoções, que acabam sendo extraídas com base em pesquisas de forma quantitativa dos dados cadastrados e registrados (preferências de uso) de cada usuário.

A análise quantitativa desses dados possibilita tomar decisões voltadas para ações de marketing, lançamento de novos produtos, serviços etc. Um estudo intitulado "The Deciding Factor: Big data and decision-making", publicado pela revista *The Economist* (ECONOMIST INTELLIGENCE UNIT, 2012), afirma que a intensidade do uso de dados na análise de possibilidades gera melhores resultados e melhor desempenho nas áreas de negócio. E conclui que o uso de grandes grupos de dados (*big data*) para a tomada de decisões permitirá a escolha de melhores estratégias com mais consenso e melhor execução.

À medida que temos um infinito de informações mapeadas e extraídas a partir de grandes grupos de dados (*big data*), de ferramentas de monitoramento de uso de sites e de aplicativos e serviços, temos uma crescente demanda por métodos e instrumentos que armazenem e possibilitem a extração e análise dos dados.

Com o uso massivo desses dados e a dependência da sua disponibilidade, questionamentos são gerados sobre a forma como podemos proteger os dados trafegados e registrados, incluindo os rastros digitais deixados a cada acesso, e, por isso, a importância da regulamentação de leis de proteção de dados que fomentam o debate sobre os direitos e deveres na utilização de dados.

## 19.2. O uso de sensores conectados – IoT (*Internet of Things* – internet das coisas)

O alcance do uso de sensores conectados é bastante abrangente, e o seu advento mudou significativamente o comportamento das pessoas. O termo "Internet das Coisas" foi proposto em 1999 por Kevin Ashton do MIT (*Massachusetts Institute of Technology*) e tem por objetivo geral conectar os itens usados no dia a dia à rede mundial de computadores. Uma vez conectada, essa tecnologia permite monitorar e controlar tudo que está ao seu redor.

Em um passado não muito distante, para medir o desempenho de um esportista em uma simples corrida eram necessários vários instrumentos de medição cardiológica. Atualmente, esse tipo de medição está ao alcance de um aplicativo instalado no telefone celular e que pode ser sincronizado a um relógio inteligente (*smart watch*), permitindo assim saber a pulsação, a quantidade de quilômetros percorridos, as passadas dadas durante o dia etc.

Outro exemplo são os dispositivos de áudio com reconhecimento de voz, que facilmente podem ser sincronizados aos sistemas de som e luz de uma casa ou estabelecimento e estão mudando a forma de interação das pessoas no âmbito doméstico.

Diante disso, podemos concluir que a engenharia empregada para que essas coisas estejam conectadas à internet é a base para a inteligência artificial programada para aprender, pois usam esses sensores como referência para tomada de decisões, ou seja, por meio dos dados coletados, podem predizer ou sugerir ações.

## 19.3. Computação quântica (*quantum computing*)

A computação quântica encontra-se em estágios incipientes de desenvolvimento, carecendo ainda de soluções práticas amplamente difundidas em nosso cotidiano. No entanto, seu potencial transformador na interação com a tecnologia e suas aplicações é substancial. Esse novo paradigma de processamento de informações não apenas promete resultados superiores, como se assemelha mais aos processos cognitivos humanos, ampliando de maneira sem precedentes a capacidade computacional. Essa transformação, ao possibilitar níveis de poder computacional inéditos, tem um impacto significativo e duradouro.

Essa tecnologia também permitirá o avanço da inteligência artificial, pois reduzirá os custos de implementação, disseminando a sua aplicação, permitindo a democratização do acesso a essas soluções e expandindo de forma exponencial o desenvolvimento de diversas soluções emergentes.

## 19.4. Inteligência artificial

O termo "inteligência artificial" (IA) é comumente utilizado para descrever máquinas (ou computadores) que substituem funções cognitivas associadas à mente humana, como o "aprendizado" e "solução de problemas".

A evolução dessa tecnologia está gerando um grande debate sobre o futuro do trabalho, por conta da substituição de profissionais e da extinção de muitas carreiras; mesmo em áreas mais relacionadas a temas subjetivos como intuição e percepção de sentimentos, como artes, medicina e ciências humanas, que a princípio se pensava que não poderiam ser substituídas por esse tipo de inteligência artificial. Outra aplicação da IA está em soluções tecnológicas que podem compensar as características humanas com muita análise de dados e identificação de padrões, com a geração de resultados incríveis. Como exemplo, já existem tecnologias que permitem a composição de novas músicas com qualidade impressionante. A identificação de doenças como câncer são feitas com maior acuracidade que o ser humano, considerando a inclusão de mais fatores e nuances no estudo clínico. Análises de leis e jurisprudência para escolha do melhor argumento de defesa ou acusação em um processo jurídico também já podem ser feitas por IA.

# 20. Empresas ambidestras

*Ricardo Engelbert*

O raciocínio básico por trás de toda estratégia empresarial envolve a tomada de decisões sobre atividades e recursos que precisam ser alocados para alcançar resultados e, ao mesmo tempo, garantir a sustentação do negócio a curto e longo prazos. Para esse intento, podemos identificar duas grandes categorias distintas de atividades sobre as quais pesam essas decisões: o aproveitamento máximo das capacidades atuais (*to exploit*) e a exploração de novas possibilidades (*to explore*). A sustentabilidade da empresa depende de ela conseguir se tornar mais eficaz e eficiente ao executar seu modelo de negócio atual e, ao mesmo tempo, reconfigurar seu modelo em resposta às mudanças no seu ambiente de negócio. Essas duas formas distintas de agir e pensar sobre o modelo de negócio é o que caracteriza a **ambidestria**.

Para uma empresa garantir sua longevidade, é necessário ter a capacidade de se adaptar constantemente às mudanças do ambiente. A famosa frase de Charles Darwin sobre a origem das espécies também pode ser usada para as empresas longevas: "não é o mais forte que sobrevive nem o mais inteligente, mas o que melhor se adapta às mudanças".

O sucesso do modelo de negócio de uma empresa acaba por dificultar a exploração de novas tecnologias e mercados, na medida em que essas novas estratégias não se encaixam no que Clayton Christensen, no livro *O Dilema da Inovação* (2011), chamou de "fórmula de resultado". Os tomadores de decisão alocam seus recursos em processos de negócios que geram resultados. Esses resultados são medidos em termos de: taxa interna de retorno (TIR), lucratividade, participação de mercado, valor das ações etc. Quando os tomadores de decisão avaliam uma nova tecnologia, um novo mercado ou mesmo um novo modelo de negócio, eles comparam os resultados desse novo projeto utilizando a mesma régua do negócio atual e, invariavelmente, dificultam a adoção dessas novas iniciativas.

A dissonância cognitiva que surge na mente dos tomadores de decisão é justamente o que está no centro do "Dilema do Inovador". Mas podemos dizer que uma postura ambidestra, que aproveite as oportunidades do modelo atual e explore as novas possibilidades disponíveis, pode ser o grande antídoto para esse dilema.

Buscando respostas para esse dilema, a consultoria McKinsey desenvolveu o "Modelo dos 3 Horizontes" (CARVALHO, 2022), em que sugere que a empresa administre seus projetos dentro de três diferentes prazos: atual, emergente e futuro, buscando equilibrar oportunidades de curto, médio e longo prazo. Osterwalder e Pigneur (2011) propõem um mapa para alinhar as estratégias de aproveitamento e exploração. Essas são tentativas de gerenciar o portfólio de projetos de inovação da organização, como foi profundamente discutido em capítulos anteriores deste livro.

Ambos os modelos são carentes em abordar como as empresas internamente se organizam para a ambidestria. Humble, Molesky e O'Reilly (2015) sintetizam as principais diferenças entre estas duas linhas de ação na Tabela 20.1.

**Tabela 20.1. Parâmetros da ambidestria. Fonte: adaptado de Humble, Molesky e O'Reilly (2015, p. 25)**

| | Aproveitar (o existente) | Explorar (o novo) |
|---|---|---|
| **Estratégia** | Inovação incremental, otimizar modelos de negócio existentes | Inovação radical ou disruptiva, inovação do modelo de negócios |
| **Estrutura** | Múltiplos times alinhados pela missão | Pequenos times multidisciplinares e multifuncionais |
| **Cultura** | Melhorias incrementais e otimização, foco na qualidade e na satisfação do cliente | Alta tolerância para experimentação, tomador de risco, aceitação de falhas, foco na aprendizagem |
| **Gestão de riscos** | Um conjunto maior de *trade-offs* específicos para cada produto ou serviço | Maior risco é a falha em atingir o encaixe entre produto e mercado |
| **Objetivos** | Maximizar rendimento dos mercados capturados, superando competidores | Criação de novos mercados, descoberta de novas oportunidades nos mercados existentes ou adjacentes |
| **Métricas de sucesso** | Superar previsões, atingindo alvos planejados e objetivos | Atingir um encaixe entre produto e mercado |

Existem algumas possibilidades de organizar e estruturar a ambidestria dentro das organizações. Pesquisas e estudos de casos levaram à identificação de três tipos de ambidestria (O'REILLY; TUSHMAN, 2013):

- **Ambidestria sequencial:** quando a empresa realinha suas estruturas em resposta a uma mudança no ambiente e gradualmente vai migrando a velha forma de fazer negócios para a nova maneira. Essa fase de transição tende a ser longa e por isso acaba demandando processos de administração dessa ambidestria. Um exemplo é o que aconteceu com a Netflix ao migrar do seu modelo de aluguel de DVDs para o *streaming*.
- **Ambidestria estrutural ou simultânea:** aparece naquelas situações, bastante comuns, em que a empresa cria estruturas independentes para balancear e buscar resultados tanto de aproveitamento dos negócios atuais quanto de exploração de novas oportunidades. Essas estruturas independentes também se diferenciam em termos de competências, sistemas, in-

centivos e até mesmo de cultura. O banco Bradesco criou o banco Next como forma de explorar, e experimentar, as oportunidades oferecidas por um banco totalmente digital.

- **Ambidestria contextual:** depende fortemente do julgamento dos indivíduos que formam essa empresa, que têm que tomar decisões sobre a divisão do tempo a ser dedicado para cada demanda conflitante entre 'aproveitar' e 'explorar'. A empresa precisa oferecer um contexto de apoio operacional para garantir que cada indivíduo administre a ambidestria no nível individual e de pequenos grupos. Aqui, surge a necessidade de gerar forte *accountability* entre seus membros. Empresas como 3M e Google incentivam que seus colaboradores dediquem parte do seu tempo para o desenvolvimento de ideias e empreendimentos que não estão relacionados com as suas responsabilidades diretas.

Após um longo estudo de casos, analisando sucessos e insucessos de empresas que buscavam administrar a ambidestria, O'Reilly e Tushman (2011) listaram as condições para a ambidestria trazer resultados positivos para as organizações. São elas:

- A intenção, no alto nível de decisão, de implementar as estratégias de aproveitar (*to exploit*) e de explorar (*to explore*).
- A articulação de uma visão e de valores que definem uma identidade comum entre as unidades dedicadas ao aproveitar e ao explorar.
- Uma equipe experiente que defenda e comunique incansavelmente as estratégias de aproveitamento e exploração, e que defina sistemas de recompensa independentes, mas que considerem o destino comum.
- Estruturas organizacionais separadas, mas alinhadas (modelos de negócios, estrutura, incentivos, métricas e culturas) para as unidades de aproveitamento e exploração, garantindo que a integração seja realizada tanto no nível estratégico como tático, de modo a alavancar adequadamente os ativos da organização.
- A capacidade da liderança sênior de tolerar e resolver as tensões decorrentes de falhas de alinhamento.

Um ponto crítico está em garantir a aprendizagem organizacional, conectando com o desafio da ambidestria nas empresas. Uma organização que aprende, ou seja, aquela que é hábil em criar, adquirir e transferir conhecimento, modificando seus comportamentos para refletir essas novas percepções, estará mais apta a administrar a ambidestria e capturar valor tanto das atividades atuais como das novas oportunidades. Uma organização que aprende aperfeiçoa suas capacidades atuais ao mesmo tempo em que desenvolve novas capacidades. Existe inovação em ambos os lados dessa ambidestria.

# 21. Gestão da mudança organizacional e inovação

*Regiane Moura Mendonça*

O ser humano, por sua própria natureza, é resistente a mudanças – alguns mais, outros menos, mas a resistência existe por ser um processo que traz transtornos e disrupção. Tudo depende da forma como lidamos com as mudanças e como a aceitamos.

## 21.1. Mudança organizacional

Um processo de mudança organizacional não é tranquilo nem seguro. Na verdade, é incerto, descontínuo e conflitivo, mas pode ter resultados mais favoráveis se as pessoas envolvidas passarem a aceitar mais rapidamente o processo.

Uma mudança pode ser dividida em dois tipos:

- **Mudança não planejada:** a organização soluciona os problemas conforme estes surgem.
- **Mudança planejada ou estratégica:** a organização busca um determinado objetivo, envolvendo a todos da organização.

Em qualquer um dos tipos, a mudança tem início a partir da necessidade de aumentar a eficácia ou as condições para atingir novas oportunidades.

## 21.2 Gestão de mudanças organizacionais

A gestão de mudanças organizacionais (GMO) prepara a organização para as mudanças por meio de práticas e processos específicos. Geralmente é utilizada para projetos complexos, como a implementação de um novo sistema de informação ou um novo programa de inovação corporativa. Seu objetivo é reduzir o impacto que uma mudança pode causar, diminuindo seus riscos para o projeto.

Para uma gestão mais efetiva, é necessário definir o papel dos agentes de mudança, que são responsáveis pela administração das atividades de mudança. Eles precisam enxergar o futuro que não é visto, para assim poder motivar, incentivar e implementar a mudança organizacional. Eles podem ser funcionários novos ou antigos, gerentes ou não, e até mesmo consultores externos. Os agentes de mudança também encaram diretamente a resistência dos membros da organização.

A grande diferença está nesses três elementos:

- **Conteúdo:** o que precisa ser mudado? Qual é a estratégia?
- **Pessoas:** os membros e seus comportamentos.
- **Processos:** como realizar a mudança.

## 21.3. Resistência à mudança

A resistência à mudança é responsável por grande parte dos fracassos dos processos de mudança.

No processo de gestão de mudanças, é importante entender os possíveis causadores de resistência:

- **Inércia estrutural:** regras para manter estabilidade.
- **Foco limitado na mudança:** mudanças limitadas em subsistemas são anuladas pelo subsistema mais expressivo.
- **Inércia de grupo:** limitação das normas do grupo.
- **Ameaça à especialização:** exclusividade de grupos.

- **Ameaça às relações de poder:** redistribuição de autoridade.
- **Ameaça às distribuições de recursos:** controle de recursos.

Os agentes de mudança precisam estar cientes e pensar em todas as implicações com muito cuidado. Mudanças rápidas, com grandes transformações, são arriscadas.

Um planejamento detalhado precisa considerar as causas da resistência para reduzir possibilidades de fracasso.

Robbins, Judge e Sobral (2010) citam algumas táticas para lidar com a resistência às mudanças:

1. **Educação e comunicação:** a prática da comunicação pode reduzir a resistência, no sentido de evitar qualquer possível 'mal-entendido', facilitando a compreensão.
2. **Participação:** ao se sentirem parte do processo, os membros tendem a aceitar melhor seu envolvimento na mudança.
3. **Apoio ou comprometimento:** o apoio traz comprometimento, facilitando o processo de entendimento do momento atual e da necessidade de adaptação.
4. **Relações positivas:** há melhor aceitação da mudança quando os agentes são pessoas em quem as pessoas confiam.
5. **Mudança justa:** assegurar que a razão da mudança é reconhecida e percebida por todos como coerente e justa.
6. **Manipulação e cooptação:** influenciar disfarçadamente os membros e buscar participação em troca de envolvimentos.
7. **Coerção:** ameaças sobre o grupo resistente, entendendo que a mudança é inevitável e terão que se adaptar ou sair, mas que não poderão continuar na zona de conforto anterior.

## 21.4. Cultura organizacional

Antes de iniciar uma mudança organizacional, é necessário entender o papel da cultura organizacional. Toda organização precisa passar por mudanças para acompanhar o mercado. Não é possível uma organização não atualizar seu negócio.

A liderança precisa estar preparada para as mudanças. Além disso, é importante compreender como os valores dos membros se integram aos valores da organização. A cultura organizacional impacta o ambiente, na medida em que reflete o comportamento de seus membros.

## 21.5 Os estágios da mudança

Qualquer mudança passa por quatro estágios ou fases:

1. **Momento atual:** é o estado em que a organização se encontra, que reflete a forma de agir das pessoas. A necessidade de mudar gera ansiedade. Nesse estágio identificamos estímulo, negação, temor e incerteza.
2. **Disrupção:** é o momento do gatilho da mudança. Apresenta desânimo da equipe e reprovação ao projeto. Não há apoio, e a sensação é de medo. É uma etapa importante, mas também arriscada, pois pode representar a descontinuidade do projeto.
3. **Exploração:** busca por soluções. Nesta etapa os agentes precisam envolver os membros, influenciando-os a participarem da mudança. É a implementação do processo de mudança efetivamente.
4. **Aceitação:** momento em que a mudança começa a se concretizar. Os membros aceitam os benefícios trazidos e participam de sua finalização.

## 21.6. Criando a cultura da mudança

A cultura organizacional sofre uma evolução ao longo do tempo, de acordo com novos comportamentos incorporados. Durante o processo de mudança, os agentes precisam criar uma cultura de mudança. É necessário que a cultura trabalhe sob um clima de aprendizagem, com compartilhamento de experiências e resultados entre o grupo, de forma a nortear as ações. O grupo precisa se desenvolver sob diferentes aspectos, para perceber a realidade e os resultados das transformações. Nesse aspecto, a cultura atua como um meio, e não um fim de um processo de gestão de mudança organizacional, a ser construída pelo grupo, após compreensão da realidade.

# 22. Mudança como um processo crítico para a inovação

*Núbia Correia*

Quando falamos em inovação, a nossa mente pode nos levar para acontecimentos disruptivos e de alto impacto na vida de todos, mas nem sempre é assim. É importante ter em mente que inovar é produzir algo novo ou introduzir novidades – e o que realmente isso nos trará é mudança na forma como conhecemos ou fazemos algo.

Neste capítulo focaremos nas mudanças que os processos inovativos trazem e resgataremos elementos e os aspectos humanos e interpessoais que permeiam esses processos.

## 22.1. Mudança é um processo e não um evento

O cantor e compositor brasileiro Lulu Santos traz essa reflexão em uma de suas letras de música mais famosas: "Tudo o que se vê não é igual ao que a gente viu há um segundo. Tudo muda o tempo todo no mundo". E esse é o fato: mudança faz parte da vida, mudança é vida e mudança mantém a vida. Num corpo humano, algumas células nascem e outras morrem o tempo todo, num processo cadenciado. Quando deixa de acontecer é o sinal da morte.

Igualmente acontece com empresas: elas precisam mudar e inovar o tempo todo para se manterem competitivas e ativas, alinhadas com as demandas do mercado; quando não reconhecem que assim devem fazê-lo, sucumbem agarradas ao seu conservadorismo. Podemos lembrar que a canadense Blackberry dominava o mercado corporativo com seus *smartphones* nos anos 2000 e perdeu totalmente o mercado porque não apostou nos aparelhos *touch*; quando reagiu, já era tarde para recuperar seu *market share*.

Em uma análise inicial, poderíamos concluir que as empresas mudam e inovam porque precisam sobreviver. Entretanto, é importante compreender que vai muito além de uma sobrevivência. Precisam crescer, prosperar, buscar novos espaços de mercado, maior estabilidade para os negócios, reduzir o nível de vulnerabilidade e manter-se em estado competitivo. O melhor momento para fazê-lo é quando não estão premidas pelo tempo ou por ameaças acirradas de concorrência.

O ponto para reflexão é que toda transformação traz uma ideia preconcebida de algo muito bom e belo, mas a realidade é que o processo de mudança pode ser penoso, trazendo tensões e desconfortos para as pessoas envolvidas. Há uma certa dose de medo e dor que antecede a vitória e a realização e que exige coragem e ousadia daqueles que a lideram.

O medo, o desconforto ou até a dor fazem parte do processo e, desse modo, devem ser encarados (são necessários). Nenhuma etapa do processo de mudança deve ser preterida ou pulada, sob o risco de macular o resultado esperado. A conclusão é inevitável: mudança é um processo e não um evento isolado.

O fato é que "gente" é a chave desse processo, e então devemos nos perguntar: como assegurar o comprometimento e o engajamento de todos nessa nova jornada a se iniciar?

## 22.2. Resiliência

O termo resiliência origina-se nas ciências físicas, onde é utilizado para descrever a habilidade que um material possui de armazenar energia ao sofrer uma pressão e de se flexionar elasticamente sem quebrar ou se deformar. É a habilidade de uma substância de retornar à sua forma original quando a pressão é removida.

A partir dos conceitos desenvolvidos na Física e na Engenharia, a respeito da elasticidade e da flexibilidade que impedem a quebra do material diante de um estresse, o termo resiliência vem sendo utilizado na Medicina, na Psicologia e na Psiquiatria desde o final da década de 70, enfatizando a capacidade de adaptação bem-sucedida de um indivíduo diante de um distúrbio, estresse ou adversidade.

A pergunta de partida é sempre a mesma: como algumas pessoas conseguem enfrentar situações adversas e se recuperam mais facilmente de grandes perdas e outras não? Por que alguns indivíduos convivem melhor com imprevistos e incertezas e outros não?

As pessoas resilientes enfrentam as mesmas dificuldades e níveis de estresse que outros indivíduos, mas são capazes de, após a adversidade, recuperar o equilíbrio (tanto em termos mentais como emocionais). Mais do que isso: pessoas resilientes não voltam à situação original após o problema. Segundo Pinheiro (2012), elas são capazes de aprender com a experiência e, com isso, se tornam mais fortes e preparadas.

## 22.3. Os oito passos práticos para a mudança

Após anos de pesquisa com mais de 100 organizações, Kotter (2017) identificou os erros mais comuns na implementação de qualquer processo de mudança nas empresas, conforme apresentado na Tabela 22.1:

**Tabela 22.1. Por que as empresas falham em mudanças organizacionais. Fonte: a autora, adaptado de Kotter (2017).**

| Erro | Motivos |
|---|---|
| **1. Senso de urgência insuficiente** | - Superestimam o quanto podem impulsionar grandes mudanças e subestimam a dificuldade de retirar as pessoas do *status quo*.<br>- São impacientes com as ações preliminares e planejamentos, vão direto para o projeto em si. |
| **2. Falta de uma coalizão administrativa forte** | - Negligenciam o apoio efetivo dos altos executivos, com títulos formais, informações e experiência, reputações, relações e capacidade de liderança. |
| **3. Subestimar o poder de visão** | - Sem uma visão correta, um esforço de transformação pode virar facilmente uma lista de projetos (desejos) que não levará a lugar algum. A visão ajuda a dirigir e alinhar ações por parte de muitas pessoas.<br>- Falta de objetividade e incapacidade de descrever a sua visão de forma clara, para ser compreendida e obter interesse dos demais. |
| **4. Comunicar a visão de forma eficiente** | - Sem uma comunicação confiável sobre a mudança, os funcionários não serão alcançados nem pela razão nem pela emoção.<br>- Falta de alinhamento entre discurso e ação. |
| **5. Permitir que obstáculos bloqueiem a nova visão** | - Não ter atenção às pessoas.<br>- Confundir-se com obstáculos reais e aqueles que são apenas fruto da imaginação das pessoas. |
| **6. Falhar na criação de vitórias a curto prazo** | - Não desmembrar a "grande mudança" em pequenas conquistas – *quick wins*<br>- Deixar de apresentar "provas" para as pessoas de que a jornada está produzindo os resultados esperados. |
| **7. Declarar vitória prematuramente** | - Declarar a vitória do projeto de uma grande mudança com a primeira melhora considerável no desempenho. |
| **8. Não ancoragem das mudanças na cultura organizacional** | - Ignorar a força que a mudança ganha quando se transforma na "maneira como fazemos as coisas por aqui", quando se integra em sua cultura organizacional. |

A partir desse aprendizado e constatações, Kotter (2017) nos propõe um plano de oito passos para implementação da mudança, solucionando os erros citados anteriormente e mostrando que o papel da liderança será fundamental para o alcance dos resultados:

1. Estabelecer um sentido de urgência por meio da criação de uma razão convincente pela qual a mudança é necessária.
2. Formar uma coalizão com força suficiente para liderar a mudança.
3. Criar uma visão para direcionar a mudança e a estratégia para atingir essa visão.
4. Comunicar a visão a toda a organização.
5. Dar autonomia a outros para buscar a visão, removendo barreiras à mudança e incentivando riscos e a busca de soluções criativas para os problemas.
6. Criar, planejar e recompensar 'vitórias' de curto prazo que encaminhem a organização para a nova visão.
7. Consolidar as melhorias, reavaliar as mudanças e fazer os ajustes necessários nos novos programas.
8. Reforçar as mudanças por meio da demonstração do relacionamento entre os novos comportamentos e o sucesso da organização.

## 22.4. Como iniciar o movimento de mudança

Com uma proposição de quebra de paradigmas bem pragmática, Sinek nos apresenta sua visão para alcançar engajamento de pessoas para as mudanças, a qual ele denomina de Círculo Dourado (*Golden Circle*), mostrado na Figura 22.1.

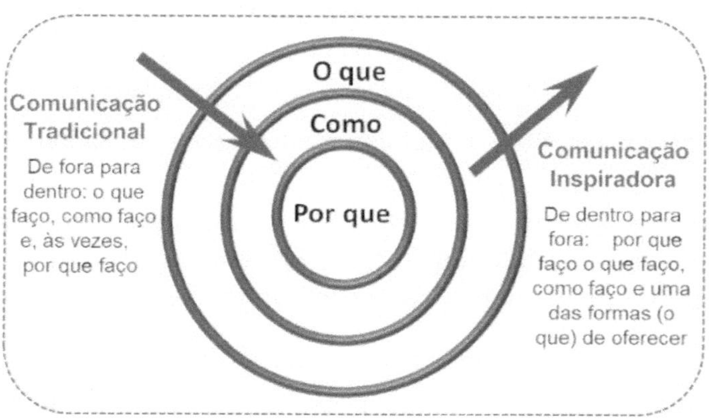


**Figura 22.1. Círculo dourado. Fonte: adaptado de Sinek (2009).**

O ponto fundamental dessa abordagem é exatamente a forma de apresentar às pessoas o motivo de tudo estar sendo feito, mudado, transformado, inovado – começando com o porquê. Isso permite que as pessoas façam alinhamento de causas, de propósito e de crenças.

Elas adotarão a mudança porque acreditam no que acreditamos e não no que está sendo apresentado para elas. É uma mudança importante e coloca as pessoas na posição de protagonistas do processo também, trabalhando com o "orgulho de autoria" que o ser humano aprecia.

E aqui apresentamos mais uma novidade no pensamento proposto por Sinek, o uso da **Lei de Difusão de Inovação** que Everentt Rogers revelou ao mundo e que foi revisitada por Geoffrey Moore em *Crossing the Chasm* (1991). Falamos aqui da LODI, acrônimo para *Law of Diffusion of Innovation*, que enfatiza que o importante não é atrair toda a massa que queremos alcançar, mas começar buscando atrair aqueles que acreditam na mesma ideia. Esses serão os formadores de opinião para atrair a maioria inicial e o movimento se concretizar. Vejamos na Figura 22.2 como a escala de Rogers se distribui:

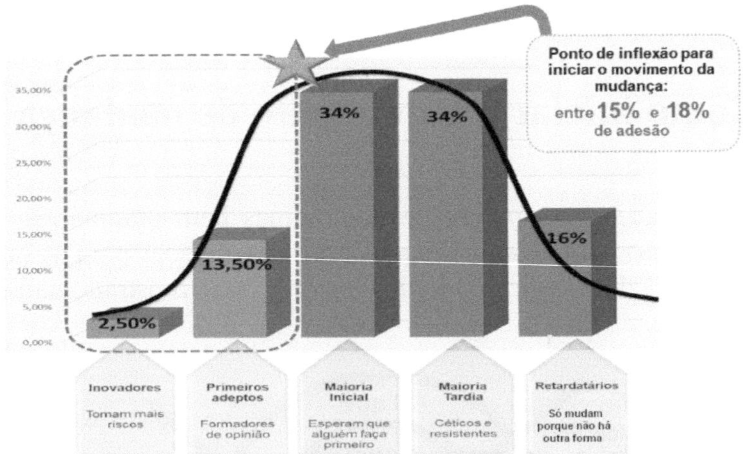


**Figura 22.2. Curva de difusão da inovação. Fonte: adaptado de Shotheesh C (2016).**

Em resumo, para que se atinja o sucesso em uma comunicação de massa ou se aceite uma ideia inovadora, é imprescindível alcançar esse ponto de inclinação entre 15% e 18% de engajamento, comprometimento e compromisso do público-alvo.

A lição aqui é de liderança em um processo de inovação. De nada vai adiantar ser um grande inovador se não conseguir conquistar os adeptos, e tudo começa com os primeiros seguidores, aqueles que efetivamente farão com que a liderança seja reconhecida e o movimento de mudança seja iniciado.

Há um caso clássico de início de mudança que deixaremos aqui para o fechamento de tudo que foi abordado. Um participante filmou, por acaso, um caso de LODI (*Law of Diffusion of Innovation*) na prática: uma dança durante um festival de música que foi atraindo participantes. Veja se identifica cada uma das personas propostas por Rogers: o inovador, os primeiros adeptos, a maioria inicial, a maioria tardia (que só seguiu mesmo na dança porque já não era "bonito" estar fora do movimento) e, por fim, os retardatários, que continuaram sentados até o fim. Para ver o filme acesse o link <https://www.youtube.com/watch?v=fW8amMCVAJQ&ab_channel=DerekSivers>.

Outra opção: vídeo comentado Derek Silvers em um TED, que pode ser visto em <https://www.youtube.com/watch?v=gxFt1BZiMTw&ab_channel=WillTaylor>.

Também está disponível o vídeo completo filmado por um participante do festival, que pode ser obtido em <https://www.youtube.com/watch?v=nU7dxkIz1Vs&ab_channel=checkitoutmusic>.

# PARTE IV. PENSANDO A INOVAÇÃO

# 23. A filosofia por trás de *Design Thinking* e *Lean Startup*

*Marcos Rodrigues*
*Thiago Vial*
*Suzana Campos*
*Giselle Santos*

## 23.1. *Design Thinking*

*Testar rápido, fazer rápido, errar rápido e aprender rápido.*

O ***Design Thinking*** **(DT)** é uma abordagem que **nos ajuda mudar o nosso estado mental**. É um método de trabalho colaborativo, centrado nas pessoas, que **estimula a resolução de problemas** com novas perspectivas de acordo com a expectativa das pessoas em relação a alguma questão que esperam que seja resolvida. As pessoas são envolvidas ao longo de todo o processo, desde o entendimento até a entrega das soluções.

O ***Design Thinking*** promove o pensamento criativo e tem uma sinergia perfeita com os conceitos de agilidade, especialmente os *frameworks* e métodos ágeis. São conceitos que se complementam em uma jornada de aprendizado e descoberta (*learning & discovery*), com o **DT** levando à criação de soluções novas e buscando encontrar de fato a necessidade do seu usuário/cliente, e os *frameworks*, métodos e práticas ágeis emergentes imprimindo a cadência e a disciplina necessárias para testar, liberar valor incremental regularmente e, juntos, chegarem à solução que o usuário realmente precisa. Importante destacar que a resolução obtida pode não ser a que se desejava no princípio da jornada, pois com processos enxutos (*Lean*) é possível eliminar sistematicamente os desperdícios.

Trata-se da **junção do *mindset* com plano(s) de ação**, de pensar totalmente "fora da caixa", arregaçar as mangas, fazer acontecer, testar e experimentar até acertar (entregar valor para o cliente) e fazer o que outros não fizeram. Aplicar o que funcionou antes é um jogo seguro, mas trata situações antigas e novas da mesma forma. A **inovação** deve ser explorada além da norma.

Usar DT para conectar cliente e fornecedor e produzir algo de verdadeiro valor, que irá de fato significar algo para seu cliente, fornece uma nova maneira de lidar com problemas, quando, em vez de buscarmos uma única solução, somos levados a **divergir**, testar várias alternativas e **convergir,** priorizando novas soluções que antes não existiam.

O DT é um processo realizado em grupo, formado por um time misto com *backgrounds* diferentes, objetivando o estímulo à criação e a busca de soluções através da troca de experiências, conhecimentos e visões distintas. Além disso, é necessária a participação de uma pessoa mediadora ou facilitadora, que não permita julgamento de ideias – ao contrário, que estimule as ideias radicais e faça com que o time seja capaz de apresentá-las visualmente. Como guardião da abordagem, essa pessoa deve orientar o time para que mantenha o foco e construa sobre as ideias dos demais, prezando pela qualidade e surpreendendo.

Para encontrar soluções para qualquer tipo de problema usam-se dois princípios básicos, que são representados pelo **duplo diamante**: a grande geração de ideias (**divergir**) e a priorização e consolidação de ideias (**convergir**). Por não se tratar de um *framework* com passos e papéis definidos, existem diversas metodologias e abordagens de DT no mercado.

A seguir, apresentamos a Figura 23.1, com cinco passos que podem ser utilizados em qualquer contexto:

EMPATIZAR/IMERGIR ⇌ DEFINIR ⇌ IDEAR ⇌ PROTOTIPAR ⇌ ITERAR/TESTAR (VALIDAÇÃO)

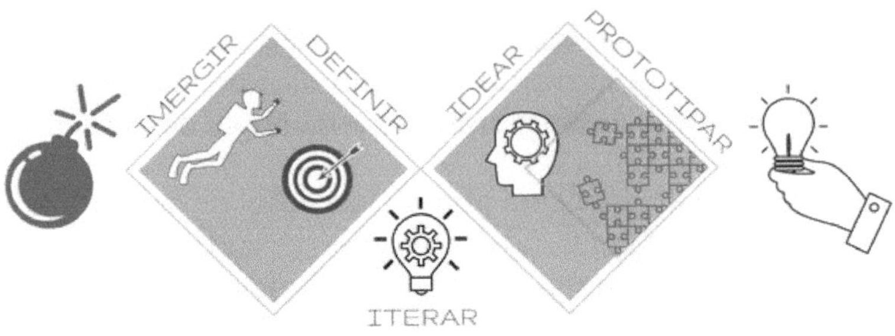


**Figura 23.1. A filosofia por trás do *Design Thinking*. Fonte: adaptado de Campos (2020).**

## 23.1.1 Empatizar/Imergir e compreender

O objetivo do primeiro passo é imergir no mundo do cliente e suas percepções se colocar no seu lugar, despir-se de pressupostos, compreender o contexto e as ações do outro, acolher, assimilar e acomodar perspectivas alheias, simpatizando com sua situação para ter uma ideia do que as pessoas realmente precisam.

Sem entender o contexto amplo da jornada ou do produto que se quer mudar, sem atuar de forma empática, não é possível sair do lugar. Saber quem é, como se sente e como reage a vítima do problema é fundamental.

## 23.1.2. Definir

Após a imersão no cotidiano do usuário, é o momento de consolidar as impressões, definir o problema a partir da pesquisa e identificar o que precisa ser resolvido ou criado. Muitas vezes nesse momento identificamos que o problema da persona é outro, e não aquele apontado no início e que provocou a demanda inicial.

## 23.1.3. Idear

É a fase de *brainstorming*, onde as ideias e sugestões devem fluir sem censura e sem medo de errar. É importante escutar com atenção cada proposta dos membros do time e evitar situações em que algum presente monopolize as discussões a ponto de constranger ou intimidar algum outro participante mais tímido.

Todas as ideias devem ser discutidas e avaliadas; porém, com o olho no negócio e na viabilidade técnica disponível ou possível de ser desenvolvida. O objetivo não é não ter uma ideia perfeita, mas apresentar muitas ideias, sejam quais forem. Esboce suas melhores ideias, mostre-as às pessoas que você está tentando ajudar e, então, receba seus comentários.

### 23.1.4. Prototipar

Nesse momento devemos escolher uma ou algumas alternativas. Refletimos sobre o que aprendemos na discussão sobre as diferentes ideias, perguntamos como elas se encaixam no contexto do problema e criamos protótipos usáveis, algo que simule o produto final.

### 23.1.5. Testar

Esse é o momento de experimentar os protótipos e escolher aquele que faça mais sentido. Submeta-os à vida real, ao cotidiano dos usuários, e não defenda sua ideia no caso de as pessoas não gostarem – o objetivo é aprender o que funciona e o que não funciona, então qualquer comentário é excelente. Em seguida, volte para a ideação ou a prototipagem e aplique sua aprendizagem. Repita o processo até ter um protótipo que funcione e resolva o problema real.

Com o ***Design Thinking***, sempre é **possível encontrar respostas**, mas com as perguntas certas. E não é uma única resposta, e sim várias que podem ajudá-lo a encontrar a solução mais adequada para o problema apresentado. Para isso, nada de trabalhar sozinho: as palavras de ordem são **equipe multidisciplinar, trabalho colaborativo e aprendizagem em comunhão**! Em tempos de mudança, precisamos de novas alternativas, novas ideias.

Em vez de utilizar a abordagem tradicional de ideias convergentes, quando optamos pela melhor escolha entre as alternativas disponíveis, a metodologia nos incentiva a adotar uma **abordagem divergente, a explorar novas alternativas, novas soluções, novas ideias que não existiam antes**.

**Essa abordagem não nos estimula a gerar respostas** de maneira desenfreada. Ela **encoraja a fazer as melhores perguntas**, a entender bem o problema antes de pensar em como poderíamos resolvê-lo.

**Fazendo as perguntas certas**, conseguimos entender quem são os envolvidos no problema. A **empatia** deve ser exercitada em toda a interação, para que o time que estiver resolvendo o problema absorva um repertório diferente e possa projetar com mais relevância. É uma **prática, uma filosofia, uma técnica, um esforço** no dia a dia conseguir exercitar o olhar compreensivo para com clientes, colegas e parceiros.

**Devemos entender que as pessoas estão no centro de tudo.** Os problemas são sobre as pessoas, elas estão e devem estar no centro das soluções. Dessa forma, é possível absorver e entender quais são os valores, as dores, as dificuldades e o que pode ser melhorado para gerar as melhores soluções, com potencial inovador e valor percebido. **Entender o problema é tão (ou mais) importante quanto chegar a uma solução** e exige uma dedicação muito grande, com atenção e energias canalizadas para isso.

A equipe designada para solucionar o problema deve entendê-lo muito bem, por todos os pontos de vista, hipóteses, causas e pessoas envolvidas. É por meio desse entendimento que as melhores soluções aparecem.

No DT usamos as **ferramentas como meio e não como fim.** Elas não são como fórmulas, que devem ser aplicadas para se chegar a algum resultado. Mais importante que aplicar a ferramenta é entender a intenção da sua aplicação e criar e conceber novas ferramentas ou novas formas de olhar para o desafio e chegar a novos resultados.

**O erro é visto como parte do processo.** É quase um atalho para se chegar na solução mais relevante. Ele elimina uma possibilidade que se fosse implementada não teria o peso ou a relevância da solução que está por vir.

Muitos **profissionais e empresas já estão entendendo** que o DT não é só para designers ou profissões relacionadas a áreas criativas, pelo contrário: **qualquer empresa das mais variadas áreas e de qualquer porte** pode aprendê-lo e incorporá-lo em suas atividades.

O DT desenvolve uma nova **maturidade profissional** e um modo de **pensar diferenciado**, o *mindset* ágil, por instigar a prática de muitas competências que hoje são fundamentais para que as organizações se mantenham relevantes. Merece destaque o fato de que, ao avaliarem sua atuação, muitos profissionais afirmam que, após passar pelo processo, eles **mudam a sua forma de pensar** em todas as atividades e conseguem se **reinventar na carreira e promover a inovação por onde passam**.

Quem se especializa em DT é responsável por **mudar a forma como a empresa pode encarar tarefas,** valorizando quesitos como empatia, colaboração e experimentação. O profissional desenvolve a **forma de pensar crítica do designer criativo e está sempre olhando as coisas em busca de oportunidades. Testa inúmeras soluções para um problema e aprende enquanto faz.**

Enfim, com ***Design Thinking*** consideramos três aspectos:

1. O olhar no ser humano.
2. O olhar de negócio.
3. O que é possível fazer do ponto de vista da tecnologia.

Cruzando esses aspectos, chega-se a uma **solução empresarial** de fato **inovadora**.

## 23.2. *Lean Startup*

No conceito de empreendedorismo e inovação, dentro do universo das *startups* que trabalham sob condições de extrema incerteza por não saberem ainda se o seu modelo de negócios entregará valor para os clientes, surge a **metodologia *Lean Startup*,** que propõe pensamento enxuto para a administração e o desenvolvimento de produtos. Ela vem sendo adotada pelas empresas, inclusive as grandes, na busca por aumentar o contato com os clientes, testando soluções/produtos rapidamente e atendendo às necessidades de mercado o mais cedo possível.

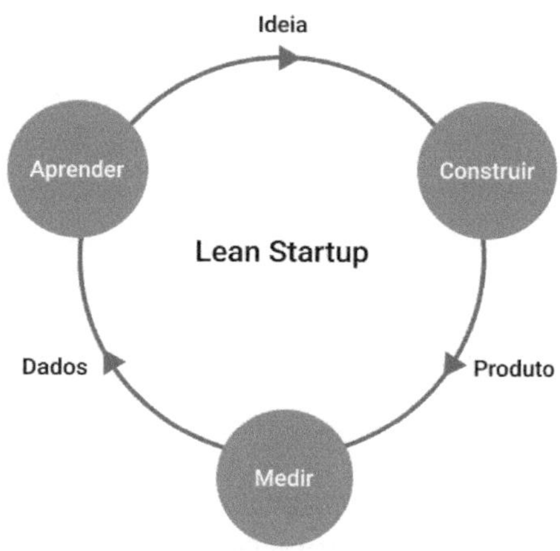


**Figura 23.2. Modelo *Lean Startup*. Fonte: adaptado de Ries (2019).**

Como apresentado na Figura 23.2, o ciclo do *Lean Startup* prevê **construir, medir e aprender** com a maior velocidade possível para que, além da redução do tempo de trabalho e dos custos do desenvolvimento técnico, sejam evitados desperdícios. A partir de uma ideia construímos o produto, medimos os níveis de satisfação e aprendemos com a análise. Então construímos, medimos e aprendemos para criar o produto definitivo que solucionará o real problema do usuário/cliente.

Por fim, é importante fazer com que as pessoas criem empatia umas pelas outras. Ande mais na rua e pela sua empresa. Saia mais, interaja com as pessoas, tente entender como elas funcionam e o que esperam das jornadas de consumo a que são submetidas diariamente. Assim nascerá em você a empatia necessária para fazer a diferença.

# 24. *Frameworks* e metodologias ágeis

***Wagner Vieira***
***Marcos Rodrigues***
***Guilherme Villanova***

Até o presente momento falamos muita coisa sobre inovação, o que ela é, suas estratégias, seus impactos nas corporações atuais, a forma de pensá-la e de fomentá-la, como nos conectarmos a ela etc.

Entretanto, para conseguirmos de fato transformar pessoas e negócios através da inovação, precisamos de um método a ser seguido e de um ferramental para colocá-lo em prática, gerando valor para nossos clientes através de produtos e serviços e trazendo os resultados e objetivos esperados pela empresa. Somente assim é que conseguiremos aplicar a inovação tão desejada.

## 24.1. A metodologia ágil

Primeiramente, qual seria a diferença entre método e metodologia? Seria a mesma coisa? A resposta é não.

Há uma sutil diferença entre esses dois termos: método é um modo de proceder a fim de atingir certo objetivo. Já metodologia é uma forma de buscar os melhores métodos a fim de se produzir conhecimento.

Então, podemos dizer que **métodos ágeis** são um conjunto de práticas destinadas a permitir uma entrega rápida, não burocrática e de alta qualidade de um produto ou serviço, procurando sempre alinhar o seu desenvolvimento com as necessidades do cliente e os reais objetivos da empresa. Já a **metodologia ágil** busca aprimorar um determinado método ágil, tentando sempre produzir conhecimento, através da melhoria contínua desse método usado.

As abordagens ágeis surgiram com o objetivo de resolver problemas complexos, como desenvolvimento de produtos com etapas muito longas, entregas definidas e que não aceitavam mudanças, falta de comunicação e transparência entre integrantes, desalinhamento entre times etc. Sua principal característica foi propor ciclos de desenvolvimentos mais curtos, com entregas mais claras e definidas, uma melhor sinergia entre times e maior aceitação a possíveis mudanças durante o projeto. Além disso, a cada ciclo ou iteração é possível o usuário experimentar o que foi feito até o momento, permitindo ajustes e até mesmo uma total mudança do escopo, caso se perceba que o objetivo inicial não atende mais à necessidade do negócio.

## 24.2. Por que devemos utilizar métodos ágeis?

De nada adianta sabermos o que são metodologias e métodos ágeis, se não passarmos a utilizá-los. Para utilizá-los, precisamos entender quais são as vantagens e os possíveis ganhos que teremos em relação aos modelos de gestão tradicional. Quando utilizamos uma abordagem ágil, podemos destacar os seguintes pontos:

- **Alinhamento e comunicação mais claros e efetivos:** em uma abordagem ágil, usuário e time de desenvolvimento estão mais próximos, com um canal de comunicação aberto e constante. Isso permite que muitos problemas sejam detectados logo no seu surgimento. Além disso, conflitos podem ser resolvidos rapidamente, evitando desentendimentos, desmotivação e criação de silos internos, que só prejudicam o ciclo de vida do projeto e afetam o resultado.
- **Redução de riscos:** por haver melhor comunicação e mais interação entre as partes envolvidas, a todo instante o escopo é revisado através de cerimônias rápidas de alinhamento, onde todos os integrantes do time expõem o que estão fazendo. Nessas reuniões, discute-se o andamento das demandas e avalia-se quais os riscos existentes ou mesmo os que possam surgir, reduzindo-os drasticamente.
- **Maior qualidade na entrega:** o desenvolvimento de uma demanda dentro de uma abordagem ágil não é de um único integrante, mas de todo o

time. Ele é o responsável pelo sucesso ou pelo fracasso dessa demanda. Então a preocupação com a entrega de cada atividade passa a ser uma responsabilidade de todos, aumentando assim a qualidade do que está sendo feito e entregue.

- **Economia de recursos e tempo:** como todos interagem durante o desenvolvimento analisando, avaliando e opinando juntos sobre as atividades e demandas que estão sendo desenvolvidas, temos uma economia nos recursos utilizados durante o projeto e no próprio tempo da entrega.
- **Agilidade na execução do projeto:** a execução do projeto é mais dinâmica e menos burocrática. Existe um comprometimento de todos os envolvidos, que não se veem apenas como simples recursos executores, mas como indivíduos importantes, valorizados e respeitados por todos. Nesse cenário, passamos a ter maior flexibilidade para propor alternativas de execução, mudanças no escopo e priorização de atividades, pois todos juntos chegam à melhor solução possível.
- **Melhoria do clima organizacional:** ninguém gosta nem quer trabalhar em um ambiente autocrático, onde não se pode errar, as demandas são executadas por imposição, não há diálogo aberto e franco, as cobranças são excessivas e na maioria das vezes a força do cargo, a famosa "carteirada", é o que impera. Nesse tipo de ambiente, passamos a executar nossas atividades quase que no automático. Por medo de questionarmos, não analisamos se faz sentido o que estamos fazendo ou se a forma de execução é a melhor. Em um modelo ágil, a comunicação e a transparência são constantes e fortes, o que cria times auto-organizados e autogerenciáveis que assumem as demandas e atividades com uma visão de dono. Os gestores passam a confiar em suas equipes, e estas entendem o voto de confiança e passam a trabalhar com um único objetivo em comum, melhorando o nível de cobrança e de estresse. Em um ambiente mais amigável, o time consegue inovar sempre, entregando um produto ou serviço melhor a cada iteração finalizada.

## 24.3. *Frameworks*

Hoje usa-se muito o termo *framework,* mas a grande verdade é que existe ainda uma certa confusão sobre o termo.

Se procurarmos a tradução literal da palavra *framework*, encontraremos uma série de significados, mas para nosso contexto podemos dizer que um ***framework*** é um modelo ou arcabouço que reúne uma série de práticas, testadas exaustivamente, agrupadas, validadas, certificadas e mantidas por uma entidade reguladora reconhecida, normalmente um instituto que acompanha as tendências de mercado e a forma como essas práticas são utilizadas. À medida que o mercado evolui com seus negócios e surgem novas necessidades, estas são reportadas a esses institutos, que refazem o ciclo novamente: validam, testam, agrupam e as certificam em uma nova versão. E assim o ciclo torna-se contínuo e é revisitado sempre que necessário.

## 24.4. Qual *framework* ágil usar?

Antes de tudo, precisamos ter a clareza de que **um *framework* não é uma bala de prata**, capaz de resolver tudo. E nem sempre um único *framework* irá se adequar a todas as situações. Como um profissional ágil, sempre temos que analisar o contexto em questão, observando detalhes importantes como a estrutura organizacional da empresa, sua cultura, seu segmento de mercado e atuação, principalmente o tipo de projeto ou demanda que está sendo elaborado. A responsabilidade por indicar para a empresa qual a melhor forma de atuar em uma demanda e qual o tipo de *framework* a ser escolhido será sempre do profissional ágil, que é o especialista no assunto.

Como especialistas em agilidade em busca de constante inovação, devemos conhecer um repertório de *frameworks,* metodologias, técnicas e práticas usadas no mercado, como ***Scrum, Kanban, Design Thinking, Design Sprint, eXtreme Programming* (XP), *Feature Drive Development* (FDD), *Dynamic Systems Development Method* (DSDM), *Crystal, Rational Unified Process* (RUP), *Scaled Agile Framework* (SAFe®), *Large-Scale Scrum* (LeSS), *Nexus, PRINCE2® Agile*** e tantos outros. As opções são muitas, mas o importante é termos em mente que um *framework* ou uma metodologia é um meio e não o fim. Sempre caberá ao profissional saber o que usar e em qual contexto.

# 25. Como combinar as culturas de *Design Thinking, Lean Startup* e agilidade?

*Marcos Rodrigues*

Por onde começar a inovar na empresa? É preciso ser uma *startup* para trabalhar de maneira inovadora? Como garantir a entrega de valor contínua para os clientes/usuários?

Essas são perguntas comuns nas empresas que desejam trabalhar com inovação no desenvolvimento de produtos ou serviços, independentemente do seu tamanho e do setor de atuação.

Construir uma solução de alta qualidade é importante, mas o foco em resolver os problemas reais do cliente é o ingrediente mais importante dessa jornada, que deve ser permeada por momentos de entendimento do desafio, geração de ideias, testes com usuários reais e aprendizagem com os *feedbacks* coletados. Não devemos ser eficientes naquilo que não precisa ser feito, mas eficazes na solução que resolverá o problema certo.

## 25.1. Combinando as culturas

Já vimos como descobrir o verdadeiro problema do usuário com o ***Design Thinking*** **(DT)**, criando soluções inovadoras através da empatia, da imersão no mundo de quem se deseja atender usando o design para a identificação de problemas e geração de proposta.

E no mesmo capítulo entendemos que o ***Lean Startup*** organiza, através de processo enxuto, o desenvolvimento do produto que solucionará o problema descoberto pelo DT, transformando as soluções propostas em modelos de negócios e definindo o MVP (*Minimum Viable Product*, que foi traduzido para o português como Produto Mínimo Viável), rapidamente testado com clientes.

No capítulo anterior ("*Frameworks* e metodologias ágeis") vimos como o ágil nos confere o melhor processo produtivo para, uma vez validada a solução sabendo aonde se quer chegar, gerenciarmos a produção definitiva. Sua maneira de trabalhar é caracterizada pela entrega frequente e incremental de produtos e de valor constante, com reavaliação e adaptação de planos e envolvendo clientes.

Agora, como colocar em prática?

Um *framework* que nos ajuda é a combinação dos métodos de *Design Thinking* (DT), *Lean Startup* e *Agile*, proposto pela consultoria Gartner (BLOSCH; BRAND; OSMOND, 2019), conforme apresentado na Figura 25.1.

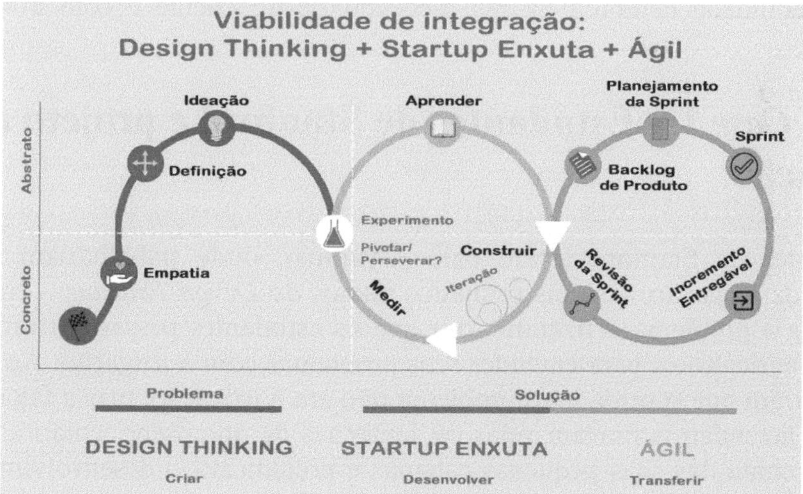


**Figura 25.1. Integrando *Design Thinking*, *Lean Startup* e agilidade. Fonte: adaptado de Blosch, Brand e Osmond (2019).**

Definido o problema e desenvolvido o protótipo pelo *Design Thinking*, o produto ou serviço é construído através do ciclo de aprendizagem do *Lean Startup*, que leva a identificar se essa solução se encaixa na necessidade do cliente, garantindo que a estratégia esteja bem alinhada com o modelo do negócio, as necessidades dos usuários finais e os objetivos a curto e longo prazo da instituição.

Ainda no *Lean Startup*, utilizando modelos como ***Design Sprint*** **ou** ***Lean Inception***, por exemplo, para definimos o MVP, que seria a primeira versão do produto que permite uma volta completa do ciclo **Construir-Medir-Aprender,** com o mínimo de esforço e o menor tempo de desenvolvimento.

Divergindo do desenvolvimento de produto tradicional, no qual geralmente há um longo período de incubação para que ele seja lançado no mercado, com o MVP todo recurso, processo ou esforço que não contribui diretamente com a aprendizagem que se deseja obter é eliminado para que se possa começar a aprender o mais rápido possível.

Enquanto o ***Design Thinking*** conduz à concepção das ideias, o ***Lean Startup*** nos ajuda a transformar modelos de negócios. Ambos nos garantem o máximo de eficácia com criatividade e inovação. Já o ***Agile*** nos leva a entregar o produto de forma rápida e incremental para obter *feedback* contínuo, adaptar e entregar precisamente aquilo de que o cliente necessita, além de auxiliar na liberação do engajamento dos envolvidos, definindo e melhorando as formas de trabalho, sem processo linear ou cascata.

Utilizando esses modelos e métodos, estabelecemos um ambiente criativo e seguro onde se estimula a procura constante do novo e excepcional, mas com responsabilidade centrada na real necessidade do cliente e com a visão de negócio.

## 25.2. *Case* 1 – Estudantes de Stanford e projeto de irrigação

Estudantes de Stanford foram para Myanmar, onde trabalhariam em um projeto de irrigação. Os dois primeiros passos do *Design Thinking* – empatizar e definir o problema – fizeram com que os estudantes passassem um tempo com os agricultores para entender seus problemas com a irrigação. Ao fazê-lo, descobriram que o verdadeiro problema não era a irrigação, mas a falta de luz, pois os fazendeiros usavam velas ou lanternas de querosene, então a fumaça tomava conta das suas pequenas cabanas e prejudicava o desenvolvimento de suas culturas. Gerenciar suas necessidades de iluminação sem energia elétrica consumia muito tempo e dinheiro.

Como resultado, os alunos que pensavam em design usaram a empatia para mudar seu foco para o problema real que precisava ser resolvido. Eles desenvolveram lâmpadas de LED acessíveis e com energia solar. Desde então, eles forneceram milhões de lâmpadas para 42 países, criando uma solução de iluminação acessível em partes do mundo que não têm eletricidade ou têm um serviço fraco.

O mesmo tipo de pensamento que resolveu o problema de iluminação para os agricultores pobres pode ser aplicado internamente nas grandes corporações. Para começar, pense no problema que você quer resolver e então pergunte a si mesmo: "o que faria realmente resolver esse problema?".

## 25.3. *Case* 2 – GE Healthcare

Agora vamos ver um exemplo de uso do *Design Thinking* para resolver o problema de um produto já inventado, em uso, mas que mereceu dedicação e esforço para reposicionar a solução e atingir o sucesso.

O designer Doug Dietz, da GE Healthcare, construiu uma máquina de ressonância magnética que o levou a ser indicado a um prêmio de design. Com a repercussão, ele decidiu ir a um hospital para ver a utilização do produto. Ao chegar lá, encontrou crianças aterrorizadas com o uso daquela máquina. Na sala de espera para a realização de exames, viu crianças chorando e uma enfermeira informar a mãe de um dos pacientes que chegara a hora de a criança tomar o sedativo para o exame.

Ao conversar com a enfermeira, ele obteve a informação de que 80% das crianças deveriam ser sedadas para realização do exame e outras muitas precisavam ter o exame remarcado. Em nenhum momento Doug havia pensado na experiência dos usuários nem em seus sentimentos. Devido ao barulho emitido pelo equipamento durante o exame, e ao fato de a criança ter que ficar imóvel por muito tempo, era um pesadelo realizar o procedimento.

Ele voltou para casa para tentar criar um produto melhor. Com as técnicas do *Design Thinking*, realizou uma atividade de imersão com a participação de um grupo de pessoas para gerar alternativas viáveis e exequíveis para deixar o produto menos aterrorizante.

O time percebeu que poderia criar algo novo. O primeiro passo foi frequentar locais com crianças para entendê-las e, depois, criar um ambiente agradável para elas.

O resultado foi surpreendente. Bastou criar temas inspirados em parques, utilizar adesivos no equipamento, preparar um verdadeiro cenário de fantasia nas salas e treinar os operadores para que conduzissem as crianças em uma jornada divertida e cativante para os pequenos pacientes perderem o medo da máquina e a experiência se tornar divertida.

# 26. Mentalidade exponencial

***Nelson Siqueira Rangel Netto***

> *The day before something is a breakthrough, it's a crazy idea. (Peter Diamandis)*

Estamos vivendo um momento singular, e talvez este seja um dos maiores pontos de virada da história, com efeitos de alto impacto provocando rupturas em estratégias e negócios (MAGALDI; SALIBI 2020). Diante desse cenário de crescimento global em altíssima velocidade tecnológica, movimentos imprevisíveis e incertezas constantes, precisamos cada vez mais agir rápido para nos adaptar e adaptar as organizações.

Para entender melhor a mentalidade exponencial, precisamos ter uma clara noção do que são modelos mentais. O escritor Peter Senge, no livro *A Quinta Disciplina* (2013), definiu modelos mentais como "pressupostos profundamente arraigados, generalizações, ilustrações, imagens ou histórias que influenciam nossa maneira de compreender o mundo e nele agir". Esses modelos mentais podem variar amplamente de pessoa para pessoa e são influenciados por uma série de fatores, incluindo experiências de vida, cultura, educação e personalidade. Eles ajudam as pessoas a fazer previsões, tomar decisões e agir de acordo com suas percepções e entendimentos do mundo.

Carol Dweck argumenta com clareza no seu livro *Mindset* (2017) como formas diferentes de modelos mentais podem impactar bastante na jornada das pessoas. Segundo ela, os modelos mentais "Fixo" e "Crescimento" fazem muita diferença. Em suas pesquisas ao longo de vinte anos, ela demonstra que a opinião que você adota a respeito de si mesmo afeta profundamente a maneira pela qual você leva sua vida. Acreditar que suas qualidades são imutáveis, o *mindset* fixo, cria a necessidade constante de provar a si mesmo seu valor, e a pessoa acaba não vendo importância em buscar o seu desenvolvimento com novos aprendizados. A pessoa se basta com sua inteligência e genética. Já o *mindset* de crescimento, segundo Dweck, se baseia na crença de que você é capaz de cultivar suas qualidades básicas por meio de seus próprios esforços, experiências e busca pelo aprendizado contínuo para o seu desenvolvimento. Esse modelo mental acredita que o verdadeiro potencial de uma pessoa é desconhecido e que não se pode prever o que alguém é capaz de realizar com anos de paixão, esforço, dedicação e treinamento.

A mentalidade exponencial e a mentalidade de crescimento são conceitos relacionados que compartilham semelhanças em sua abordagem ao progresso pessoal e profissional, mas diferem em seus focos específicos e contextos de aplicação.

A mentalidade exponencial se concentra na ideia de que o progresso e o crescimento não seguem uma trajetória linear, mas exponencial. Isso significa que, em vez de progredir de maneira constante e previsível, o crescimento ocorre de forma acelerada ao longo do tempo. Essa abordagem envolve pensar de maneira ampla e imaginativa, buscando soluções inovadoras para desafios complexos, e está frequentemente associada a avanços tecnológicos e mudanças disruptivas.

Por outro lado, a mentalidade de crescimento, disseminada pela psicóloga Carol Dweck, se concentra na crença de que as habilidades e capacidades podem ser desenvolvidas através do esforço, da prática e da aprendizagem contínua. Pessoas com uma mentalidade de crescimento veem os desafios como oportunidades de aprendizado e estão dispostas a enfrentar o fracasso como parte do processo de crescimento pessoal e profissional.

Embora a mentalidade exponencial e a mentalidade de crescimento tenham suas diferenças, uma dificilmente sobrevive sem a outra. Ambas compartilham uma visão otimista do progresso humano e estão interligadas por valores e princípios comuns, como estar aberto para aprender, flexibilidade e busca por inovação.

Mentalidade exponencial e inovação têm se tornado palavras-chave no mundo organizacional contemporâneo, impulsionando avanços significativos em diversos setores. Enquanto a inovação é a capacidade de criar algo novo ou melhorar o existente, a mentalidade exponencial vai além, ou seja, é a abordagem que busca não apenas acompanhar, mas antecipar e capitalizar as mudanças aceleradas que ocorrem na sociedade, na tecnologia e na economia.

A base da mentalidade exponencial está na compreensão e na aplicação dos princípios da exponencialidade, que descrevem o crescimento acelerado e não linear de determinados fenômenos. Esses princípios desafiam as noções convencionais de progresso, pois sugerem que as mudanças não ocorrem de maneira linear, mas de forma exponencial. A Figura 26.1 ilustra a mentalidade exponencial e a mentalidade linear.

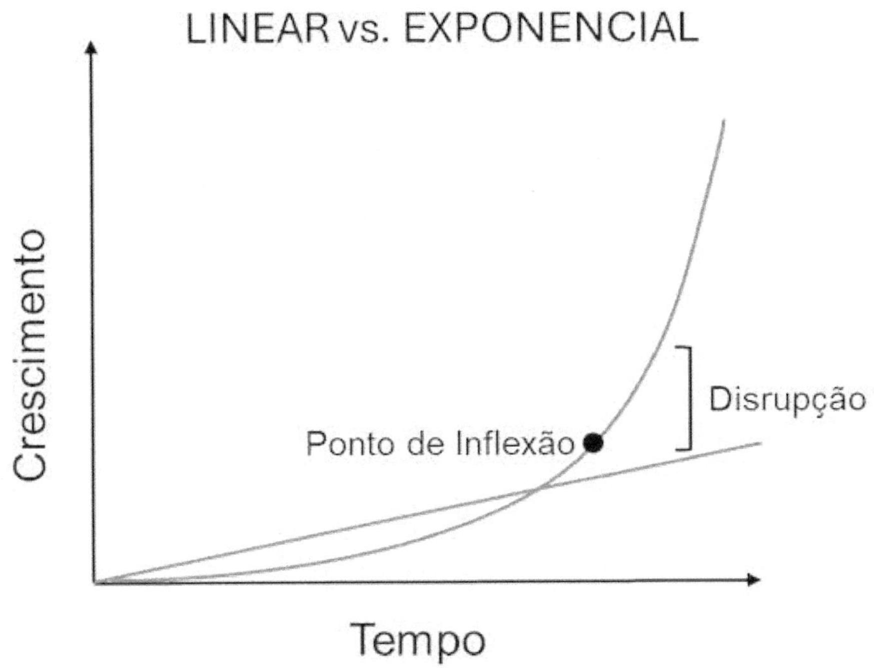


**Figura 26.1. Curva de Kurzweil. Fonte: adaptado de Kurzweil (2018).**

A mentalidade exponencial exige uma abertura para experimentação constante e disposição para abraçar o desconhecido utilizando com frequência, por exemplo, o método de tentativa/erro. Ela encoraja a pensar além dos limites tradicionais, buscando soluções inovadoras para desafios complexos e antecipando soluções para problemas que poderão surgir no futuro. Nesse sentido, a inovação desempenha um papel fundamental, pois é o motor que impulsiona a transformação e permite que as organizações prosperem em um ambiente em constante evolução.

Para abordar esse assunto, nada melhor do que citar um dos maiores incentivadores no mundo da mentalidade exponencial: Peter Diamandis.

Peter Diamandis é um empreendedor, autor e futurista conhecido por seu trabalho no campo da inovação e da tecnologia exponencial. Ele é o fundador e presidente executivo da XPRIZE Foundation, uma organização sem fins lucrativos que projeta e gerencia competições públicas globais para incentivar avanços tecnológicos em áreas como exploração espacial, saúde, educação e meio ambiente. Diamandis também é cofundador e presidente executivo da *Singularity University*, uma instituição educacional com sede no Vale do Silício que se concentra em educar líderes sobre as implicações e oportunidades das tecnologias exponenciais. Fundada em 2008, a *Singularity University* tem como missão preparar indivíduos e organizações para enfrentar os impactos das tecnologias emergentes, como inteligência artificial, biotecnologia, nanotecnologia e robótica. A abordagem da universidade é multidisciplinar e orientada para o futuro, incentivando a colaboração entre profissionais de diversas áreas, como ciência, tecnologia, negócios, governo e sociedade civil. Além disso, ele também é autor de vários livros de sucesso, incluindo *Abundance: the future is better than you think* (2012), junto com Kotler ("Abundância: o futuro é melhor do que você pensa").

Um dos principais pontos que ele defende e dissemina pelo mundo é o conceito de "abundância" em contraste com a mentalidade de "escassez", argumentando que os avanços tecnológicos têm o potencial de resolver muitos dos problemas fundamentais da humanidade, desde que haja um foco adequado e investimento em inovação. Além disso, dissemina bastante o conceito do *moonshot thinking*, que é uma mentalidade que busca soluções audaciosas para problemas complexos.

*Moonshot thinking* é uma abordagem de inovação que visa resolver grandes desafios da humanidade com soluções radicais, baseadas em tecnologias emergentes e na mentalidade de crescimento exponencial. O termo foi inspirado na missão espacial Apollo 11, que levou os primeiros astronautas à Lua em 1969, apesar das enormes dificuldades técnicas e científicas envolvidas.

O *moonshot thinking* parte do princípio de que os problemas complexos exigem soluções inovadoras disruptivas, que não se limitam a otimizar o *status quo*, mas que criam novas realidades. Para isso, é preciso questionar as premissas existentes, pensar fora da caixa, arriscar-se a falhar e aprender com os erros. É um termo utilizado para explicar o *mindset* no qual as pessoas passam a pensar em soluções para problemas que tenham alto impacto, que sejam exponenciais, que apresentem resultados dez vezes maior e não apenas melhorias incrementais de 10%. Dessa forma, o objetivo passa a ser reinventar processos criando soluções disruptivas. O *moonshot thinking* também requer uma visão de longo prazo, que projeta cenários futuros e antecipa as mudanças que podem ocorrer na sociedade, na economia e na natureza. Esse *mindset* vem ganhando cada vez mais espaço nas organizações, até porque, como diz o escritor e empreendedor Maurício Benvenutti (2016): "gente talentosa quer embarcar num foguete e ir para a Lua". Alguns *cases* globais de *moonshots* que mudaram e/ou estão mudando o mundo, como Google, Amazon, Microsoft, Apple (iPhone), YouTube, Facebook, Airbnb, Uber, SpaceX, Netflix, Boston Dynamics, ChatGPT, IA Generativa, entre tantos outros, desafiaram e causaram uma ruptura em seus mercados. Aqui no Brasil destacamos o iFood, o PicPay e mais recentemente o PIX, implementado pelo Banco Central do Brasil, que vem num crescimento avassalador. No dia 05 de abril de 2024 o PIX bateu recorde de transações financeiras, totalizando 200 milhões em um só dia (MARTELLO, 2024).

Outro empreendedor e cientista computacional que dissemina e aplica o conceito do *moonshot thinking* e é conhecido por seu trabalho no Google X, que passou a se chamar "X – *the moonshot factory*", a divisão de pesquisa e desenvolvimento do Google responsável por projetos ambiciosos e disruptivos, é Astro Teller. Ele é o capitão dos *moonshots* na X, liderando equipes de pesquisa e inovação em projetos de alto risco e alto impacto. Astro Teller também acredita firmemente na importância de abordar problemas difíceis com coragem e criatividade. Ele enfatiza a necessidade de assumir riscos calculados e abraçar o fracasso como parte do processo de inovação. No site da X, ele disponibiliza dez dicas para quem quiser explorar o *moonshot thinking*:

1. *Aim for 10X, not 10%* (crescer dez vezes mais e não apenas 10%)
2. *Fall in love with the problem* (apaixone-se pelo problema)
3. *Make contact with the real world early* (faça contato com o mundo real cedo)
4. *Fuel creativity with diverse teams* (criatividade forte com times diversificados)
5. *Tackle the monkey first* (Inicie resolvendo a tarefa mais difícil)
6. *Embrace ~~failure~~ learning* (abrace a ~~falha~~ aprendizagem)
7. *Become a chaos pilot* (torne-se o piloto do caos)
8. *Learn to love "v0.crap"* (aprenda a amar a versão "zero.ruim")
9. *Shift your perspective* (mude sua perspectiva)
10. *Take the long view* (tenha uma visão de longo prazo)

> *Pensar como um cientista de foguetes é olhar para o mundo por uma lente diferente. Cientistas de foguetes imaginam o inimaginável e resolvem o insolúvel. Eles transformam fracassos em triunfos e restrições em vantagens. Veem os percalços como quebra-cabeças solucionáveis, em vez de obstáculos intransponíveis. Eles são movidos não por uma convicção cega, mas pela dúvida; seu objetivo não é obter resultados de curto prazo, mas descobertas de longo prazo. Eles sabem que as regras não são imutáveis, o padrão pode ser alterado e um novo caminho pode ser forjado. (Ozan Varol, apud BORNELI; KRUEL; FRANCESCHI, 2021)*

# 27. Soluções centradas no usuário

*Leonardo Spolador*
*Milene Amoriello Spolador*

Com a população mundial ultrapassando 7,8 bilhões, a diversidade humana em ideias e necessidades se torna cada vez mais complexa. A era da produção em massa deu lugar a um mercado que valoriza a personalização, a diversidade de escolhas e a experiência do usuário, adaptando-se aos interesses e às necessidades individuais.

A tendência é oferecer produtos e serviços que não apenas atendam a demandas genéricas, mas que reconheçam e valorizem a unicidade de cada consumidor. Entender o consumidor moderno exige entender a interseção de necessidades em grupos diversos, criando soluções que trazem valor agregado significativo.

## 27.1. A abordagem centrada no usuário

A abordagem centrada no usuário é crucial tanto para o ambiente B2B quanto B2C, cada um com suas especificidades. No B2B, gestores ou líderes de equipe buscam produtos que melhorem a eficiência operacional e ofereçam um bom retorno sobre o investimento. Embora esses gestores façam a decisão de compra, a experiência dos usuários finais – os funcionários que utilizarão o produto no cotidiano – é fundamental. Se o produto não atender às suas necessidades ou for difícil de usar, isso pode resultar em perda de tempo e aumento de erros, impactando a eficiência geral da empresa.

No B2C, o comprador geralmente é o usuário final. Nesse cenário, a usabilidade do produto e a satisfação pessoal são essenciais. Uma experiência negativa pode levar à perda rápida de clientes, considerando as muitas opções disponíveis no mercado.

Nos dois contextos, a experiência do usuário final é vital para o sucesso do produto. No B2B, uma experiência positiva pode aumentar a eficiência operacional, impactando a reputação e as vendas futuras da empresa. No B2C, ela contribui diretamente para a satisfação e fidelização do cliente, além de fortalecer a marca.

Portanto, a experiência do usuário final deve ser uma prioridade nas estratégias de desenvolvimento de produtos ou serviços em qualquer mercado, assegurando que os produtos sejam eficientes e atendam bem às necessidades dos usuários sem complicar suas atividades diárias. Isso é essencial para construir uma base de clientes satisfeitos e leais.

## 27.2. Criando experiências com clientes

Os produtos e serviços de maior sucesso no mercado contemporâneo são aqueles que demonstram um profundo entendimento de seus clientes e usuários. Desenvolver uma mentalidade centrada no ser humano é mais do que uma técnica; é uma prática essencial para se atingir objetivos de negócios. E nesse ponto os conceitos de empatia e alteridade são fundamentais para a criação de soluções inovadoras.

A alteridade e a empatia requerem que deixemos de lado nossos pré-julgamentos e modelos mentais para observar e escutar ativamente, buscando entender o mundo do usuário a partir de sua própria perspectiva. Este processo envolve respeitar as diferenças e encontrar nelas oportunidades para inovação e melhoria.

## 27.3. UX e as novas tecnologias

As inovações tecnológicas estão redefinindo continuamente a experiência do usuário (UX – *User Experience*). Inteligência artificial, realidade aumentada e, agora, a computação espacial e realidade mista estão estabelecendo novos padrões para interações intuitivas, personalizadas e envolventes. Vamos explorar como cada uma dessas tecnologias está transformando o UX.

### 27.3.1. Inteligência artificial no UX

A IA personaliza e automatiza experiências de maneira inovadora, por exemplo:

- Adapta interfaces, conteúdos e recomendações às preferências dos usuários.
- Facilita interações por meio de microtarefas, *bots* e assistentes virtuais.
- Algoritmos antecipam tendências e preferências dos usuários, melhorando a usabilidade e fornecendo simulações para decisões futuras.

### 27.3.2. Realidade aumentada e UX

A realidade aumentada adiciona uma camada digital no mundo físico, melhorando a interatividade e a imersão sem substituir o ambiente real, enriquecendo a experiência do usuário:

- Permite visualizar objetos virtuais no ambiente real.
- Em setores como educação e varejo, as visualizações realistas auxiliam na compreensão e na experiência do usuário.
- Aplicativos de navegação melhoram a experiência de deslocamento com direções visuais e informações contextuais.

### 27.3.3. Computação espacial e realidade mista no UX

A realidade mista é uma fusão avançada de mundos físicos e digitais, onde os objetos virtuais e reais podem interagir. Ela utiliza computação espacial para criar experiências altamente integradas e interativas:

- Os elementos digitais interagem com o ambiente físico, ajustando-se a objetos e iluminações reais, como uma peça de mobiliário digital que reage à presença de objetos físicos reais, ajustando-se à iluminação e às sombras existentes.
- Permite a manipulação simultânea de elementos físicos e digitais. Por exemplo, em um treinamento industrial, um operador pode interagir com maquinário virtual superposto sobre o equipamento real para aprender procedimentos de segurança.

A integração de inteligência artificial, realidade aumentada e realidade mista expande as possibilidades de interação com os mundos digital e físico.

## 27.4. *Dark patterns* e ética no design centrado no usuário

Uma área de particular importância é a atenção aos "dark patterns", ou padrões obscuros, que são usados para enganar ou manipular os usuários para que tomem decisões que podem não ser do seu melhor interesse.

Esses padrões aparecem de várias formas, como interfaces confusas que levam a compras não intencionais ou opções de cancelamento quase impossíveis de ser encontradas. O uso desses padrões levanta sérias questões éticas, pois eles podem induzir comportamentos prejudiciais ou criar dependência, além de aumentar o risco de recomendações negativas, afetando consideravelmente a reputação do produto ou serviço.

Além disso, considerar padrões éticos é fundamental durante a concepção de produtos e serviços, especialmente porque é desafiador antecipar todas as formas como eles podem ser usados na vida real. Um exemplo ilustrativo é o uso inesperado do PIX (método de pagamento) para enviar mensagens através de transações de um centavo.

Os responsáveis pela criação de produtos devem ponderar as possíveis consequências físicas e psicológicas de seu uso.

A ética no design abrange aspectos vitais como:

- Ser explícito sobre os métodos de coleta e uso de dados dos usuários.
- Assegurar que os usuários estejam bem informados e consintam explicitamente com as práticas adotadas.
- Evitar designs que possam levar ao vício ou causar ansiedade e dano psicológico, como notificações excessivas ou algoritmos com viés de gênero ou raça.

É essencial desenvolver experiências que não sejam apenas esteticamente agradáveis e funcionalmente eficientes, mas que também sejam seguras, justas e benéficas para todos os usuários. Ao adotar esses princípios, contribuímos para o desenvolvimento de produtos e serviços que fomentam uma tecnologia responsável e uma sociedade mais equitativa.

## 27.5. Conclusão

A transição da produção em massa para a personalização reflete uma compreensão mais profunda de que cada usuário é único, com conjuntos específicos de necessidades e desejos. Essa abordagem vai além de simplesmente atender aos desejos expressos pelos consumidores; ela permite às empresas entregar não apenas o que os clientes sabem que querem, mas também o que realmente precisam – e muitas vezes elementos que eles nem sabiam que precisavam, mas que se mostram essenciais.

Ao fazer isso, as marcas podem criar uma conexão mais profunda e duradoura com os usuários, transformando produtos simples em experiências significativas que melhoram suas vidas e reforçam sua fidelidade.

# 28. De *startups* a *scaleups*

***Bárbara Cabral***
***Gabriel Vaz***

E se sua *startup* (ou pequena empresa) fizesse parte de 1% das iniciativas que geram 46% dos novos empregos no país? Que estrutura é necessária? Onde você precisa plantar agora para colher depois?

Fato é que os modelos de negócio atuais, mais facilmente implementáveis e adaptáveis, permitem que um pequeno negócio já validado e com clientes finais identificados possa prosseguir com sua ideia e continue avançando sustentavelmente, com menos risco e mais probabilidade de ser rentável ao longo do tempo.

Para entrar nesse pequeno rol de empresas que geram muitos empregos, você precisa considerar o tamanho do seu time e da sua estrutura empresarial. O desafio é crescer em colaboradores, na estrutura e não no risco, como podemos observar na Figura 28.1.

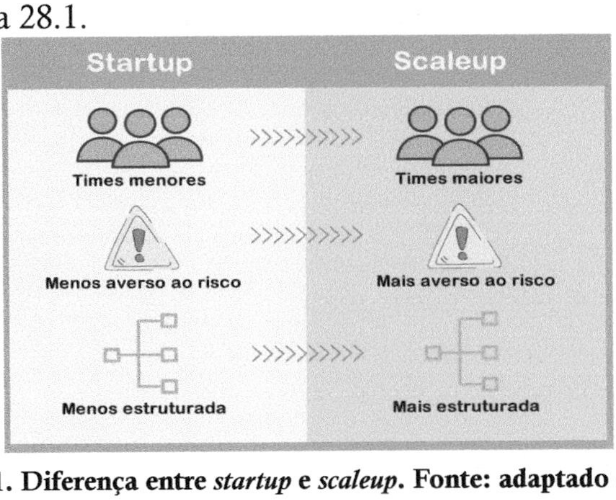


**Figura 28.1. Diferença entre *startup* e *scaleup*. Fonte: adaptado de Aziz (2018).**

Mas o que é uma *scaleup*? São empresas que já provaram seu valor de negócio e estão em estágio de expansão. Várias hipóteses já foram validadas e o risco já foi mitigado, dada a maturidade da *startup*. São necessários também um modelo de crescimento estruturado e a projeção de monetização do negócio com base no passado.

Essas empresas crescem 20% ao ano, ao menos, por pelo menos três anos seguidos, e empregam acima de 10 pessoas.

Entretanto, uma *scaleup* não necessariamente é uma empresa grande. A Endeavor Brasil (s.d.) destaca que elas correspondem a aproximadamente 92% de pequenas e médias empresas (PMEs).

## 28.1. Invista nos seus recursos humanos

Uma das principais características para se tornar uma *scaleup* é ter uma cultura de desenvolvimento e crescimento escalável.

Para o crescimento acelerado, é necessário um sistema para uma rápida tomada de decisão. Uma das principais formas de conseguir isso é realizando *benchmarking* com outras empresas, conforme os desafios forem aparecendo.

Outra possibilidade é realizar atividades dinâmicas envolvendo os colaboradores e usando a inteligência coletiva da empresa e sua própria cultura. Para problemas muito específicos, são contratados especialistas de forma dedicada ou, às vezes, recorre-se a empresas de consultoria especializada ou consultores independentes.

As características de empresas que querem se tornar *scaleups* são as seguintes:

- Troca de experiências interna e externa.
- Flexibilidade.
- Tomada rápida de decisão.

Inclua sua *startup* no rol das "empresas do futuro". Elas são as que melhor se adaptam às mudanças sociais e tecnológicas, mantendo sua identidade cultural e captando novos resultados positivos a partir das mudanças.

As oscilações do mercado exigem também um time de liderança multidisciplinar focado não só no seu desenvolvimento profissional, mas pensando também no desenvolvimento pessoal de todos os colaboradores.

E então? Vamos ao próximo nível?

# PARTE V. FOMENTANDO A INOVAÇÃO

# 29. Designs organizacionais que estimulam a inovação

*Ana Carolina Gomes do Prado*

## 29.1. Por que inovamos?

Chip Conley (2018), atual conselheiro estratégico do Airbnb, utiliza uma analogia fora dos padrões empresariais para explicar como percebemos e por que precisamos da inovação. Num cenário lúdico, nós somos os surfistas (os empreendedores) monitorando o mar (o mercado). Ele menciona que os melhores surfistas conseguem de longe saber se determinada onda que está se formando vale a pena pegar ou simplesmente se devem deixá-la passar. É como um novo negócio buscando investidores: você deve saber avaliar se aquela empreitada vale mesmo a pena. O surfista que enxergar e avaliar antes a melhor onda vai pegá-la primeiro. Ou seja, os empreendedores mais atentos se aproveitam do oceano azul (KIM; MAUBORGNE, 2019) e por isso saem na frente dos possíveis concorrentes.

Da mesma forma, o surfista também precisa aprender a reconhecer o perigo no mar e escolher quando não encarar o risco. Manter o negócio estável é também uma opção e um posicionamento no mercado. A questão é que alguns surfistas sequer percebem a onda chegando e não estão preparados em suas pranchas, sendo assim engolidos pela água. A inovação permite a sobrevivência.

## 29.2. Para inovar, temos que mudar!

As mudanças para a concretização da inovação (seja incremental ou disruptiva) exigem ações de alinhamento, comunicação, capacitação, implementação e avaliação. A execução dessas ações impacta diretamente no desempenho da inovação e consequentemente no resultado obtido.

> *Em empresas intensivas em conhecimento a estratégia, portanto, não é entendida como planejamento estático, mas como processo dinâmico e constante de interação de atores internos e externos. Da mesma forma, as práticas de inovação são consideradas como processo dialético e continuado de construção social, obtido pelo compromisso entre participantes, em face das controvérsias que emergem das interações dos atores. (BIGNETTI, 2002)*

Portanto, como podemos concretizar tais mudanças em cenários sempre tão complexos e ágeis? Utilizando técnicas e métodos focados na otimização dos processos, na preparação das equipes para a mudança e na reorganização da estrutura organizacional, dentre outros pontos abordados no conceito de design organizacional. Sendo assim, o ser humano atua como o ator central da mudança, dominando as tecnologias para concretização dos objetivos estratégicos.

## 29.3. O que é o design organizacional?

O design organizacional tem como objetivos:

- promover a otimização dos processos e a agilidade na tomada de decisões;
- reestruturar (funcional e até mesmo fisicamente) equipes e lideranças para implementar as mudanças necessárias;
- indicar a estratégia de gestão e engajamento das pessoas para absorção da nova cultura;
- monitorar os impactos dessas mudanças.

Nesse contexto, ao revisar os processos e concretizar novos padrões focados nas mudanças desejadas, o design organizacional tem como pilares de sustentação as pessoas, as tecnologias e a visão estratégica da empresa. A prática do design organizacional tem como principais benefícios: o incremento da eficácia, maior produtividade das equipes, redução do *turnover*, retenção de talentos, mapeamento das habilidades e dos conhecimentos essenciais da organização e o impulsionamento da inovação como reflexo de todos os itens anteriores.

Ao definir uma estratégia do processo de design, é preciso avaliar profundamente o cenário atual da organização, conhecendo seus pontos fortes e fracos, a necessidade de recursos, as expectativas de prazo, o real entendimento dos gestores e só então elaborar uma visão da "nova organização". Planejar essa nova visão é um grande desafio, pois demanda revisitar toda a estrutura, simplificar o negócio, reorganizar os times e melhorar os sistemas e modelos de gestão.

Podemos definir os seguintes passos para a implementação do design organizacional:

1. Elaboração da visão de futuro da organização.
2. Identificação de cenários e padrões atuais de trabalho.
3. Revisão do propósito e da direção do negócio (novo posicionamento).
4. Revisão da estrutura organizacional de acordo com os três primeiros itens.
5. Identificação dos entraves da operação que impedem a inovação.
6. Promoção de uma nova cultura e de novos comportamentos.
7. Investimento em pessoas e capacitação.
8. Estabelecimento de espaços para colaboração e ideação.
9. Eliminação de barreiras entre setores e equipes.
10. Preparação das lideranças para um novo modelo de gestão.

Os diferentes tipos de estrutura dos modelos empresariais (funcional, divisional, matricial, em rede e por projetos) exigem atuações diferentes para a promoção de um design organizacional mais fluido e inovador. Para a eliminação dos silos organizacionais, é necessário rever o modelo mental que permeia cada característica de uma empresa, constantemente. O design organizacional é, portanto, contínuo e incremental.

## 29.4. O design organizacional pode estimular a inovação?

A resposta sem dúvidas passa por redesenhar a estratégia, a operação, a gestão e a cultura visando um novo patamar de agilidade e reação a um mercado cada vez mais competitivo. Portanto, podemos dizer que sim, o design organizacional pode estimular a inovação.

Quer uma empresa mais competitiva? Garanta um modelo facilitador da criação e discussão de ideias. Quer uma empresa mais transparente na tomada de decisões? Elimine as barreiras de comunicação, reajuste hierarquias e transforme as decisões em planos colaborativos. Quer promover o aprendizado contínuo?

Estabeleça processos de gestão do conhecimento e valorize as comunidades de prática sufocadas por uma operação sem tempo para olhar para o futuro.

> *Em primeiro lugar, a cultura é importante. As empresas podem não conseguir elevar suas taxas de inovação simplesmente aumentando o investimento em infraestrutura. Talvez seja necessário alterar os valores de seus membros, sobretudo para aqueles que incentivam a atividade inovadora. Esse conceito, por sua vez, sugere que os níveis organizacionais de inovação são impulsionados por forças mais fundamentais do que pelas condições econômicas e estruturais. (FRANCISCHETO; NEIVA, 2019)*

Em 2016 um grupo de "rebeldes corporativos" (*corporate rebels*) criou uma empresa de consultoria especializada em romper com os modelos tradicionais instaurados em diversas organizações. O design organizacional se consolidou como uma das ferramentas mais aplicadas pelo time, com o discurso "make work more fun" (RISE8, 2024). Parece divertido demais para ser uma iniciativa corporativa séria? A "Corporate Rebels" conquistou clientes como Microsoft, SAP, Gucci, Hugo Boss e Daimler.

Um dos princípios do trabalho desses agentes "rebeldes" foram as abordagens flexíveis que estimulam o empreendedorismo e a responsabilidade dos próprios funcionários. Em modelos como a pirâmide invertida, as equipes autônomas e equipes em rede são abordadas como visões realistas do design organizacional focado na inovação e na fluidez do modelo de negócio. Modelos rígidos não sobrevivem (PICCHI, 2021).

> *A cultura orientada para a inovação é definida como um conjunto de valores, normas e artefatos culturais organizacionais que sustentam a capacidade de inovação de uma empresa. (STOCK; SIX; ZACHARIAS, 2013)*

Quando o CEO da Oticon, uma fabricante de aparelhos auditivos da Dinamarca, trouxe para a pauta a mudança radical que a empresa precisava, ainda nos anos 90, seu primeiro passo foi trabalhar o modelo de liderança. E assim Lars Kolind criou o "modelo espaguete" (MORREE, 2017), em que argumenta que qualquer pessoa com uma boa ideia é livre para puxar uma equipe e atuar como líder do seu próprio projeto inovador, seja de processo, serviço ou produto. No entanto, cada projeto precisa competir com todos os outros e os funcionários devem atrair recursos para a ideia que defendem.

## 29.5. Organizações inovadoras: o limite entre o caos e a energia dedicada

O design organizacional se apresenta então como prática de considerável potencial para a reestruturação de modelos de negócio que incorporem a inovação como estratégia definitiva. No entanto, tal processo exigirá o devido equilíbrio entre a energia gerada por um ambiente fomentador de novos conhecimentos e o foco nas ações planejadas. Inovação sem a devida execução não é produtiva e rentável, tornando todo um novo modelo questionável.

Além disso, o clima estabelecido pela nova cultura deve garantir a segurança psicológica para a proposição das inovações, sem que se confunda criatividade com ausência de alinhamento com os objetivos estratégicos. Ambientes sustentados pela diversidade, que promovem o intercâmbio entre culturas, precisam ser acompanhados para que a pluralidade não se transforme em conflito.

O design organizacional segue propondo uma revolução no mundo corporativo. Em tempos de inteligência artificial, *big data* e outras tecnologias poderosas, o design organizacional mantém em pauta a importância dos modelos organizacionais e da gestão de pessoas para garantir todo o potencial criativo do ser humano como vantagem competitiva.

# 30. Criatividade no mundo corporativo: quais são os obstáculos?

***Carlos Alberto (Zeca)***

*A imaginação é o oxigênio da criatividade. E a criatividade é a ferramenta da inovação. (Zeca)*

Se você for como eu, deve ter iniciado o livro pelo primeiro capítulo. Mas se você "caiu de paraquedas" neste capítulo, pode ser um bom começo se deparar com esses conceitos.

Eu penso que a inovação é precedida pela criatividade, e esta é precedida pela imaginação. Trata-se de uma conclusão muito mais empírica do que científica, dentro do meu campo de observação.

Ao buscar o conceito de imaginação na nossa "enciclopédia Barsa" dos dias atuais, encontrei logo no primeiro resultado: "faculdade que possui o espírito de representar imagens."

Bingo! A imaginação está relacionada ao espírito, à nossa capacidade de interpretar. É então, eu suponho, uma capacidade humana que conceitualmente até se confunde com a criatividade. Onde estaria o limite entre ambas? Não sei. Deixo para os filósofos estabelecerem essa fronteira. Com a popularização da IA entre nós, temos mais um ingrediente e uma longa jornada nesse entendimento.

E essa tal de inovação tão falada e decantada no mundo atual?

Eu arrisquei a elaborar um pensamento a respeito:

"Inovação é a criatividade em ação, capaz de gerar um produto ou serviço com valor percebido para quem é feito, sendo monetizado para quem a produz".

Ou seja, a criatividade tem um papel muito importante em tudo o que estamos discutindo neste livro.

Feita esta introdução, vamos então ao cerne do assunto deste capítulo.

Existem diversos obstáculos que podem dificultar a criatividade e interferir no nosso processo criativo. Falo aqui bem especificamente dos obstáculos e suas causas que desaguam no mundo empresarial, que é onde tenho maior experiência prática.

A criatividade é um processo nato. Nascemos criativos. Nascemos curiosos. Nascemos com a imensa disposição de descobrir. De perguntar. De querer conhecer o mundo em que vivemos. Os porquês talvez façam parte dos grandes papéis da infância: perguntar, desvendar... e assim toda a possibilidade de desenvolvimento da nossa criatividade.

## 30.1. Modelo de educação na escola

Talvez o primeiro obstáculo que enfrentamos para o desenvolvimento da criatividade seja o nosso **modelo de educação na escola**. Nesse modelo, desde cedo aprendemos que o mais importante é ter uma boa nota. E nota boa vem com as respostas certas. Fazer perguntas logo cedo é algo que vai sendo deixado de lado. Aliás, perguntar pode significar que "não sabemos". E não fica "bonito" não saber. Ou, pelo menos, o pai sente orgulho do filho que sabe. Mesmo que seja apenas algo decorado.

Chico Anísio, em uma de suas memoráveis criações (A Escolinha do Professor Raimundo), com aquela leitura ímpar que ele tinha do cotidiano, ilustra bem o que queremos dizer: o professor faz uma pergunta difícil e o aluno ERRA. Aí ele pergunta ao "Seu Ptolomeu" (que na vida real era seu filho), que sempre acerta. Além de um "10", ganha sempre um elogio do professor: "queria ter um filho assim".

Já na infância "enterramos" a curiosidade que se expressa com as perguntas, tão importantes para a criatividade.

> *A missão do professor é provocar a inteligência, é provocar o espanto, é provocar a curiosidade. (Rubem Alves)*

Não é diferente no mundo corporativo. Chegamos com a responsabilidade de fazer o certo sempre. E assim, seja no dia a dia das nossas atividades, seja de reunião em reunião, vivemos um paradoxo: a criatividade vale "ouro", mas em vez de cavarmos para achar a pepita estamos sempre jogando mais terra em cima, com a "cultura" de que inteligente é quem sabe a resposta certa e que quem sabe mais não deve ter dúvida. Quanta bobagem. Mário Cortella (2012, p. 29) aliás, nos ensina:

> *Cuidado com gente que não tem dúvida. Gente que não tem dúvida não é capaz de inovar, de reinventar, não é capaz de fazer de outro modo. Gente que não tem dúvida só é capaz de repetir. Cuidado com gente cheia de certeza. Num mundo de velocidade e mudança, imagine se você e eu somos cheios de certeza a dificuldade que isso nos carrega. Claro, você não pode ser alguém que só tem dúvida, mas não as ter é sinal de tolice.*

Desde que entramos na escola e saímos dela (ao terminar a universidade), somos doutrinados a darmos respostas certas. Para sair desse bloqueio é preciso valorizar as perguntas e ter um olhar diferente para o mundo que nos cerca. Não tem *template*, é uma mudança de postura – uma mudança do tão falado *mindset*.

## 30.2. O óbvio

Aí vem o outro obstáculo para a criatividade: a nossa forma de lidar com o óbvio. Se a nossa educação formal não valoriza fazer perguntas e aprofundar nos questionamentos, que são tão importantes para o desenvolvimento da criatividade e para uma mente criativa, o "nosso" óbvio praticamente sepulta esse aprofundamento.

Por definição, o óbvio é o que não se pode pôr em dúvida. Fácil de descobrir. Que salta à vista. Evidente. Claro. Patente. Axiomático. Incontestável.

O "que salta à vista" muitas vezes é a primeira resposta para um questionamento. É a primeira solução para uma dor, para um problema. É aqui que matamos a criatividade em sua nascente. Além de não nos especializarmos em fazermos perguntas, adotamos a primeira resposta. A que está na superfície. Normalmente, a menos criativa. Não a descarte, mas não dê tanta atenção a ela. Procure "cavar mais um pouco".

Em 1950, Nelson Rodrigues consagrou a expressão "óbvio ululante" ao publicar um livro com este título. Óbvio ululante pode ser entendido como "A verdade que grita".

Eu penso que para enxergar uma verdade, você precisa se desprender das suas. Não digo jogar fora, mas se desprender mesmo. Não é Sócrates que nos ensina que "A única coisa que sei é que nada sei"?

E o que observo nas redes sociais, nas conversas, nos programas de televisão, são certezas. São afirmações com tanta convicção que tudo fica parecendo "muito óbvio" para quem afirma, para quem "é o dono da verdade".

E, assim, a criatividade, que depende da imaginação, das perguntas, da combinação das ideias, vai sendo sufocada, pois aquilo que é o "nosso" óbvio não precisa de mudança. E a criatividade é a mudança em curso.

Saber fazer as perguntas certas é uma arte. É preciso o aprofundamento das questões, o entendimento completo das dores. É o que nos leva ao caminho das soluções criativas.

Vamos exemplificar. Imagine que você tem um desafio: "que soluções você sugeriria para atravessar um rio que separa duas cidades?".

Que respostas provavelmente você teria? Construir uma ponte. Atravessar nadando... é possível que apareçam outras respostas, como atravessar de tirolesa, fazer um túnel por debaixo d'água ou construir um "canhão humano".

O problema não parece ter soluções tão óbvias? Saindo do óbvio, podemos perguntar: por que queremos atravessar o rio? E eu responderia: porque não temos empregos em nossa cidade. Os empregos estão do outro lado do rio.

E aí mais uma provocação: construir uma ponte vai resolver o real problema? A dor de não ter empregos na cidade? A pergunta de atravessar o rio deveria ser outra. Ou: a cada pergunta devemos buscar mais contexto.

A criatividade depende também da escuta. Mas pense comigo: o óbvio para nós está de acordo com as nossas "verdades". E tudo aquilo que contraria as nossas verdades normalmente não faz sentido para nós. Logo, se alguém fala algo que não faz sentido, o que fazemos? Descartamos. Ou damos menos atenção. É assim com você? Nossa escuta costuma ser seletiva e passa pelo filtro do que é óbvio para nós.

Em resumo, de forma geral, nós privilegiamos a escuta do que é óbvio para nós. Mas há quem veja o óbvio com outros olhos: "o óbvio é a verdade mais difícil de se enxergar" (Clarice Lispector).

E como fazemos para enxergar a verdade, Clarice? Ela talvez respondesse: "Faça como Sócrates. Parta do princípio de que nada sabe...".

Ah, agora sim. É preciso então ser humilde. A chave para sair do bloqueio do óbvio passa pela humildade. É partir do princípio de que nada sabemos. Quem nada sabe pode fazer perguntas. E de pergunta em pergunta vamos cavando, vamos aprofundando, vamos entendendo, até chegarmos na pepita de ouro. Não a vemos porque ela não se encontra na superfície.

## 30.3. A rotina

Vamos ao nosso terceiro obstáculo: a rotina.

O que é a rotina? É o caminho já trilhado, já sabido. É a prática constante. Faz parte do nosso mundo corporativo. E misturada a essa rotina vem a fala: "precisamos pensar fora da caixa". Muitas vezes, ao tentar uma ideia criativa, ou ver alguém tentando, eu ouvi diversas respostas. Você já recebeu alguma dessas respostas exemplificadas na Tabela 30.1?

**Tabela 30.1. Respostas corporativas às ideias criativas. Fonte: o autor.**

| | | |
|---|---|---|
| Aqui é diferente | Já tentamos isso antes | Não é minha responsabilidade |
| Eles estão muito ocupados | Não temos tempo | Não temos ajuda suficiente |
| Essa mudança é muito radical | A equipe nunca vai topar | É contra as normas da empresa |
| De onde você tirou isso? | Não temos autoridade | Vamos voltar para a realidade |
| Não é problema nosso | Não gosto dessa ideia | Agora não |
| Não foi orçado | A ideia é boa, mas não é prática | Todos vão rir da gente |
| Isso de novo não! | Se não está quebrado não conserte | Nós nos viramos bem sem isso |
| Não vai funcionar aqui | Não vejo a conexão | Não dá para fazer |

Para refletir sobre esse obstáculo, deixo uma citação atribuída a Henrique Szklo, mas cuja autoria não pude comprovar:

> *Não existe certeza em um processo criativo. Apenas esperança.*

## 30.4. A inferioridade

Nosso quarto obstáculo para a criatividade é a inferioridade. Quando nos sentimos inferiores, travamos a nossa criatividade.

Esse sentimento vem da ideia de nos acharmos piores do que os outros. Isso traz uma sensação de incapacidade.

Existe um mito de que a criatividade pertence a determinadas profissões e é atributo de pessoas que nascem com esse dom. Para ser criativo, precisa ser um artista. Um pintor? Um pianista? Um comediante? Um inventor?

Eu pensava assim. Quando criança um dos primeiros gibis que li foi um em que apareciam dois personagens da Disney: o professor Pardal e o Lampadinha. O professor Pardal criava as mais mirabolantes invenções. Pronto. Em não tendo esse dom, sou inferior, não sou criativo. Como já vimos, aprendemos na escola que o mais importante é responder às perguntas de forma correta. As respostas óbvias são extremamente valorizadas. A rotina toma, já na infância, o espaço do brincar, que é um estímulo para a criatividade.

Eu não quero dizer que o artista ou o inventor não tenha uma propensão maior para a criatividade. Mas o tempo tem me mostrado, e hoje estou convencido disso, que todos nascemos criativos.

Todos somos criativos. Nos vários *workshops* que eu já realizei sobre criatividade vi pessoas que não são artistas nem inventores exercitarem muito bem a sua criatividade.

Existem muitos outros obstáculos para a criatividade. Falamos neste capítulo de modelo de avaliação na escola, do óbvio, da rotina e da inferioridade. Costumo discutir também os obstáculos da racionalidade e do tempo.

## 30.5. Racionalidade

É atribuído ao físico Albert Einstein uma frase que eu gosto muito: "a racionalidade vai te levar de A para Z. A imaginação vai te levar para qualquer lugar".

As atividades que têm início, meio e fim previsível, e que são executadas predominantemente com a racionalidade, serão cada vez mais substituídas pela máquina. A inteligência artificial (IA) está nos demonstrando isso. A meu ver, para usufruirmos do potencial da IA (e falo de IA como o ChatGPT, por exemplo), vamos reaprender a fazer perguntas. É preciso que descansemos um pouco dessa racionalidade para nos permitirmos ser mais criativos. A racionalidade ajudará no equilíbrio do que é tecnicamente possível e financeiramente viável, mas isso em um estágio posterior ao processo de criatividade.

## 30.6. Tempo

O tempo é um obstáculo para a criatividade? Na verdade, é a falta de prioridade para as atividades criativas. Não estamos todos falando de inovação? A criatividade não é a ferramenta? Então é preciso exercitar.

Finalizo com Tom Kelley e Jonathan Littman (2007) para estimular a nossa criatividade:

> *Veja o mundo com os olhos de um turista. Assim como um turista faz em uma terra estrangeira, tente ver o mundo, por mais mundano ou conhecido que seja, com novos olhos. Não espere que uma fagulha apareça em um passe de mágica. Exponha-se a novas ideias e experiências.*

E Mark Twain:

> *O grande problema não é o que você não sabe. É o que você tem certeza que sabe, mas que não é verdade.*

# 31. Ambientes colaborativos que estimulam a criatividade e a inovação

***Marcelle Cury***

*Etimologicamente, a palavra "colaboração" encontra sua origem no verbo latim collaborare, composto pela partícula cum, ou seja, "com", "junto", e do verbo laborare, ou seja, "praticar", "trabalhar" (PIANIGIANI, s.d.).*

Invenção, criatividade e inovação são termos tão ligados que até mesmo se confundem, ao passo que se completam. Em síntese, nascem da vontade de solucionar problemas. Na busca de respostas surge a necessidade de criar algo totalmente novo ou adaptar algo que já existe. Para tanto, a criatividade é primordial, contudo, pode não ser suficiente. Resultados inovadores são produtos de criatividade, mas não somente dela (DYER; GREGERSEN; CHRISTENSEN, 2018).

A inovação tem o pé fincado no negócio e pode ser compreendida como a criatividade que traz resultados! Criar, combinar produtos ou serviços já existentes ou encontrar novas formas de utilizar recursos são nuances de inovação recheadas de criatividade, porém perfeitamente equilibradas às necessidades do negócio. Tudo na medida certa para atender a uma demanda e até mesmo oferecer possibilidades de progressão e crescimento (soluções escaláveis).

Entender melhor o que faz um ambiente ser capaz de estimular a criatividade e inovação é o cerne deste capítulo, e começo por destacar algumas características decisivas (FERREIRA, 2018):

- **Incentivo à colaboração:** a interação entre as pessoas é um dos pilares da colaboração. Os funcionários devem entender que trocar ideias e discutir pontos de vista é salutar e benéfico para a equipe. Incentivar esse tipo de atitude auxilia todo o processo e deve partir das posições de liderança.
- **Cultura de inovação:** criar condições para inovação passa pela cultura praticada no negócio. Atitudes colaborativas vão fomentar ideias, produtos da liberdade experimentada pelos funcionários para propor soluções e conversar sobre isso sem o receio de julgamentos e condenações. Segurança psicológica é primordial para a comunicação aberta e para a autonomia em buscar soluções.
- **Objetivos comuns:** a afinidade e a empatia são o segredo das boas equipes! Quando se consegue estabelecer objetivos únicos para o time e engajá-lo na busca por metas claras, a consequência é o aumento da colaboração, do senso de empatia e da afinidade uns com os outros. A compreensão de que os objetivos são os mesmos e que os resultados serão colhidos por todos faz florescer a responsabilidade e o pertencimento.

## 31.1. Ambientes físicos ou não, mas ainda assim colaborativos

O ambiente físico constitui uma variável importante para a criatividade e inovação porque cada pessoa responde aos estímulos de forma diferente. Estar à vontade faz fluir ideias, então investir em layouts diferentes para os espaços é um trunfo! Ter ambientes mais despojados é um motivador, e a criatividade começa por locais funcionais e adequados para atividades diferenciadas. Não se trata somente dos móveis!

Parece um pouco estranho que se deseje fomentar inovação, espírito colaborativo e criativo sem ambientes projetados para que as pessoas trabalhem juntas. Mas isso acontece! Algumas vezes só temos limões e precisamos fazer uma excelente limonada ou até promovê-la a uma caipirinha de respeito.

Contudo, se for possível construir espaços que, além de diferenciados, propiciem às equipes facilidade na comunicação e na movimentação, é aí que a mistura de ideias é elevada a níveis surpreendentes. Então abandone divisórias, pense em amplitude e locais abertos de tal forma que o layout possa mudar conforme a necessidade.

Alguns tipos de ambientes, como espaços *coworking*, laboratórios de inovação e até mesmo plataformas de trabalho remoto, já nasceram no berço da criatividade e da inovação e vale a pena observá-los quando pensamos em ambientes colaborativos.

### 31.1.1. Espaços de trabalho compartilhados

Espaços de trabalho compartilhados – *coworking* – já surgiram com benefícios claros de corte nos custos, visto que compartilhar é mais barato do que ter algo exclusivo. Mas um *coworking* não é só isso: ele é projetado com uma atmosfera acessível, que inspira criatividade e se adapta às necessidades das pessoas.

Há tipos de configurações diferenciadas para atender a demandas diferenciadas. Existem espaços semelhantes a escritórios, com diversas comodidades como mesas de trabalho, salas de reuniões, cozinha, área de café, lanchonete e até mesmo serviços mais específicos para eventos corporativos. Também há a possibilidade de trabalhar sozinho em um *coworking*, utilizando apenas um confortável sofá, com uma bela vista para um jardim ou até mesmo para o mar, a depender da localização.

Frequentadores de *coworkings* são pessoas que trabalham de forma autônoma, empreendedores, equipes e até mesmo empresas, como é o caso de *startups* que estão crescendo e podem ir alocando áreas físicas na medida em que a estrutura precisar evoluir. Sendo assim, a interação é muito grande, o que favorece contatos, troca de experiências e colaboração entre as pessoas.

### 31.1.2. Trabalho remoto

O trabalho remoto é uma forma de desempenhar atividades profissionais fora do ambiente corporativo. Trata-se de uma demanda crescente, em que cada pessoa cria seu ambiente de trabalho, seja em casa, espaço *coworking* ou até mesmo em hotéis durante viagens. A finalidade é poder trabalhar de qualquer lugar (*anywhere office*), reduzir o tempo perdido no trânsito, aproveitar tempo de qualidade com a família etc.

Com as ferramentas certas, muitas profissões podem abraçar essa modalidade e fortalecer a produtividade, a responsabilidade e a autonomia de suas equipes. Se deseja aprofundar seus conhecimentos sobre o assunto, a Jornada Colaborativa possui o livro *Jornada Officeless* (MUNIZ et al., 2024).

### 31.1.3. Laboratório de inovação

Uma tendência mundial nas organizações que desejam se destacar no mercado em que atuam é contar com um espaço lúdico e especial para a experimentação, chamado de **laboratório de inovação**.

É um ambiente feito para desafios e favorável para que a criatividade e inovação possam fluir de forma propícia sem o medo do impacto de falhas e erros. Também chamados de **centro de inovação** ou **estúdio de inovação**, esses espaços contam com equipes especialmente dedicadas ao propósito de inovar, compostas por pessoas escolhidas internamente ou até externas à organização, conforme a necessidade dos projetos.

Ter um espaço para testar soluções ou implementar protótipos de baixo custo torna esse investimento muito valioso para obtenção de visões holísticas e expandir o pensamento, bem como para abandonar padrões limitantes.

Adoção de medidas personalizadas para cada problema, redução dos custos sobre erros e falhas, tomada de decisões operacionais ou estratégicas mais objetivas e fortalecimento da cultura empreendedora e da marca como uma organização inovadora em seu segmento também são benefícios colhidos por organizações que optam por manter laboratórios de inovação em sua estrutura interna.

## 31.2. Influência das pessoas sobre os ambientes colaborativos

Será que as pessoas não são capazes de impactar umas às outras ou até mesmo o ambiente?

De onde irrompem as boas ideias que são matéria-prima para a solução dos problemas das organizações? Como elas brotam? De acordo com Johnson, em seu livro *De onde vêm as boas ideias* (2011), elas surgem de conexões e interações com outras pessoas.

Um ambiente é mais que móveis, mais que propósito, cultura e tudo o mais que possamos colocar no papel, em um planejamento perfeito e bem elaborado. Um ambiente é feito de gente – e com gente algumas vezes os planos se frustram. As pessoas não são iguais todos os dias, há momentos bons e ruins, há fases brilhantes e outras obscuras, e nada disso obedece aos planos.

Então, para não dizer que não falei de flores – como diria o compositor Geraldo Vandré em sua canção de mesmo nome –, falar de como as pessoas influenciam o ambiente é essencial. Objetivamente, os ambientes são pensados para serem utilizados pelas pessoas, mas há um estado participativo em que as pessoas assumem protagonismo e cada qual ajuda a compor o ambiente também.

Em ambientes criativos e inovadores as pessoas possuem algumas competências específicas desenvolvidas, demonstradas na Figura 31.1.

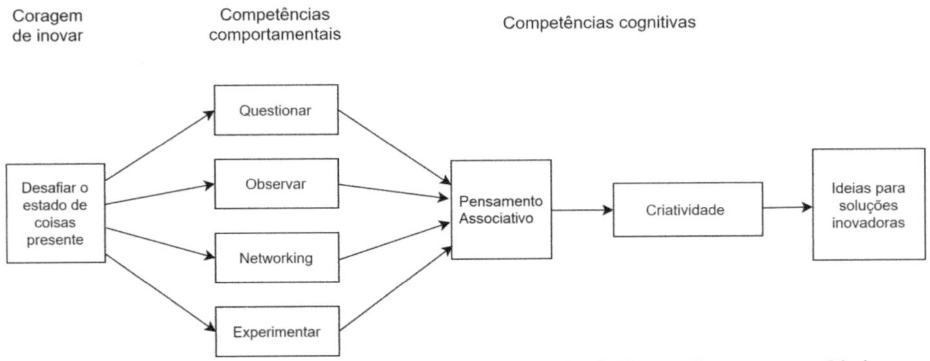


**Figura 31.1. Esquema de competências. Fonte: adaptado de Dyer, Gregersen e Christensen (2018).**

- **Questionar:** o ato de perguntar, algo muito elementar no ser humano, é uma competência que nos acompanha desde a infância até a idade adulta. Entretanto, para fomentar a criatividade e a inovação, o destaque se dá para a característica que permeia todo perguntador: a curiosidade. Questionar por que é necessário saber como funciona, por que existe ou o que aconteceria se não utilizasse determinada coisa funciona como mola propulsora para novas compreensões, possibilidades e caminhos a seguir.
- **Observar:** o universo do trabalho nas organizações e o mundo à nossa volta são repletos de produtos, serviços, clientes, tecnologias e outras empresas e organizações. Ter atenção aos detalhes que envolvem tudo isso é a materialização do ato de observar. A partir dessa observação é que diversas conclusões surgem, assim como problemas são descobertos.
- ***Networking*:** a rede de contatos, mais conhecida no ambiente de negócios como *networking*, é um ativo tangível para os profissionais que exercitam e valorizam a capacidade de interação, comunicação, empatia e generosidade. De fato, é necessário se relacionar, ser real. Investir energia e

tempo para colaborar, partilhar, trocar ideias e ajudar os outros favorece a visão de perspectivas diferentes através de conversas que oferecem colocações radicalmente opostas ou inteiramente complementares.

- **Experimentar:** a experimentação é inerente ao crescimento e faz parte do ato de explorar o mundo. Desafiar convicções, testar hipóteses, criar protótipos, buscar, avaliar, aprovar e reprovar conduz ao aprendizado e à formação de um patrimônio intelectual único, uma vez que as experiências vividas são percebidas por cada indivíduo de forma diferente.
- **Pensamento associativo:** a capacidade cognitiva de realizar associações manifesta-se quando o cérebro recebe informações, sintetiza-as e descobre novos sentidos. Essa competência é muito importante para descobrir direções a partir de ligações entre problemas e ideias aparentemente sem correlação. É uma pequena interseção entre caminhos, algo sutil, que requer um tipo de pensamento diferenciado, ou fora da caixa, como comumente se diz.

## 31.3. *Mindset* da mudança no ambiente colaborativo

Inovar requer coragem para abraçar a inquietação e uma certa insatisfação com o estado de coisas presente, que leva a procurar soluções para os problemas. Pessoas inovadoras são carregadas de motivação, não fazem nada por fazer e são movidas a desafios. A lente – *mindset* – pela qual os inovadores veem o mundo é bastante peculiar. É possível entender que a mentalidade vai sendo configurada ao longo do tempo. Trata-se de um sistema mental de retroalimentação positiva (MUNIZ; IRIGOYEN, 2019).

Ambientes colaborativos que estimulam a criatividade e a inovação não são negativos e pessimistas porque as pessoas que participam desse espaço são otimistas – se não o são por essência, acabam se tornando por estarem inseridas em um contexto positivo e agregador.

O espaço físico colaborativo traz praticidade e bem-estar, e o clima organizacional criativo e inovador mantém o *mindset* desejado. É um ciclo encantador.

Entretanto, não veja de forma ilusória ou superficial! Inovação e criatividade contagiam a todos os inseridos no ambiente quando os resultados e o sucesso são alcançados organicamente. Antes desse ponto há muito trabalho envolvido de transformação. Não se engane, não se trata de mágica.

O melhor caminho para criar e manter ambientes colaborativos que fabricam soluções criativas e inovadoras é cultivar a inovação dentro de cada indivíduo. E isso não acontece da noite para o dia. Há curvas de aprendizado que provocam uma queda nos resultados das equipes, e até mesmo impactos financeiros, mas tudo isso é temporário. Esse fenômeno é conhecido como curva J da mudança, demonstrada na Figura 31.2.

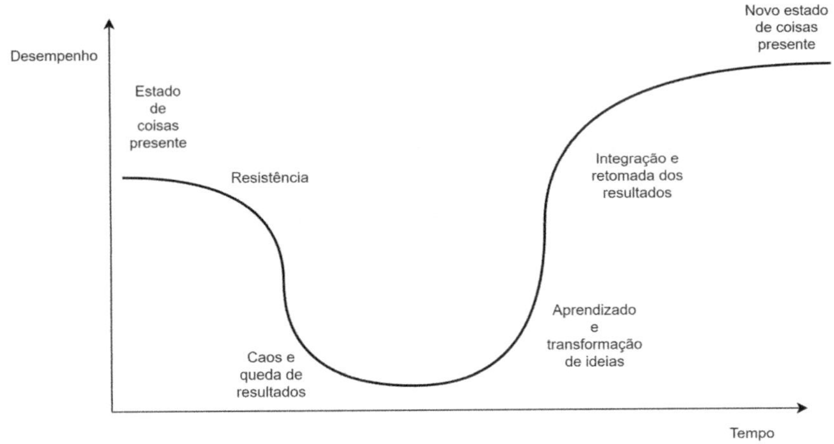


**Figura 31.2. *Davies' J-Curve* ou curva J da mudança. Fonte: adaptado de Gomes (2024).**

A transformação dos ambientes para alcançar criatividade e inovação é obtida através da mudança da cultura organizacional, um desejo que movimenta as engrenagens internas. Essa força motriz pode se manifestar vertical ou horizontalmente na organização, e para cada uma delas existe uma estratégia para lidar com pessoas (LE BOTERF, 2003).

Para quem chegou até aqui na leitura, pode estar pensando que a realidade encontrada nas organizações não é bem essa. Nem sempre há patrocínio das lideranças, ou apoio dos pares de trabalho, então como começar a transformar o ambiente e percorrer a estrada a fim de encontrar caminhos para atingir o clima colaborativo propício para a criatividade e a inovação?

O capital humano é uma parte importante dos processos de inovação, e não se fazem ambientes inovadores sem pessoas. Como dito anteriormente, características físicas dos espaços, sozinhas, não trazem valor e resultados de sucesso ao negócio.

Então, comece por você mesmo, pelo seu *mindset*. Sem sentir, você vai influenciar seus pares de trabalho e conseguir aliados. Se a organização deseja ser inovadora e criar as condições para isso, significa que a liderança deve estar alinhada nesse sentido e que o ambiente físico será ou já está adaptado para a fluidez de ideias necessária. De toda forma, em qualquer espaço de convivência profissional que você estiver, seja um protagonista no processo de inovação.

# 32. A gestão do conhecimento e a inovação

*Marcelle Cury*
*Flavia Martins*

A gestão do conhecimento influencia diretamente a eficiência operacional e a vantagem competitiva das organizações, por meio da captura, do compartilhamento e da aplicação do conhecimento, o que resulta em tomadas de decisão eficazes e na adaptação ágil a partir de mudanças (VLADOS, 2019). Devido a isso se faz necessário o aprofundamento na relação entre gestão do conhecimento e inovação, e o quanto isso resulta em práticas que alavancam o desempenho das instituições.

Até aqui já se sabe bastante sobre a inovação e a sua capacidade de influenciar negócios. Entretanto, ainda é preciso discorrer sobre o potencial da gestão do conhecimento para viabilizar soluções com foco no desenvolvimento das pessoas e das organizações.

O conhecimento é um fator fundamental para a competitividade (GRANT, 1996; ZACK, 1999), principalmente o conhecimento tácito, que está na mente das pessoas e pode constituir-se ativo vantajoso para as organizações. Trata-se de algo único, móvel, inimitável e insubstituível. Uma mesma informação pode ser interiorizada, processada e aproveitada de formas diferentes pelas pessoas, e transformar isso em algo concreto e explícito é o maior desafio da gestão do conhecimento.

Conhecer algo não é saber fazer algo. Quantos de nós conhece a receita de um bolo e quantos têm a capacidade de executá-la e obter um bolo saboroso e fofo?

Há truques e segredos, tais como não abrir o forno antes de um determinado tempo de cocção ou usar um palitinho para saber se já está cozido por dentro. Nem sempre as receitas têm essas dicas, cada forno trabalha de uma forma e até mesmo o jeito de manipular a massa pode influenciar. Há quem diga que se houver uma corrente de ar na cozinha não se deve abrir o forno!

Cada conhecimento possui segredos de aplicabilidade que o transformam em ativos únicos. Ele até pode ser contingenciado e explicitado com a correta gestão do capital intelectual nas empresas, mas nunca deixa de fazer parte e de pertencer aos conhecedores. Aí está a beleza de algo que é partilhado e passa a ter ainda mais valor.

Articular o conhecimento tácito das pessoas e transformá-lo em ativo de conhecimento para a empresa é concretizar algo que, por essência, é intangível. Isso requer a utilização de diversas ferramentas para explicitar *know-how*, experiências e lições aprendidas, por exemplo, e transferir para outras pessoas, de forma a propagar conhecimento. Tais ativos, altamente específicos das empresas, conhecidos por capitais de conhecimento ou capitais intelectuais, são a base para gerar capacidade de inovação.

No sentido de promover os processos e gerir iniciativas inovadoras, as ferramentas de gestão do conhecimento têm capacidade de recuperar os elementos tácitos do conhecimento de cada indivíduo, inerentemente subjetivos e presentes horizontalmente nas organizações, e os colocar a serviço dos diversos níveis de tomada de decisão (ATKO□ I□ NIEN□ ; GRIBOVSKIS; RAUDELI□ NIEN□ , 2022).

Autores como Nonaka e Takeuchi (1997) e Davenport e Prusak (1998) desenvolveram modelos para explicar como o conhecimento é criado e apropriado pelas empresas. Nonaka e Takeuchi (1997) valorizam os mecanismos de compartilhamento e transferência de conhecimento tácito presente nos indivíduos para o conjunto da organização, na forma de conhecimentos explícitos.

Essa perspectiva faz parte de um ciclo evolutivo, a partir da contribuição contínua de conhecimentos vindos dos mais diversos pontos de dentro e fora da organização. Entretanto, para Davenport e Prusak (1998), a circulação de conhecimentos não é um processo natural; sua dinâmica seria semelhante à de outros ativos. Portanto, elementos como capacidade de codificação, relações contratuais e direitos de propriedade intelectual precisam ser observados e gerenciados com cuidado, para que ocorra equilíbrio e a apropriação de conhecimentos pela empresa não se transforme em um problema.

A prática da gestão do conhecimento implica na adoção de atitudes que favoreçam os processos de aprendizado e de criação individuais, além, é claro, de iniciativas organizacionais de gestão de pessoas que estejam alinhadas ao propósito de gerar conhecimento tácito e transformá-lo em explícito. Há muito a dizer sobre a gestão do conhecimento, portanto este capítulo é um breve registro do quanto a inovação está ligada à gestão do conhecimento nas organizações.

Nonaka e Takeuchi (1997) propõem algumas ações:

- A alta administração precisa estar envolvida na definição dos campos de conhecimento.
- É imprescindível desenvolver uma cultura organizacional voltada para a inovação, a experimentação e o aprendizado contínuo (HOFSTEDE, 1991).
- Precisa-se definir novas estruturas organizacionais e práticas de organização do trabalho.
- No que concerne à gestão de pessoas, definir práticas e políticas associadas à aquisição de conhecimento externo e interno à empresa é um fator decisivo para o sucesso.
- Direcionar recursos para a aquisição de sistemas de informação e tecnologias que facilitem a gestão do conhecimento pode melhorar muito todo o processo, assim como constituir uma base de dados importante para o conhecimento explícito.
- Definir formas de mensurar os resultados obtidos funciona como um sistema de retroalimentação.
- Criar parcerias com outras empresas para compartilhar conhecimento pode ser um excelente sistema ganha-ganha para acelerar a aprendizagem organizacional.

As redes sociais evoluíram de forma a fomentar comunidades de aprendizagem, que favorecem a assimilação e o uso do conhecimento tácito, além de promover a troca de experiências e de ideias (DE MOURA et al., 2024). Esse movimento é bastante positivo para as pessoas e para as organizações. Cabe destacar alguns benefícios:

- Fazer seu trabalho em menor tempo. A partir da consulta de bases de informações de conhecimento coletivo, é possível tomar decisões mais acertadas e resolver problemas mais rápido.
- Construir laços colaborativos entre pessoas e equipes.
- Fornecer desafios e oportunidades para gerar também constante atualização e otimização das habilidades profissionais.

- Difundir melhores práticas e códigos de ética.
- Aumentar as oportunidades de inovar em processos, produtos e serviços.
- Construir memória e conhecimento organizacional.

Em 1998, Nonaka e Konno introduziram o conceito de um espaço de partilha chamado *ba*. Tais espaços podem ser físicos, mentais ou virtuais que criam relações que, por sua vez, geram compartilhamento de ideias e conhecimentos.

Há quatro tipos de *ba*, diretamente interligados com as etapas da espiral de criação do conhecimento, conforme Figura 32.1

**Figura 32.1. Espiral e *ba* do conhecimento. Fonte: adaptado de Nonaka e Takeuchi (1997) e Nonaka e Konno (1998).**

Devemos ter em mente que o conhecimento é mais complexo que dados ou informações. É subjetivo e geralmente baseado em experiências ligadas à contextualização dos fatos. Sendo assim, os diversos métodos e técnicas utilizados na gestão do conhecimento estimulam a cooperação entre as pessoas e pressupõem que as estruturas organizacionais devam evoluir de acordo com as necessidades do capital intelectual envolvido no negócio.

O reconhecimento e a valorização de cada indivíduo que compõe uma empresa são essenciais para criar a identidade das competências e o aprendizado organizacional. Davenport e Prusak (1998), assim como Osterwalder e Pigneur (2011) e Atko□i□nien□, Gribovskis e Raudeli□nien□ (2022), reforçam a necessidade da existência de mecanismos para coordenar tais fatores, no sentido de realizar a apropriação dos conhecimentos da empresa de tal forma que seja justificável o investimento em gestão do conhecimento para a inovação.

A fim de produzir inovação, é necessário criar e gerir bem o conhecimento individual e organizacional, porque as boas ideias precisam de um ambiente favorável para nascer e crescer (JOHNSON, 2011). O conhecimento, que precisa ser promovido, envolve desde a capacidade de resolver problemas cotidianos até a percepção das tendências tecnológicas e sociais relevantes para a empresa e o negócio, em uma perspectiva operacional e estratégica.

Existem outras ferramentas que podem ser utilizadas para facilitar a gestão do conhecimento em organizações. A seguir são apresentados alguns exemplos:

- **Sistemas de gestão de documentos:** organizam, armazenam e recuperam documentos e informações importantes. Exemplos: SharePoint, Google Drive e outros sistemas de gerenciamento de conteúdo empresarial.
- **Bases de dados:** possibilitam a criação de bancos de dados de conhecimento, onde as informações são categorizadas, indexadas e compartilhadas de forma acessível. Exemplos: Confluence, MediaWiki e Notion.
- **Fóruns de discussão e comunidades *on-line*:** fomentam o compartilhamento de ideias e perguntas com foco na colaboração. Exemplos: Slack, Microsoft Teams e Yammer.
- **Sistemas de gerenciamento da aprendizagem:** facilitam o desenvolvimento de habilidades por meio de capacitações e recursos educacionais. Exemplos: Moodle, Canvas e Google Classroom.
- **Redes sociais corporativas:** viabilizam a comunicação e a colaboração entre funcionários, facilitando o compartilhamento informal de conhecimento e experiências. Exemplos: Workplace by Facebook e LinkedIn Workplace.
- **Bancos de dados de experiências:** registram e compartilham experiências, lições aprendidas e melhores práticas. Exemplos: Lessons Learned Database e ferramentas de *wiki* específicas.

Livros, *workshops*, *summits* e demais atividades da Jornada Colaborativa também são ferramentas para transformar conhecimento tácito de coautores, organizadores, palestrantes e demais envolvidos em conhecimento explícito em prol do desenvolvimento e aprimoramento das pessoas.

# 33. Teoria U e como liderar a partir do futuro que emerge

***Sarah Lopes***
***Sonia Lopes***

> *Para vencer nesta era de hiper mudanças, é imperativo se aprender urgentemente uma nova competência: como antecipar o futuro com precisão. (BURRUS apud PIAZZA, 2021)*

Nesse mundo de constantes complexidades e incertezas, ativar a capacidade de gerir mudanças pode muito bem ser o desafio de liderança mais importante do nosso tempo.

Olhando para o papel dos líderes (ou aqueles que iniciam a inovação ou a mudança) que precisam enfrentar esses desafios de forma consciente, intencional e mais estratégica, uma das atitudes que pode ser transformadora é a aplicação dos princípios da Teoria U.

Otto Scharmer, doutor em economia e negócios e professor do MIT, desenvolveu e apresentou a Teoria U em 2009 como uma tecnologia social para solucionar problemas de forma efetiva em um mundo caracterizado pela mudança constante e pela crescente complexidade (SCHARMER, 2019). Hoje, muitos anos depois, podemos dizer que continua mais atual do que nunca.

Em vez de olhar para o passado e se prender às antigas experiências, o método trabalha autoconhecimento, entendimento do outro e consciência empática do coletivo, dando a oportunidade desse novo futuro possível emergir através de "nós" (pessoa ou comunidade), realizando uma jornada identificada por um caminho em forma de "U". A forma da letra é usada para representar o processo proposto, conforme demonstrado na Figura 33.1.

**Figura 33.1. Elementos que resumem a Teoria U. Fonte: adaptado de Scharmer (2019).**

O método sugere inicialmente um olhar individual, já que o resultado depende do estado interior de um indivíduo, do seu grau de consciência, de quanto ele está aberto para novas perspectivas e possibilidades, e um aprofundado senso de oportunidade.

Originalmente, o termo ao centro da Teoria U é *Presencing* – combinação das palavras "presence" e "sensing" ("presença" e "sentindo"). Na tradução perde-se essa percepção, mas o sentido é o de ver nossa fonte mais profunda, justamente a competência que se espera desenvolver no meio da jornada "U". Ou seja, sentir, sintonizar-se e agir a partir do mais alto potencial de futuro de alguém – aquele futuro que depende de nós para se realizar (SCHARMER, 2019).

A Teoria U nasceu dentro do campo do pensamento sistêmico, baseada em estudos de Scharmer com muitos empreendedores. Ele entendeu que todo resultado é gerado por pensamentos e ações específicas, e tem consequências que podem representar o sucesso ou limitar o crescimento de uma empresa. Ele destaca que não existem formas de evoluirmos como pessoas se não estivermos conectados ao que acontece à nossa volta, o que é cada vez mais difícil levando-se em conta as redes sociais e a quantidade de informações que levam a diversos graus de ansiedade.

O bom líder não medirá esforços para tentar trazer os mais resistentes a essa nova realidade, facilitando mudanças de consciência e transformando a qualidade da atenção das pessoas, para juntos buscarem novas possibilidades e soluções inovadoras para os desafios que surgem.

O processo de mudança exige envolvimento a nível individual e coletivo, e passa não só por habilidades do líder, mas por etapas claras que vão desde a construção de objetivos comuns até a chegada a um novo *status quo*. Eles devem "ajudar as pessoas a acessar suas fontes de inspiração, intuição e imaginação" (SCHARMER, 2019).

É importante destacar que, embora importante, essa transformação individual não é um pré-requisito para iniciar o movimento coletivo de mudança. A mudança começa pelo envolvimento de todo o ecossistema (TEDX TALKS, 2016) para a identificação ("observe, observe, observe") e compreensão integral de como a organização funciona. Em seguida, é preciso se aprofundar em direção ao fundo do U ("recue e reflita"), para entender o que é necessário abandonar para dar espaço para o novo. A jornada segue na subida do U, onde de fato a inovação acontece, pois será desses *insights* que surgirão os novos pensamentos e as mudanças ("agir num instante") serão colocadas em prática.

Durante essa jornada, podem ser identificadas disfunções na patologia corporativa, o que Scharmer classificou como:

- **Ignorância institucional** – "Não ver o que está acontecendo".
- **Arrogância institucional** – "Incapacidade de sentir, refletir e dialogar".
- **Esclerose institucional** – "Falta de experimentação", que impede processos de transformação profundos.

Scharmer (2019) afirma que "para lidar com os desafios do nosso tempo, precisamos aprender a deslocar o modo como prestamos atenção, a estrutura de campo de nossa atenção. O modo como prestamos atenção – o lugar do qual operamos – é o ponto cego em todos os níveis da sociedade".

Sem dúvidas, identificar esse ponto cego do julgamento é o passo mais significativo que alguns líderes podem dar para aumentar a produtividade e a capacidade de inovação.

Nesse processo, é preciso abrir espaço para que todos os principais envolvidos sejam ouvidos e participem para cocriar esse futuro. Eles podem começar a ver as oportunidades de inovação e transformação que até então estavam ocultas.

E como é possível aplicar a Teoria U na prática? Alguns pontos são fundamentais:

- **Ambiente seguro:** é importante criar um espaço acolhedor coletivo onde os participantes possam expressar suas opiniões e/ou novas ideias sem julgamento.
- **Abertura (mente aberta, coração aberto e vontade aberta):** esteja aberto a novas possibilidades, questione suas crenças ou ideias preconcebidas, ou seja, permita-se enxergar por novas perspectivas. Suspenda sua VOJ (*Voice of Judgement* – voz do julgamento) para dar espaço à exploração.
- **Escuta ativa e conexão:** a escuta profunda e empática é uma das práticas da Teoria U. Está diretamente ligada à abertura, quando permitimos

que os outros se expressem e os ouvimos verdadeiramente para também compreender suas perspectivas e juntos buscarmos soluções. Envolve maneiras de ouvir aqueles que no momento atual têm pouca ou nenhuma voz. Também envolve ouvir a si mesmo e o seu entorno, tudo o que emerge do coletivo.

- **Cultura de experimentação:** aqui falamos do realmente fazer. Ao executar as ideias e coletar *feedbacks*, aprendemos com os resultados e assim podemos melhorar continuamente. Aprenda, aprimore e dê seguimento; não se prenda a uma ideia inicial. Esse é um dos princípios da Teoria U: levar em consideração o erro, os *feedbacks* recebidos, e aí partir para a ação. A proposta é ajudar a transformar ideias em mudanças e aumentar a produtividade em organizações diversas, sob a perspectiva de evolução da consciência.
- **Cultura de colaboração:** o trabalho em equipe envolve a inteligência coletiva, pois considera diferentes perspectivas para gerar soluções mais criativas e inovadoras.
- **Propósito:** conectar as ações com nossos valores e identificar o propósito dessa jornada para não recriarmos resultados que não desejamos. Quem nos tornamos depende das escolhas que fazemos.
- **Cultura de aprendizagem:** crie jornadas de aprendizagem de mergulho profundo, conectando pessoas a conhecimentos, contextos e ideias relevantes para criar um futuro possível. Envolve acompanhamento, participação e diálogo, não medição ou monitoramento. Crie espaço para trocar ideias e discussões no formato *Lean Coffee*, por exemplo, que estimula a colaboração de cada participante, a experimentação e o aprendizado contínuo.
- **Humanização:** inclua a prática cultural da responsabilidade social, implementando políticas internas que promovam a diversidade, a inclusão e o bem-estar das pessoas. Elas vão perceber que a inovação, passando por todos os aspectos do negócio (econômico, ambiental e social), leva a melhorias contínuas no ambiente de trabalho. Dessa forma, é um incentivo para que elas se tornem agentes de mudança em sua comunidade, pois esse é um aspecto do coletivo na Teoria U, onde buscamos a conexão do "eu" com o "outro".
- ***Idea-driven organization*:** o maior benefício de uma "organização guiada por ideias" é se tornar eficiente e inovadora, uma vez que as ideias provenientes de funcionários aumentam em muito a produtividade da empresa, além de melhorar o clima interno.

E quais ferramentas podem ser utilizadas?

- Reuniões focadas em *mindfulness*.
- *Workshops* de cocriação com a participação de *stakeholders* e plataformas de *feedback*.

- *Brainstorming* e geração de ideias para encorajar a colaboração aberta.
- Diálogo apreciativo.
- *Canvas* de modelo de negócios.
- Ferramentas de colaboração: Mural, Miro, Trello, Jira, Teams, Slack etc.
- Entrevistas de empatia e observação, percepção de mercado.
- *Design Thinking*, mapas de empatia e jornadas do usuário.
- Prototipagem, teste iterativo e MVP.

O importante na escolha de ferramentas é selecionar aquelas que melhor se adequam ao contexto específico da sua empresa. Elas precisam funcionar como suporte para incorporar os princípios e as práticas da Teoria U em todo o processo. O fundamental ainda é cultivar uma presença consciente, aplicar a escuta profunda em todos os momentos, suspender julgamentos e estar aberto para novas perspectivas e possibilidades.

Várias empresas em todo o mundo (incluindo governos, universidades, empresas, ONGs) têm aplicado os princípios da Teoria U em suas práticas de liderança, inovação e transformação organizacional (PRESENCING INSTITUTE, s.d.). Entre elas:

- **Nike:** aplicou as sete etapas da Teoria U em uma equipe criada para focar nas estratégias empresariais sustentáveis e gerou um plano de ação realista que englobou todas as questões relevantes. A partir dessa análise, não só criaram produtos, como também passaram a investir em uma produção mais sustentável.
- **Siemens:** o grande conglomerado industrial alemão aplicou a Teoria U em suas iniciativas de transformação digital e cultural buscando criar uma cultura organizacional mais ágil, colaborativa e inovadora. Só no Brasil, recebeu por três anos consecutivos (2021-2023) o prêmio Innovative Workplaces Brasil (chancela da *MIT Technology Review* para as vinte empresas mais inovadoras do país).
- **IDEO:** empresa internacional de design e consultoria em inovação que utiliza a Teoria U em projetos de *Design Thinking*, numa abordagem centrada no usuário e na empatia. Fez um estudo no seu histórico de projetos com mais de duzentas empresas para definir o que significava inovação e ao final descobriu que o elemento mais importante é a habilidade de uma organização em se adaptar e a responder a mudanças. Contribuiu com centenas de lideranças para testar e implementar novos modelos de negócios criando uma pesquisa para avaliar as aptidões de seus times para inovação.
- **BMW:** a BMW aplicou a Teoria U nas iniciativas de *Design Thinking* e inovação para criar produtos e serviços que atendam melhor às necessidades dos clientes.

- **Google:** utiliza a Teoria U em suas práticas de liderança e desenvolvimento de equipes, promovendo a presença consciente, a escuta profunda e a cocriação de soluções inovadoras.
- **Unilever:** tem aplicado a Teoria U em suas iniciativas de sustentabilidade, buscando criar um impacto positivo na sociedade e no meio ambiente.

No Brasil, temos como referências de utilização da Teoria U:

- Instituto Ethos, Petrobras, Grupo Santander (REDAÇÃO PENSAMENTO VERDE, 2013) e Natura. Na educação, temos os casos da FIAP (CARNEIRO, 2023), FGV e Fundação Dom Cabral, que aplicam os princípios da Teoria U em pesquisas e em salas de aula (PRESENCING INSTITUTE, s.d.).
- Em 2020 a Haze Shift (consultoria de inovação e transformação digital) aplicou a Teoria U para unir mais a equipe, gerando sinergia e colaboração por meio de uma visão compartilhada (MEDALHA, 2021).

## 33.1. Conclusão

Os principais benefícios conquistados com a aplicação da Teoria U são a clareza de propósito, a cooperação e a produtividade, uma vez que, no final do caminho, o que 'não serve mais' foi identificado, descartado – é possível distinguir o que é realmente relevante do que não é necessário para o negócio – e há nova mentalidade e valor compartilhado para sustentar a construção de novos projetos.

As janelas de oportunidade se abrem e fecham cada vez mais rápido e é preciso agilidade e criatividade para que sua organização se beneficie delas (BARBOSA; LOPES, 2018). Em uma época em que tudo é exponencial, você pode ser um pioneiro, e o primeiro passo da jornada é estar atento.

# 34. As dez habilidades do novo profissional 5.0

*Júnior Rodrigues*

As transformações no mercado e na sociedade, sobretudo no que tange às temáticas relativas ao ágil e ao digital, têm se tornado cada vez mais aceleradas, principalmente por conta de toda inovação e revolução tecnológica que as pessoas e organizações vêm enfrentando, exigindo uma grande capacidade de adaptação destes.

## 34.1. IA e hiper agilidade

A rápida popularização do uso da IA, iniciada pelo lançamento do ChatGPT em novembro de 2022, seguida pelo surgimento de outras aplicações para diversos usos (vídeo, apresentações etc.), torna a corrida pela inovação mais acelerada e desafiadora, ao mesmo tempo em que se abre um mundo de possibilidades.

Devido a toda essa acelerada evolução e disponibilidade de tecnologias para todos os fins, há igualmente a necessidade de se combinar o seu uso com uma mentalidade ágil e abordagens afins, haja vista que, sem o uso massivo e cada vez maior da tecnologia, não será mais possível entregar valor e inovação no *time-to-market* exigido pelo mercado.

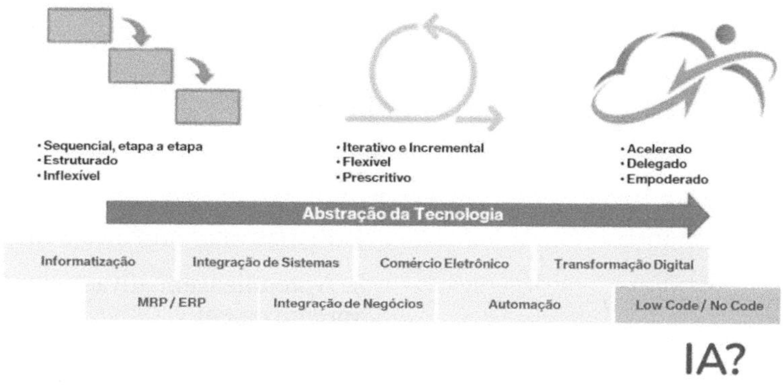


**Figura 34.1. Hiperagilidade com IA? Fonte: adaptado de Trentim (2023).**

Chega-se, então, na era da hiper agilidade, conforme visto na Figura 34.1, onde o uso de ferramentas de *low/no code* (para desenvolvimento de soluções com pouca ou nenhuma linha de código), assim como da IA, permite um alto grau de abstração da tecnologia e acelera a inovação nas empresas, pois dá às pessoas criativas a possibilidade de criar e testar soluções de forma mais rápida.

## 34.2. Top 10 habilidades

E quando falamos do profissional, é preciso lembrar que o *World Economic Forum* (WEF) havia apontado 2025 como um ano icônico para a virada de chave no mercado de trabalho, mas tudo está tão acelerado que já foi definido um novo conjunto para 2027, por conta dos impactos das mudanças tecnológicas, culturais e geopolíticas.

Confira na Tabela 34.1 a comparação com as habilidades que eram esperadas para 2025

**Tabela 34.1. Top 10 habilidades para 2027 e 2025. Fonte: adaptado de WEF (2023) e Whiting (2020).**

| **Top 10 habilidades** | |
|---|---|
| **Em 2027** | **Em 2025** |
| 1. Pensamento criativo | 1. Pensamento analítico e inovação |
| 2. Pensamento analítico | 2. Aprendizagem ativa e estratégias de aprendizagem |
| 3. Alfabetização tecnológica | 3. Solução de problemas complexos |
| 4. Curiosidade e aprendizado contínuo | 4. Análise e pensamento crítico |
| 5. Resiliência, flexibilidade e agilidade | 5. Criatividade, originalidade e iniciativa |
| 6. Pensamento sistêmico | 6. Liderança e influência social |
| 7. IA e *big data* | 7. Uso, monitoramento e controle tecnológico |
| 8. Motivação e autoconsciência | 8. Design e programação tecnológica |
| 9. Gestão de talento | 9. Resiliência, tolerância a estresse e flexibilidade |
| 10. Orientação a serviço e atendimento ao cliente | 10. Raciocínio, solução de problemas e ideação |

O mais interessante é que poucas dessas habilidades têm a ver diretamente com a tecnologia, mas com a forma como lidamos com ela e as pessoas. Podemos destacar a gestão de talento, com foco em conceitos de relacionamento, e o pensamento criativo, para ser capaz de inovar efetivamente.

Ser curioso e aprender continuamente se faz extremamente necessário para se manter antenado e aderente aos requisitos do mercado, além, é claro, de não se tornar um analfabeto tecnológico e saber navegar minimamente entre as ferramentas de IA e *big data*.

## 34.3. Habilidades do profissional 5.0

Em meio a tantas transformações, é possível destacar as principais habilidades desse novo profissional exigido pelo mercado.

Mais do que um modelo ou um objetivo a ser alcançado, a Figura 34.2 representa um caminho que o profissional precisa percorrer na busca por sua evolução contínua.

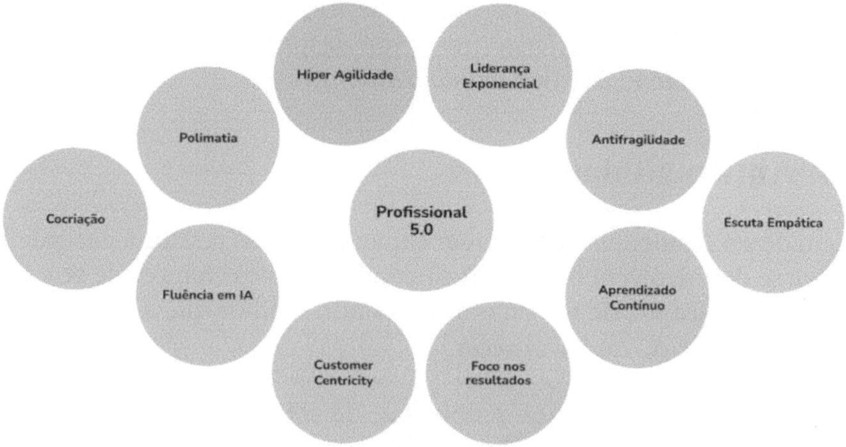


**Figura 34.2. Habilidades do profissional 5.0. Fonte: o autor.**

### 34.3.1. Hiper agilidade

É fundamental que os profissionais tenham a capacidade de se adaptar a essas transformações mencionadas, a fim de se diferenciar no mercado por meio da tecnologia e da inovação contínua, indo além da mera adoção de abordagens ágeis, mas tendo uma mentalidade ágil e usando as ferramentas para inovar.

É preciso entender que não existe método que seja uma "bala de prata", que resolva sozinho todos os problemas da organização. O profissional 5.0 precisa conhecer várias abordagens para compor o seu "cinto de utilidades", pois métodos são um meio para inovar e devem ser usados de acordo com o contexto.

### 34.3.2. Liderança exponencial

Conforme apresentado no livro *Jornada da Liderança Exponencial* (MUNIZ et al., 2023), se faz necessário a esse profissional ter um conjunto de habilidades de liderança, sendo a sua base os *human skills* (habilidades humanas), com foco em três blocos principais:

- **Liderando pessoas:** compreendendo que elas são a razão da existência da empresa e exponencializando sua capacidade como um todo, por meio da afeição (ao ser integral), da humanização das relações e de um propósito (o porquê se faz o que faz).
- **Liderando a transformação:** identificando potencialidades e alavancando os recursos necessários para o crescimento organizacional, através de um foco no digital, na ambidestria (foco entre o presente e o futuro) e na tecnologia, usando os melhores recursos.
- **Liderando por resultados:** buscar a otimização do trabalho realizado para alcançar objetivos desejados de forma efetiva, tendo um foco na inovação, na gestão *Lean* (que evite desperdícios e retrabalho) e com base em evidências (foco em *data driven*).

### 34.3.3. Antifragilidade

Para além de ser resiliente, é preciso ser capaz de não só resistir à desordem, mas superá-la e se desenvolver com ela, alcançando maiores chances de se adaptar às mudanças, sendo capaz de retornar a um estado melhor que a condição inicial, independentemente do que acontecer.

É a capacidade de lidar com os problemas, de sobreviver e superar momentos difíceis, de não ceder à pressão da situação e evoluir, sendo uma característica essencial para o profissional 5.0, que precisa inovar e enfrentar todas as transformações atuais e futuras.

### 34.3.4. Escuta empática

Uma das maiores dificuldades que enfrentamos no dia a dia das equipes é com relação à comunicação. Quando há uma preocupação com o tema, o foco acaba sendo sempre a oratória. Saber se comunicar com clareza é uma maestria importante e que muitos não conseguem desenvolver. Mas saber ouvir é uma arte!

Ouvir não meramente para responder, mas de forma ativa e empática, compreendendo os sentimentos e as necessidades que existem por trás de uma fala, é um grande diferencial para um profissional, já que poucos o fazem.

### 34.3.5. Aprendizado contínuo

Capital intelectual requer anos de estudo para ser obtido. Dessa forma, é preciso viver em constante aprendizado, se reciclando e aprendendo coisas novas no modo *lifelong learning*, que significa um aprendizado que é perseguido durante a vida, voluntário, flexível e automotivado.

É preciso buscar conhecimento em diversas fontes, ser um pouco autodidata e aproveitar a quantidade imensa de informação que se tem disponível hoje em dia. E esse aprendizado também deve ser escalável. Ou seja, cada vez que se aprende, percebe-se que se tem mais a aprender, exponencialmente!

### 34.3.6. Foco nos resultados

Criar uma cultura focada em resultados é extremamente importante para enfrentar os desafios e inovar constantemente. Não se trata de se medir meramente desempenho, tampouco de se prender a processos rígidos e planos de longo prazo, os quais não têm aderência e flexibilidade face às mudanças de mercado.

Adotar um sistema de gestão por OKRs, como visto no livro *Jornada OKR na prática* (MUNIZ et. al, 2022), permite ajudar na mudança cultural e na tomada de decisões, com maior foco em resultados. Além disso, a experimentação permite aprender enquanto se faz e validar se está no caminho certo, garantindo maior entrega de valor e soluções inovadoras ao cliente.

### 34.3.7. *Customer centricity*

É preciso desenvolver quase que uma obsessão pelo cliente, com todos os processos, atividades e esforços girando em torno de identificar suas necessidades e as dores que ele possui, para ser capaz de inovar entregando soluções que de fato resolvam seus problemas.

Trata-se de incluir a empatia nos negócios, sentir como o cliente sente, e não somente criar soluções tecnologicamente incríveis, mas que não se conectam às dores dele e não são capazes de fornecer ganhos reais. Da mesma maneira, é importante saber colaborar e se conectar com a equipe, para que todos tenham o mesmo foco.

### 34.3.8. Fluência em IA

A IA tem se inserido de forma rápida e massiva no dia a dia das empresas, e a interação homem-máquina já é uma realidade que precisa ser vista com normalidade. Devemos saber extrair ao máximo as oportunidades que isso traz, como o surgimento de novas profissões.

O profissional 5.0 deve saber lidar com tais tecnologias e não focar em atividades que são repetitivas, que não exigem criatividade e podem ser automatizadas. Use a inteligência artificial para facilitar sua vida e permitir que você possa se destacar naquilo que faz de você um ser humano: a criatividade!

## 34.3.9. Cocriação

Um ambiente colaborativo se constrói com base na confiança, na ajuda mútua e na segurança psicológica. Portanto, é premente a necessidade de criar um ambiente seguro, onde as pessoas possam se expressar livremente, sem medo de serem rechaçadas. Isso inclui ter um *feedback* aberto, positivo e constante com as pessoas.

De fato, deve-se ter profissionais com o melhor dos espíritos de colaboração e garantir um alinhamento sobre o que se pretende alcançar no final, sendo crucial que todos tenham a mesma visão, que saibam qual direção seguir e aonde querem chegar. Assim, será possível usar todo o potencial da inteligência coletiva e da multidisciplinaridade para inovar e alcançar resultados extraordinários.

## 34.3.10. Polimatia

Cada vez mais o mercado busca alguém multifacetado. Com isso, o profissional 5.0 precisa ser um generalista com especialidade em vários assuntos, pois isso é cada vez mais necessário nas empresas e na sociedade em geral.

Esse tipo de profissional é também chamado de perfil *M-Shaped* (M de múltiplo), com a capacidade de conectar diversos conhecimentos para alcançar soluções inovadoras, que é o conceito da polimatia (ARAKI, 2015).

As dez habilidades apontadas neste capítulo não são as únicas necessárias, mas refletem as visões existentes sobre os conceitos da inovação, da hiper agilidade, da IA e da indústria 4.0, que apontam o perfil profissional adequado para esse futuro que bate às portas.

# 35. Como gerir talentos na era da inovação

*Rafael Auday*

Os avanços tecnológicos da era da transformação digital e da inovação provocaram mudanças na forma como os profissionais se relacionam com as empresas.

As gerações atuais se relacionam com o trabalho de forma diferente das gerações anteriores, e isso gera um desafio para as lideranças das empresas.

As gerações mais antigas estão acostumadas com processos de liderança baseados em comando e controle, enquanto as mais atuais acompanham as inovações e preferem a colaboração.

Sendo assim, em muitas áreas de negócios as estruturas de liderança hierárquica tradicionais não fazem mais sentido. Em vez de controlar e comandar, os líderes precisam adotar uma cultura que possibilite a colaboração coletiva e dê mais autonomia aos profissionais, incentivando a tomada de riscos e a inovação.

Segundo Chiavenato (2008), o talento envolve quatro aspectos essenciais para a competência individual:

1. O conhecimento é o saber.
2. A habilidade é o saber fazer.
3. O julgamento é o saber analisar a situação e o contexto.
4. A atitude é o saber fazer acontecer.

Sozinho o talento não vai longe, pois precisa existir e coexistir dentro de um contexto que lhe permita liberdade, autonomia e retaguarda para poder se expandir. Dessa forma, é o líder que tem o papel fundamental de criar um ambiente propício à criatividade, mas ao mesmo tempo alinhado à estratégia da empresa.

O que caracteriza uma empresa inovadora é a sequência estruturada de atividades e etapas que visam transformar ideias e conceitos inovadores em resultados tangíveis – e são as pessoas que trazem essas ideias.

O líder precisa fomentar processos de ideação, pesquisas, análises de mercado e *insights*, prototipagem, testes, validação e implementação efetiva da inovação. Para isso, precisa orientar seus liderados a sempre buscarem algo que entregue valor para a estratégia da empresa. É necessário dar as ferramentas adequadas para que seus liderados possam sempre entregar o melhor de si e se sintam parte de algo maior e motivador. Em suma, o líder precisa habilitar as capacidades de seus liderados a fim de tornar mais fluido o processo da inovação.

## 35.1. Reter talentos na era da inovação

Atrair e reter talentos é um grande desafio para as empresas, e fazer isso bem feito pode ser um diferencial competitivo, a depender da indústria em que a empresa está inserida.

Ter um processo de inovação é um atrativo para profissionais talentosos que buscam trabalhar em empresas dinâmicas e que valorizam a criatividade.

As empresas inovadoras tendem a atrair e reter talentos de alto nível, criando equipes capacitadas e motivadas para impulsionar o crescimento e a inovação contínua.

Imagine você trabalhando em uma empresa que permite experimentar, trabalhar em colaboração com outros setores, que tenha diversidade de experiências, pensamentos e ideias, e, por fim, que lhe permita construir algo que gere impacto para o negócio e ser reconhecido por isso. Além disso, que sua liderança o guie, disponibilize as ferramentas e o contexto de que você precisa para entregar o seu melhor, que o ajude a evoluir profissionalmente, que lhe dê *feedbacks* construtivos e que se preocupe com você e com seu bem-estar. Com certeza esta seria uma empresa em que você gostaria de trabalhar por longos anos e que também indicaria para diversas pessoas.

Essa é uma excelente forma de reter e atrair talentos: com uma cultura de inovação que fomente um grande propósito para que os colaboradores consigam gerar impacto extraordinário com as suas entregas no dia a dia.

## 35.2. Liderança inovadora e o líder que inspira

Com todas essas mudanças no mercado de trabalho, não é difícil perceber que a forma de liderança também precisa mudar. Aquela gestão de antigamente, onde era comum um líder gritar e bater na mesa para conseguir "sensibilizar" seus colaboradores através da sua autoridade, definitivamente ficou no passado.

Hoje, para inspirar seus liderados, o líder precisa se livrar de todo e qualquer ego. Para isso, deve investir no autoconhecimento, que é uma habilidade muito importante para conseguir exercer a empatia e um olhar mais humano sobre os seus liderados.

Essa liderança inspiradora passa pela humildade de se colocar junto de sua equipe, oferecendo todo e qualquer suporte para que consigam superar suas metas pessoais, compartilhar conhecimento e, principalmente, manter uma comunicação clara, verdadeira e objetiva.

Veja algumas características importantes para ser um líder inovador e inspirador:

- **Dar *feedbacks* constantes:** gosto muito da técnica de *feedback* 1:1 (*one on one*), que utiliza sessões individuais de *feedbacks*, rotineiramente (de 15 em 15 dias ou mensalmente), de forma a ser algo natural e simples, sem a formalidade de uma avaliação. Com isso, o líder se torna disponível e consegue atuar quase como um *coach*, escutando seus liderados e acompanhando as atividades. Isso contribui muito para uma comunicação aberta e clara e, principalmente, para manter a equipe inspirada e focada.
- **Ser um exemplo:** se um líder cobra uma postura de seus liderados, ele precisa ter essa postura ou uma melhor. É importante também que o líder acredite nos objetivos dele e do seu time, e que fale com muita paixão. É o brilho nos olhos que permite inspirar muitas pessoas.
- **Transmitir confiança:** um verdadeiro líder precisa dar confiança a seus liderados. Para inovar é preciso arriscar, e transmitir confiança para seu time é essencial nesse processo. É o "vamos errar juntos", sem medo, para que seus liderados saibam que podem arriscar em busca de um grande objetivo. Use o erro como lição aprendida e não fique em busca de culpados.

- **Saber questionar:** um grande líder sabe fazer as perguntas certas, sem dar a resposta facilmente. Dessa forma, consegue sempre tirar de uma simples pergunta um ensinamento para seus liderados. Uma boa dica é usar a técnica dos cinco porquês, que é uma metodologia criada pela Toyota com o objetivo de auxiliar na resolução de problemas. Consiste em questionar até cinco vezes, por exemplo: por que a máquina parou? Teve uma sobrecarga e queimou o fusível. Por que aconteceu uma sobrecarga? Faltou lubrificação no rolamento. Por que faltou lubrificação no rolamento? Porque a bomba lubrificadora não estava bombeando o suficiente. Por que a bomba não estava bombeando o suficiente? Porque a bomba quebrou. Sem as perguntas sucessivas, a ação seria simplesmente substituir o fusível ou a bomba e a falha ocorreria novamente. O número "cinco", especificamente, não é o que importa. O importante é continuar perguntando até esgotar as possibilidades (OHNO,1988).
- **Possuir inteligência emocional:** é importante para um líder ter o controle da situação e se manter sempre calmo, principalmente em momentos de conflito. Para isso, mais uma vez, o autoconhecimento é valioso. Saber entender o que está sentindo e ter empatia para tentar compreender o que o outro está sentindo é uma vantagem essencial para escolher a melhor forma de inspirar cada colaborador.

## 35.3. Conclusão

Para fazer uma boa gestão nessa era da inovação é preciso bem mais que habilidades técnicas – é necessário construir habilidades transpessoais, que Walsh e Vaughan (1997, p. 17) definem como "aquela em que o senso de identidade ou do eu ultrapassa (trans + passar = ir além) o individual e o pessoal a fim de abarcar aspectos da humanidade, da vida, da psique e do cosmo".

É ter um olhar mais humano, criar uma cultura de colaboração onde um não espera o outro terminar para só depois começar o seu trabalho, e sim ajudar o outro a terminar para continuar.

É criar uma cultura de inovação onde o erro não é mais visto como acusação – em vez disso, enxergá-lo como um aprendizado em busca de um objetivo maior.

Enfim, liderar é saber impulsionar as pessoas. No final, as pessoas que compõem o time se relacionam mais com seu líder do que com a empresa em si, então quem faz a cultura do seu time é você, líder. Pense sempre em como as pessoas podem entregar o seu melhor e ser a sua melhor versão.

# 36. A importância da diversidade e da inclusão na inovação

*Simone Alves*
*Janaina Nolasco Gama*
*Paulo Boccaletti*

Diversidade e Inclusão (D&I) tornaram-se *trending topics* no mundo corporativo como estratégia, sobretudo da área de recursos humanos, para organizações de todos os portes e áreas de atuação. Porém, o foco ainda permanece restrito a aspectos demográficos, como as diversidades de gênero e de raça, refletidas em ações afirmativas. Porém, ao pensarmos em diversidade e inclusão como *drivers*, promotores ou facilitadores da inovação, é preciso expandir esses conceitos para incluir aspectos mais abstratos, como, por exemplo, a diversidade de pensamentos e de competências (MITSCHEIN, 2018).

Trata-se de um desafio não apenas da área de recursos humanos, mas de toda a organização, uma vez que representa uma mudança na cultura organizacional. Inovação, diversidade e inclusão estão diretamente relacionadas, embora as organizações não costumem associá-las. O resultado disso é que acaba não havendo alinhamento estratégico, perdendo-se oportunidades de sinergia.

Para se manterem competitivas, as organizações devem desenvolver uma cultura de inovação que contemple a diversidade e a inclusão, refletindo a representatividade de minorias e a combinação de equipes de trabalho com formações, visões e pontos de vista distintos, a fim de criar um ciclo virtuoso através do qual a inovação é continuamente aprimorada, como mostrado na Figura 36.1.

**Figura 36.1. O ciclo virtuoso da inovação pela diversidade e inclusão. Fonte: adaptado de Steele e Derven (2015).**

A pesquisa *Global Human Capital Trends* (BOURKE et al., 2017; BOURKE; DILLON, 2018) aponta que dois terços dos entrevistados consideraram que a diversidade e a inclusão são importantes ou muito importantes para os negócios.

No Brasil, a inserção da diversidade na agenda estratégica das empresas ainda não é muito expressiva.

Em 2015, uma pesquisa realizada pelo Hay Group no Brasil com mais de 170 empresas apontou que apenas 5% delas buscam identificar como seus funcionários percebem a diversidade no dia a dia de trabalho, percentual que contrasta com os 20% percebidos em estudos similares em países de economia mais madura, como os europeus e os Estados Unidos. Além disso, os dados dessa pesquisa também apontam que quanto mais os funcionários percebem o incentivo à diversidade, maior é a abertura para inovar e propor novas ideias. Os colaboradores são mais motivados e dispostos a ir além de suas responsabilidades quando percebem que a organização incentiva a diversidade (BORIN; FIENO; SAMPAIO, 2015).

Já a *Great Place to Work*, organização que apoia as empresas na construção de melhores ambientes de trabalho, publica anualmente o relatório *Ranking DE&I+*, destacando as empresas com melhores notas em seis categorias: mulheres, LGBTQIA+, pessoas com deficiência, diversidade étnico-racial, 50+ e atenção à primeira infância. Os resultados do relatório de 2022 apontam uma queda nos temas relacionados à diversidade dentro das organizações no Brasil nos anos de 2021 e 2022 (o que em parte é atribuído ao período de pandemia). Essa queda é evidenciada pela comparação com uma pesquisa realizada pelo grupo com 1.700 pessoas, que aponta que em 2020 e 2021 a diversidade tinha maior destaque nas empresas, mas o interesse pela pauta passou a cair em 2022 e 2023 (PERGENTINO, 2023).

## 36.1. Conceito de minorias e representatividade

Uma propaganda brasileira de uma famosa marca de papel higiênico decidiu criar um produto inovador: um papel completamente na cor preta. Como *slogan* da campanha de divulgação, decidiu utilizar "black is beautiful" ("preto é lindo", na tradução direta para o português), expressão notadamente popularizada pelo movimento negro norte-americano. A campanha foi bastante criticada nas redes sociais diante de acusações de racismo. A dúvida que surge é: quem estaria por trás da criação do produto? Será que havia profissionais negros na equipe?

Esse é apenas um exemplo de muitos outros que não acontecem apenas nas propagandas, mas também em diversos outros processos organizacionais. Busca-se inovar, mas com um grupo com características semelhantes, mesmas culturas e experiências de vida e até mesmos tipos físicos.

A diversidade nas equipes pode gerar lucro para as companhias. Em relatório intitulado *A diversidade como alavanca de performance*, referente a uma pesquisa realizada pela consultoria McKinsey com mais de mil empresas de 12 países, os resultados identificaram haver uma correlação direta entre as diversidades de gênero, étnica e cultural e a performance financeira das empresas. Nessa pesquisa, empresas com maior diversidade de gênero em equipes executivas apresentaram probabilidade 21% maior de melhor performance financeira e 31% maior naquelas com maior diversidade racial (HUNT et al., 2018).

Claro que o conceito de diversidade é mais amplo do que a diversidade de gênero e raça. Ele perpassa aspectos como idade, orientação sexual, condições físicas, níveis de conhecimento, entre outros. A diversidade de características pessoais, por exemplo, promove um olhar diferenciado nas tomadas de decisão das equipes ou mesmo na realização de tarefas. Digamos que esse posicionamento confirma o famoso ditado de que "muitas cabeças pensam melhor do que uma", conceito já discutido por Bourke (2021).

Os resultados de uma pesquisa realizada por Bourke (2021) apontam que equipes de alto desempenho são cognitivas e demograficamente diversas. A chamada diversidade cognitiva propicia tomadas de decisão mais inteligentes e refere-se tanto à diversidade educacional e funcional quanto à diversidade de *frameworks* mentais usados pelo indivíduo para solucionar problemas (BOURKE; DILLON, 2018).

## 36.2. A maturidade dos programas de diversidade e inclusão (D&I) nas empresas

Segundo os resultados da pesquisa "Diversidade no mercado de trabalho e nas empresas", realizada em 2018 pela plataforma Vagas.com, com apoio da consultoria Talento Incluir (que atua na promoção da relação entre profissionais com deficiência e o mercado de trabalho), com 3.244 candidatos respondentes, a maioria das empresas brasileiras ainda não possuía um programa ou política de diversidade à época (INSTITUTO ETHOS, 2018). E, de forma geral, a realidade mundial não era muito diferente, estando a maioria das corporações ainda nos estágios iniciais de maturidade da política institucional da diversidade, com dificuldades de avançar nas mudanças de cultura organizacional, necessárias para a inclusão desses profissionais e para formação de lideranças inclusivas. A maioria das iniciativas em prol da diversidade nas empresas de fato ainda se restringia à implantação de programas de ações afirmativas, com incentivo à contratação de minorias.

Baseando-se em diversas pesquisas sobre diversidade, a consultoria Deloitte (BOURKE; DILLON, 2018) propõe um modelo de quatro estágios em ordem crescente de maturidade de diversidade e inclusão nas empresas, denominados respectivamente de *compliance*, programático, direcionado por lideranças e integrado (vide Figura 36.2). Portanto, o maior desafio das empresas deve ser amadurecer até chegar a um ponto em que a diversidade e a inclusão estejam integradas à sua cultura organizacional.

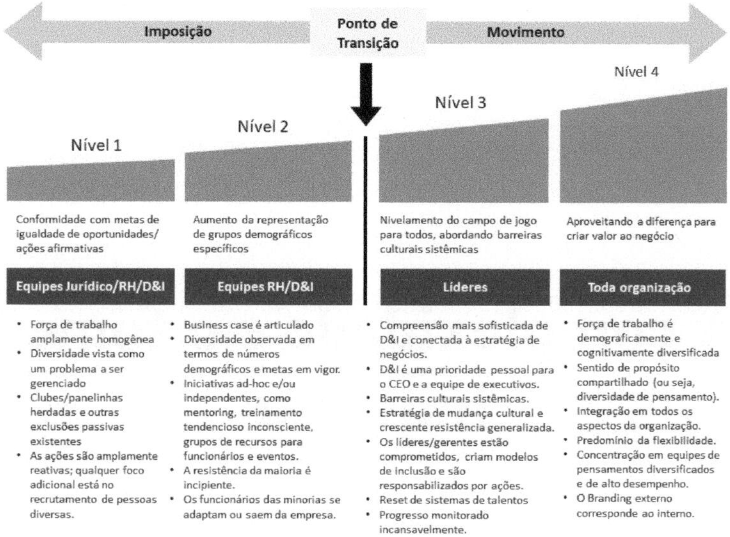


**Figura 36.2. Modelo Deloitte de maturidade institucional em D&I. Fonte: adaptado de Bourke e Dillon (2018, p. 93).**

Resumidamente, a promoção da diversidade e da inclusão apresenta vários benefícios para as organizações, estando diretamente vinculada aos processos de inovação. Estar em contato com diferentes realidades nos permite reconhecer em outras pessoas a humanidade que existe em nós. Lidar com a diversidade, portanto, nos torna seres humanos mais empáticos e respeitosos, em todos os nossos relacionamentos, profissionais e pessoais. Esse processo de mudança extrapola os muros da organização.

# 37. A complexidade e o fomento à inovação

***Bruno Leonardo Rosa***
***Marcio Luiz Reis e Pimenta***

*Ou entramos em um ciclo de inovação ou viraremos espectadores do desenvolvimento do mundo. (Paulo Afonso Ferreira – Presidente da Confederação Nacional da Indústria (CNI))*

Entre 132 países, o Brasil é o 49º mais inovador, segundo o Índice Global de Inovação (WIPO, 2023). Suíça, Suécia e Estados Unidos ocupam os três primeiros lugares, respectivamente.

Apesar do cenário pouco favorável, o incentivo à inovação no país vem aumentando e é considerado positivo. Essa avaliação é do cientista político Ben Ross Schneider, do *Industrial Performance Center* do *Massachusetts Institute of Technology* (MIT) e realizador da recente pesquisa que culminou na obra *Innovation in Brazil: advancing development in the 21st century* (REYNOLDS; SCHNEIDER; ZYLBERBERG, 2019).

O Índice Global de Inovação (IGI) de 2023, elaborado pela Organização Mundial da Propriedade Intelectual (OMPI), oferece uma análise abrangente dos ambientes de inovação em 132 países. Através de um conjunto de 80 indicadores meticulosamente selecionados, o IGI oferece uma visão holística das capacidades de cada nação para impulsionar o progresso e a competitividade.

Ao analisar os resultados do IGI em detalhes, é possível identificar áreas que precisam de aprimoramento e formular políticas públicas e estratégias de negócios mais eficazes para impulsionar a inovação.

## 37.1. Complexidade

Segundo Vieira et al., (2015), "sob a pressão de uma competição intensificada, as organizações têm, cada vez mais, buscado flexibilidade, inovação, habilidades múltiplas, descentralização e novos usos para a tecnologia de informação e comunicação, assumindo frequentemente novos formatos".

Tal competição faz com que muitas organizações estejam trabalhando para alterar positivamente a mentalidade vigente. As que já obtiveram êxito se permitiram enxergar que, através da inovação, elas poderão perpetuar a sua marca e atingir um crescimento sustentável.

Essa alteração de *mindset*, como mencionado, não vem imediatamente e é fruto do trabalho árduo de liderança, criatividade, aprendizado contínuo, transformação e experimentação na busca incansável por produtos e/ou serviços em meio a um contexto complexo, de organização, de mercado e de mundo.

É preciso esclarecer que complexo não é complicado, e sim imprevisto. Sistemas complexos apresentam baixa precisão, baixa repetição e muita inovação. Apresentam ainda alto nível de erro, incerteza e ilusão (MARIOTTI, 2007).

Conforme a complexidade aumenta, sob uma perspectiva, por vezes, caótica, os desafios das organizações tornam-se cada vez mais frequentes, exponenciais e complexos.

Contudo, não existe outra opção que não seja transpor tais desafios. Os meios para fomentar a inovação passam necessariamente por um conjunto de: (1) estratégias governamentais, (2) governança da inovação e (3) adoção de um *framework* que patrocine a complexidade e a cultura de experimentação, sustente a própria governança e seja decisivo nos negócios.

## 37.2. Estratégias governamentais

A pesquisa reunida na obra *Innovation in Brazil: advancing development in the 21st century* (REYNOLDS; SCHNEIDER; ZYLBERBERG, 2019) sugere seis estratégias governamentais para fomentar a inovação. São elas:

1. **Tornar compatíveis as políticas industriais e de inovação:** reduzir a fragmentação das políticas, hoje em um número grande de agências, priorizar a inovação nas políticas de conteúdo local e distribuir subsídios de forma mais randômica, adotando estratégias de monitoramento e avaliação independentes.
2. **Integrar o país ao mercado global:** tornar a economia brasileira mais aberta, facilitar a importação de insumos tecnológicos e promover integração ao mercado global em cadeias de produtos de alto valor agregado.
3. **Promover a "tripla hélice":** podemos ampliar a visão da tripla hélice para a quíntupla hélice, incluindo, além do governo, empresas inovadoras e *startups*, universidades, investidores e empresas tradicionais de diversos setores econômicos.
4. **Inovar as instituições:** apoiar as instituições fortes na promoção da inovação e admitir a "eutanásia institucional" de outras. Apoiar novos modelos "blindados" a partir de parcerias público-privadas.
5. **Apoiar o empreendedorismo:** promoção de políticas que facilitem práticas empreendedoras.
6. **Identificar as missões dos setores:** buscar vantagens competitivas a partir de competências que o Brasil já tenha. Pensar em projetos direcionados e em atenção para a "revolução verde".

## 37.3. Governança da inovação

Segundo o professor Jean-Philippe Deschamps: "A governança da inovação pode ser pensada como um sistema de mecanismos para alinhar metas, alocar recursos e atribuir autoridade de tomada de decisão sobre a inovação, em toda a empresa e com partes externas".

Em seus estudos, Deschamps buscou saber quais os diferentes modelos que as empresas usam para atribuir a responsabilidade geral pela inovação. O resultado de sua pesquisa levou à caracterização dos nove modelos descritos no artigo *The nine models of innovation governance* (DESCHAMPS, 2012). A seguir, apresentaremos cinco dos mais facilmente identificados:

- **Modelo 1 (a alta administração sendo o comitê de inovação):** neste modelo, a alta administração assume a responsabilidade geral pela inovação. O modelo faz sentido especialmente se você considerar que a inovação é uma atividade multifuncional que precisa ser orientada de cima para baixo. Em alguns casos, isso é feito de maneira muito informal, como apenas um item da agenda em outras reuniões, enquanto outros adotam uma abordagem mais formal, dedicando sessões específicas a tópicos de inovação. A maioria das organizações que usam esse modelo limitou a participação de seu grupo de inovação aos líderes seniores mais envolvidos com a inovação – geralmente pessoas comerciais e técnicas, e não as de RH ou finanças.

- **Modelo 2 (o CEO da empresa como precursor da inovação):** este modelo é uma maneira poderosa de promover a inovação interna e externamente, pelo menos no papel. A inovação liderada pelo CEO (*Chief Executive Officer*) envia uma mensagem clara a outros funcionários, e ao mercado, sobre a importância da inovação para os negócios. Como no modelo 1, os CEOs tendem a se concentrar no conteúdo antes do processo, mas também focam a atenção em valores e atitudes.
- **Modelo 3 (a formação de um comitê de inovação):** este modelo pode assumir várias formas, mas geralmente envolve a nomeação de vários gerentes seniores de diversas funções, às vezes em diferentes níveis hierárquicos, para orientar a inovação como um grupo. É diferente do modelo 1 porque nem todos os membros fazem parte da equipe de alta gerência, embora o presidente quase sempre faça parte do comitê executivo; pode ser liderado algumas vezes pelo CEO, mais frequentemente pelo CTO (*Chief Technical Officer*) ou CRO (*Chief Risk Officer*). O empoderamento desse tipo de grupo ou conselho diretor varia de organização para organização; isso, por sua vez, afeta o cotidiano – se o grupo lida com problemas de conteúdo ou apenas com o gerenciamento de processos.
- **Modelo 4 (o diretor de P&D ou diretor de tecnologia como responsável pela inovação):** colocar o CTO ou CRO no comando da inovação é um dos modelos mais tradicionais, principalmente em empresas lideradas por engenharia ou ciência. É provável que seja visto como promotor de produtos baseados em tecnologia e, geralmente, seja um membro da equipe de gerenciamento sênior. Dada a amplitude de suas missões estratégicas e operacionais, os CTOs ou CROs tendem a exercer suas responsabilidades de inovação com a ajuda de mecanismos de suporte, como um grupo de planejamento de tecnologia ou uma rede de gerentes de P&D. Por natureza, eles tendem a concentrar seus esforços no lado técnico da inovação e geralmente se sentem menos capacitados para espalhar a inovação por todo o lado comercial da empresa ou para supervisionar o desenvolvimento de processos inovadores, por exemplo, em operações comerciais.
- **Modelo 5 (o gerente de inovação dedicado):** neste modelo, o gerente de inovação atua como um catalisador da inovação e como o suporte oficial dos esforços da organização para promover uma agenda de inovação. Os gerentes de inovação costumam se reportar a um membro da alta gerência e tendem a operar principalmente sozinhos. Geralmente, se preocupam com o processo – por exemplo, a troca de melhores práticas em vez do conteúdo, que permanece nas mãos dos gerentes de linha.

## 37.4. Adoção de um *framework*

O estabelecimento de um *framework* sugere que a complexidade deve ser encarada positivamente, pois ela é um elemento nivelador entre o grande e o pequeno ente inovador. Quem melhor administrá-la tenderá a sair na frente.

A gestão da complexidade deve ser alvo dos executivos, deve ser incluída em seus planos cotidianos e deve ser entendida como um diferencial estratégico. Nesse contexto muitos *frameworks* foram desenvolvidos, dentre eles um dos mais utilizados é o *Cynefin*.

Criado por Dave Snowden em 1999, ele categoriza situações em quatro domínios distintos, cada um exigindo uma abordagem específica para resolvê-las

O *Cynefin* pode ser entendido como uma estrutura de diagnóstico que auxilia no entendimento da situação enfrentada pela liderança de inovação, orientando-a sobre a melhor forma de ação.

Com o *Cynefin*, é possível identificar o domínio em que se encontra a organização e, consequentemente, escolher a melhor estratégia de decisão. Isso melhora a sua capacidade de lidar com cenários incertos e aumenta as chances de sucesso em suas ações.

## 37.5. Conclusão

Rosângela Vianna Alves da Silva (2000) advoga que: "a complexidade é mais que um conceito teórico, é um fato da vida. Corresponde à multiplicidade, ao entrelaçamento e à contínua interação da infinidade de sistemas e fenômenos que compõem o mundo social. Os sistemas complexos estão dentro de nós e a recíproca também é verdadeira".

A autora também afirma que "a organização não é um fenômeno claro, objetivo, simples. A percepção aqui privilegiada indica que provavelmente a esfera organizacional seja aquela na qual os homens compartilham, em maior grau, ambiguidades, paradoxos, conflitos, ambivalências; sendo essas marcas inelutáveis da pós-modernidade".

Desse modo, é fundamental entender que a gestão da complexidade que nos cerca é fator crítico de sucesso. Iniciativas de inovação devem começar pela análise de contexto e devem ser acompanhadas da definição do modelo de complexidade mais adequado ao seu contexto, onde suas premissas e seus parâmetros devem ser revisitados periodicamente sob pena de se perder o norte e inevitavelmente não se alcançar a inovação pretendida.

# 38. A importância do intraempreendedorismo como promotor da inovação

*Ana Carolina Gomes do Prado*

Você conhece alguém que todo santo dia sugere uma ação diferenciada para mudar a realidade no trabalho? Aquela pessoa que de repente traz para a pauta uma mudança que pode impactar os clientes mesmo não sendo seu papel direto trabalhar naquele tema ou processo? Um colaborador que se incomoda com o *status quo*, que vive de olho na concorrência, que sempre está engajado nas mais diversas ações internas na empresa com um interesse genuíno e totalmente pessoal? Esse ser humano é um tesouro do intraempreendedorismo. **E você precisa SER ou TER pessoas assim na sua equipe.**

## 38.1. O que é ser intraempreendedor?

A pauta sobre o intraempreendedorismo ganhou relevância a partir de 1980, tendo Gifford Pinchot como seu primeiro porta-voz. Como empreendedor, fundou um instituto dedicado a estudar o intraempreendedorismo (*Graduate Institute Bainbridge*), ou seja, o empreendedorismo dentro do mundo corporativo. Vale ainda a ressalva de que o primeiro artigo escrito sobre o tema, em 1978, tem autoria compartilhada com sua esposa, Elizabeth Pinchot.

Palma (2019) menciona que outros autores, como Peter Drucker em 1987 e, no Brasil, José Carlos Assis Dornelas em 2003, aprofundaram-se nos comportamentos de empreendedores independentes em profissionais de médias e grandes empresas, identificando similaridades entre eles, diferenças quanto aos demais e como esses perfis estão relacionados à inovação contínua. Pinchot (1985) aponta que os empreendedores internos, conhecidos como intraempreendedores ou empreendedores corporativos, possuem características peculiares, como a perseverança, a motivação e a curiosidade. Vale observar que passamos a esboçar um debate desta pauta no Brasil a partir dos anos 2000, sendo esta uma dor ainda latente em nossas organizações até os dias atuais.

O perfil empreendedor não se restringe apenas àquela pessoa que abre um novo negócio, desenvolve uma nova ideia ou investe em inovação com foco no mercado. O empreendedor também é aquele que desenvolve propostas e consegue colocá-las em prática dentro ou fora de uma organização, sendo aquele que é capaz de aproveitar oportunidades e lacunas no ambiente corporativo. Por isso utilizamos o radical "intra" para distinguir esse papel.

> *Contrate bons funcionários e deixe-os em paz. (Willian McKnight, CEO da 3M de 1929 a 1949)*

O intraempreendedor também carrega em si um pouco do senso de dono do negócio, dono do seu escopo de atuação, dono da sua equipe e dos seus resultados. Por esse motivo ele é mais audacioso, confiante, inovador e resiliente. Ele aprende rapidamente com os erros, corrigindo seus planos e engajando a equipe sempre a buscar a melhoria contínua, mesmo com riscos consideráveis no seu percurso.

> *Assumir riscos é parte da rotina dos empreendedores, mas quando se trata de grandes empresas, os riscos aceitos no processo, normalmente, são tão controlados e minimizados que os assumir de forma consciente e considerá-los parte indispensável no processo de inovação pode constituir real vantagem competitiva. Projetos de inovação verdadeiramente desafiadores e com foco no longo prazo requerem um alto nível de conhecimento, comprometimento e riscos, para os quais, profissionais empreendedores e empresas com foco em inovação estão preparados. Lidar com essa equação, considerando riscos, falhas e insucessos, como parte do processo por novas descobertas é elementar para o empreendedorismo e o intraempreendedorismo. (VIEIRA, 2014)*

## 38.2. Conceitos básicos de intraempreendedorismo

O intraempreendedorismo obviamente "bebe na fonte" do empreendedorismo, sendo percebido como um comportamento autônomo, desenvolvido por profissionais que se mobilizam e aglutinam recursos corporativos para pôr em prática as mudanças necessárias na organização. Tal característica também vai ao encontro dos pilares de uma empresa inovadora, em constante transformação, visando sua perenidade, sua competitividade e sua excelência.

> *O surgimento destas ações advém do estímulo do corpo diretivo aos colaboradores, no sentido de incentivar projetos que visem a inovação e criação de novos produtos e serviços, além de renovação estratégica e de processos (PALMA, 2019).*

## 38.3. O modelo mental de um empreendedor

Landström e Lohrke (2010) citam três temas que definem o modelo mental do empreendedor, assim como do intraempreendedor:

- **Economia:** ao serem voltados para a inovação, trabalham constantemente com a tomada de decisões em cenários incertos, administram os riscos e monitoram as oportunidades.
- **Ciência social:** as ações dos empreendedores são motivadas por valores e até mesmo por características de personalidade, trazendo à tona o impacto da cultura, da educação e demais condições sociais em que estes profissionais foram moldados. Caráter forte e autoconfiança são constantes nesse perfil.
- **Gestão:** são orientados para o resultado, visando ações oriundas das correntes de pensamento que os influenciam. As ações são operacionalizadas através de projetos ou iniciativas gerenciais, com a introdução de processos de mudança que alteram o cenário existente. São agentes de mudanças, proativos e autônomos.

Antonello e Boff (2005, p. 12-33) classificam as competências empreendedoras como um conjunto de conhecimentos, habilidades e atitudes que permitem a um indivíduo modelar e executar estratégias e ações na criação de valor. Portanto, é comum identificar nos intraempreendedores a capacidade de estabelecer conexões significativas, de autogestão e de total comprometimento.

## 38.4. O "*fit* cultural" exigido pelos intraempreendedores

Sim, a empresa também precisa estar preparada culturalmente para receber e permitir a atuação de profissionais com perfil intraempreendedor. As estratégias organizacionais devem ser trabalhadas para que estes profissionais não se frustrem ao planejarem e promoverem as inovações no negócio (seja em processos internos, nos serviços prestados e/ou nos produtos comercializados).

A cultura fértil ao intraempreendedorismo inclui estímulos comuns à consolidação de um negócio, processo ou projeto inovador, tais como:

- Modelo de seleção e contratação que avalia o *fit* cultural do novo colaborador, uma vez que valores e crenças quando compartilhados pela empresa e pelos colaboradores promovem maior alinhamento.
- Transparência e liberdade para discussão de ideias e propostas, considerando a importância de certo nível de "tolerância" ao erro como parte da segurança psicológica garantida aos profissionais que ousam mais.
- Disseminação do conhecimento crítico interno, fomentando a capacitação continuada e engajando os times quanto à evolução do negócio.
- Investimento em tecnologias do trabalho que possam facilitar o intraempreendedorismo e, consequentemente, a inovação.
- Valorização e reconhecimento dos profissionais que apresentam ideias e planos de ação que tragam resultados diferenciados para o negócio, estimulando o comportamento nos demais colaboradores.

No contexto intraempreendedor, é crucial o conceito de segurança psicológica, criado em 1999 pela professora Amy Edmondson, da *Harvard Business School*: "segurança psicológica não é sobre ser legal. É sobre dar *feedbacks* sinceros, admitir erros abertamente e aprender uns com os outros", disse Amy em entrevista para o *podcast HBR IdeaCast* da *Harvard Business Review* (EDMONDSON, 2019).

Moriano et al. (2009) citam cinco fatores para identificação do *fit* cultural ao modelo mental intraempreendedor: a) o apoio da direção ao desenvolvimento de ideias voltadas para as melhorias organizacionais e a inovação em processos; b) a liberdade concedida aos funcionários para a execução de suas atividades; c) a criação de um sistema de reconhecimento às ideias inovadoras que trazem resultados; d) a disponibilização de tempo para a execução das ideias; e) as incertezas inerentes às tarefas desenvolvidas.

## 38.5. Necessidade x oportunidade

Segundo Dornelas (2003), um dos motivos mais preocupantes no caso do Brasil é o modelo baseado no empreendedorismo por necessidade. Seguimos nos adaptando por pressão, por urgência e por vivermos em um cenário de incertezas. Dessa forma, agimos sempre pensando a curto prazo, sem nos prepararmos de forma sólida para o futuro. Portanto, ao olharmos sempre para o que é iminente, damos menos importância às questões de médio e longo prazo.

> *Nota-se que, quanto mais empreendedorismo de oportunidade estiver presente em um país, maior será o seu desenvolvimento econômico. (DORNELAS, 2003)*

Precisamos ainda mencionar a "síndrome" que nos afeta como país de terceiro mundo: depreciamos nossas próprias conquistas diante dos demais, arriscamos pouco porque temos a sombra do desemprego em nosso encalço, buscamos menos os conhecimentos fora de nossa zona de conforto e, principalmente, não confiamos em nossas lideranças. Porém, sigamos tentando ser cada vez melhores e mais audaciosos!!

> *As organizações que adotam essa cultura empreendedora valorizam seus funcionários, abrindo espaço para que possam tomar decisões em relação a projetos e atividades da empresa. (HASHIMOTO, 2006)*

Ser intraempreendedor nos faz crescer como profissionais. E quando assumimos a responsabilidade por essa atitude, impactamos positivamente todo o nosso ecossistema.

## 38.6. Dimensões críticas do intraempreendedorismo

O conceito das oito dimensões é consequência de um estudo realizado por Boštjan Antončič e Robert D. Hisrich (2003) que categoriza os "intraempreendimentos" conforme suas naturezas:

- Novos empreendimentos.
- Novos negócios.
- Inovações em processos.
- Inovações em produtos e serviços.
- Autoinovação.

- Inovação para a competitividade.
- Proatividade.
- Inovação pelo risco.

Algumas dessas dimensões estão relacionadas às características pessoais dos intraempreendedores e outras ao resultado efetivamente percebido dos esforços do profissional dentro da organização.

No entanto, uma dessas dimensões precisa ser ressaltada como crucial para assumirmos de fato uma postura intraempreendedora – a **proatividade**. Podemos considerá-la premissa para as demais, uma vez que se reflete na ATITUDE e no COMPORTAMENTO que adotamos como profissionais.

> *A dimensão da proatividade merece destaque por desempenhar o importante papel quando se trata do profissional intraempreendedor, que faz a ligação entre a oportunidade identificada, a ação que vai resultar na inovação pretendida e na integração dessa oportunidade com os negócios da empresa. (...) a proatividade assume um papel de orientação para o futuro, antecipando oportunidades e atuando de forma a tirar o melhor proveito possível dessa vantagem conquistada. (VIEIRA, 2014)*

## 38.7. Notas mentais para a vida intraempreendedora

Adaptando alguns dos lemas criados por Gifford Pinchot (1985) e trazendo à tona o debate do intraempreendedorismo e sua relação com o potencial inovador, podemos transformar todos esses conceitos em dicas práticas para todos que querem adotar uma postura empreendedora nas organizações ou na própria carreira:

- **Não se apegue à estabilidade no emprego:** pense que você pode ser demitido a qualquer momento, exigindo então que você esteja sempre preparado para encarar novamente a disputa no mercado de trabalho. Intraempreenda também em sua carreira.
- **Não se limite ao pensamento "sempre fizemos assim":** deixe de lado qualquer ordem ou padrão que possa afastá-lo de suas metas.
- **Não se limite a fazer somente o seu trabalho:** em situações estratégicas, ser proativo possibilitará o reconhecimento de sua postura empreendedora. Não pense "pequeno".
- **Não caia na falácia de que ser intraempreendedor e inovador é um desafio em carreira solo:** você precisa aceitar que as outras pessoas são cruciais para o seu sucesso, seja por agregarem conhecimentos, compor-

tamentos, recursos, poder ou tempo.

- **Não sinta medo de ter em seu time pessoas "mais aptas" do que você:** sempre que possível escolha com quem quer trabalhar – e selecione sempre os melhores sem qualquer sombra de ameaça ou concorrência, sempre tendo em mente a complementaridade.
- **Não deixe de mostrar sua gratidão:** agradeça sempre pelo esforço de todos por seguir suas ideias e executar seus projetos, especialmente mediante os riscos envolvidos.
- **Não se deixe levar pelos seus interesses individuais:** o intraempreendedorismo tem efeitos diretos no seu crescimento potencial, porém os resultados realmente percebidos estão voltados para o coletivo do time, da empresa e da sociedade.
- **Não deixe de ser transparente e honesto:** peça conselhos antes de pedir recursos, peça mais por perdão do que por permissão, para não limitar seu potencial inovador (claro, com responsabilidade) e seja realista em suas propostas.

Poderíamos citar aqui diversos discursos feitos por estudiosos do tema, para concluirmos sobre a importância do intraempreendedorismo no contexto da inovação. No entanto, prefiro que cada um possa refletir sobre o seguinte pensamento:

*Se você quer algo novo, você precisa parar de fazer algo velho.*
*(Peter Drucker, o pai da administração)*

# PARTE VI. CONECTANDO A INOVAÇÃO

# 39. Como estruturar programas de intraempreendedorismo

*Paulo Daniel Silveira de Souza*

Após chegar até aqui e aprender diversas definições, teorias, modelos e ferramentas de inovação, você deve estar se perguntando: "mas como eu inovo na prática? Como eu transformo a inovação em negócios e valor para a minha empresa?". Existem várias formas estruturadas de transformar inovação em negócios, como, por exemplo, programas de intraempreendedorismo, inovação aberta, desafios, *ideathons, hackathons* e rodadas de negócio.

Este capítulo abordará, de forma detalhada, como estruturar um programa de intraempreendedorismo em uma empresa. Pode parecer complexo e complicado, mas não é. Para se estruturar um programa interno de inovação, é necessário montar uma boa estratégia e um bom planejamento, estar alinhado com o plano estratégico da companhia e, principalmente, possuir o patrocínio da alta administração da empresa. A boa notícia é que se já tiver o patrocínio da alta administração, muitos dos problemas já terão sido equacionados.

A implantação de um programa de intraempreendedorismo compreende as seguintes fases:

- Estruturação/planejamento.
- Execução e acompanhamento.
- Encerramento.

A estruturação do programa, objeto deste capítulo, abrange os seguintes aspectos:

- Premissas
- Portfólio de projetos

- Estruturação das equipes
- Execução e acompanhamento
- Reconhecimento
- Comunicação
- Medição dos resultados

## 39.1. Premissas

O primeiro passo para se estruturar um programa de intraempreendedorismo é saber por que ele está sendo criado, ou seja, quais são as suas justificativas e objetivos, e quais serão os benefícios que o programa trará para a empresa. As justificativas devem apresentar os motivos que levaram à criação do programa (passado). Os objetivos devem apresentar aonde se quer chegar e/ou o que se quer obter com o programa. Já os benefícios devem mostrar o que o programa trará de retorno para a empresa (futuro).

Objetivos claros, concisos e alinhados ao planejamento estratégico da empresa ajudarão a obter a aprovação do programa e o patrocínio da alta administração.

Além disso, é necessário definir a duração (prazo) do programa. Minha sugestão é que ele possua de quatro a oito meses de duração. Programas muitos curtos podem não trazer os resultados esperados pelo curto tempo de desenvolvimento e ideação, e em programas muito longos há risco de as equipes perderem o foco e realizarem entregas de menor valor para a empresa. Caso desejável, é possível estruturar o programa em mais de um ciclo de desenvolvimento ou até em ciclos contínuos.

## 39.2. Portfólio de projetos

O segundo passo é definir os projetos que serão desenvolvidos, acelerados ou, em outras palavras, "incubados" no programa de inovação.

Há diversas fontes que poderão ser consultadas para avaliação e seleção dos projetos que participarão do programa.

Como visto anteriormente, sua empresa pode já possuir um portfólio de projetos de inovação, facilitando em muito o processo seletivo dos projetos. Ou, ainda, cada área da empresa, independentemente de sua hierarquia, pode possuir sua própria carteira de projetos ligados às suas atividades-fim. E, por fim, os próprios empregados podem possuir boas ideias de projetos que, devido às circunstâncias, não entraram em nenhuma carteira de projetos, seja pela falta de estímulos, patrocínio e/ou oportunidades.

Não há nenhuma regra que diga qual e quantas fontes devem ser utilizadas no processo de seleção dos projetos para compor o programa. Pode-se utilizar uma ou mais fontes concomitantemente. Claro que, se sua empresa já possuir um portfólio de projetos de inovação, o mais coerente é utilizar essa fonte, visto que já deve ter havido um processo de seleção e priorização dessa carteira de projetos. Caso não possua ou caso queira incrementar o portfólio de projetos de inovação, as áreas da empresa e/ou os empregados poderão ser consultados de forma estruturada.

As consultas estruturadas podem ser feitas de várias formas, como, por exemplo, através de indicação direta (ex.: em formulário eletrônico), entrevista individual (ex.: *pitch*) ou coletiva e concurso interno.

No momento da consulta é importante ficar claro para as pessoas quais são os critérios de priorização e seleção dos projetos, como, por exemplo, resultado financeiro, aumento de vendas/*share* da empresa, captação de clientes, lançamento de produtos/serviços e melhoria da satisfação de clientes. Esses critérios devem estar alinhados ao planejamento estratégico da companhia e aos objetivos do programa. Assim como o programa, cada projeto deve ter justificativas, objetivos e benefícios (resultados) claros, evidenciando os problemas (dores) dos clientes e/ou da empresa que deverão ser solucionados.

Por fim, de posse da lista dos projetos "candidatos" a participar do programa, realizam-se a avaliação, a priorização e a seleção dos projetos com base nos critérios definidos.

## 39.3. Estruturação das equipes

Em seguida, é necessário definir como será feita a estruturação das equipes/times ou *squads* que desenvolverão os projetos selecionados para o programa.

Há diversos fatores que devem ser considerados na estruturação das equipes, como o processo de seleção dos integrantes dos projetos, dedicação (tempo), definição da quantidade e dos papéis e responsabilidades dos times (líder e demais membros) e perfil das equipes.

A seleção dos líderes e demais membros pode ser feita através de um processo seletivo aberto, fechado ou misto. No processo aberto, os empregados podem se candidatar a uma vaga em um time ou participar de um concurso interno, por exemplo. No processo fechado, os gestores da companhia e/ou responsáveis pelo programa selecionam (recrutam) diretamente os empregados. No misto, o processo se dá das duas formas. Pode, por exemplo, haver indicação (recrutamento) dos líderes dos projetos, e estes selecionam os demais membros com base em um processo de candidatura.

A dedicação dos membros ao desenvolvimento dos projetos é um ponto muito importante a ser considerado. Naturalmente, os empregados selecionados para participar do programa também possuem suas atividades e projetos na área onde trabalham, e a conciliação dessas atividades com as atividades no programa de intraempreendedorismo é fundamental para o sucesso dos projetos e do programa. Desse modo, é preciso estabelecer regras claras de participação dos membros, como dedicação integral ou parcial (ex.: 4 horas por dia ou 20 horas por semana) e liberação pelos seus gestores diretos e superiores.

Outro fator que deve ser considerado na estruturação dos times é a definição da quantidade, as atribuições e as responsabilidades dos membros e dos times previamente ao processo de seleção. O papel do líder e dos demais membros, bem como suas responsabilidades na execução do projeto, deve ficar claro. O quantitativo de membros recomendado é de seis a dez pessoas.

Por fim, durante o processo de seleção dos integrantes do *squad* é importante levar em conta o perfil do time e dos membros individualmente.

O time deve ser formado, preferencialmente, por uma equipe multidisciplinar, ou seja, por pessoas com atuação e/ou experiências em diferentes áreas da companhia. A complementação de conhecimento e experiência entre os membros trará muito mais eficiência e eficácia ao desenvolvimento do projeto.

É importante que os integrantes sejam selecionados considerando seu conhecimento e/ou experiência nas matérias-chave do projeto. Por exemplo, se o projeto for o desenvolvimento de um novo serviço logístico automatizado, é bem mais desejável que a equipe seja formada por pessoas com conhecimento e/ou experiência nas áreas de logística, automação, TI e comercial do que por contadores.

É fundamental que o time seja auto-organizável, ou seja, que o time tenha capacidade de organizar o próprio trabalho, decidir a melhor forma de conduzir suas atividades e tomar suas próprias decisões, não necessitando de qualquer interferência externa.

# 39.4. Infraestrutura

Não menos importante que os demais aspectos, também é necessário definir e disponibilizar às equipes toda a infraestrutura necessária para o desenvolvimento dos projetos.

A infraestrutura pode ser segregada em quatro grandes grupos:

- Recursos físicos (local, equipamentos e serviços de TI e material de escritório).
- Software (sistemas e softwares para gestão e desenvolvimento dos projetos).
- RH (*coaches* em gestão de projetos, desenvolvedores e programadores para apoio às equipes quando necessário).
- Recursos financeiros (para contratação de bens, serviços e/ou RH no mercado quando necessário).

Com relação ao local, as equipes podem trabalhar no seu dia a dia em suas próprias mesas/baias ou em espaços afastados do seu local habitual de trabalho, como em salas de reunião, salas multiuso, laboratórios e espaços de *coworking*. Contudo, é importante que as equipes fiquem juntas ou o mais próximas possíveis no dia a dia, pois muitas vezes a rotina da área pode atrapalhar o desenvolvimento do projeto.

# 39.5. Execução e acompanhamento

O próximo passo é definir como os projetos serão executados pelas equipes e acompanhados pelos responsáveis pelo programa de inovação. O relevante aqui neste tópico é discutir o que deve ser considerado nesses dois processos e não explicar as metodologias ágeis de gestão de projetos existentes no mercado. Esse assunto pode ser encontrado em diversas literaturas, incluindo outros livros da Jornada Colaborativa.

O primeiro ponto a ser definido é se os times poderão escolher livremente uma metodologia ágil de gestão de projetos ou se todos deverão utilizar a mesma metodologia. Contudo, o importante mesmo é que os critérios e as formas de acompanhamento e medição das entregas sejam padronizados e sistematizados com alguma rotina. O acompanhamento periódico poderá ser realizado através de reuniões, atualizações em sistemas de gestão e/ou apresentação de relatórios. Já sobre a medição das entregas, é recomendado utilizar as métricas disponíveis na metodologia ágil escolhida para a condução do projeto, como, por exemplo, *Sprint Burndown, Epic (Release) Burndown* e velocidade.

## 39.6. Reconhecimento

Outro aspecto essencial que deve ser considerado na estruturação do programa é a definição da forma de reconhecimento dos empregados. Os membros das equipes devem ser reconhecidos não só por terem realizado suas entregas, mas também por seus esforços, dedicação, engajamento no programa e coragem de terem aceitado participar e se expor aos demais empregados da companhia. Isso motivará estes e outros empregados a participar novamente desse tipo de programa.

O reconhecimento pode ser simbólico, como troféu, agradecimento formal ou informal pelos gestores e pela alta administração, divulgação em canais de comunicação ou homenagem/cerimônia em evento aberto na empresa. Também pode ser financeiro, como o pagamento de treinamentos/cursos no Brasil e/ou no exterior, viagens/missões, bônus ou promoção/progressão de carreira.

## 39.7. Comunicação

Este é um dos aspectos mais importantes a ser considerado na estruturação de um programa de intraempreendedorismo. Não adianta ter uma excelente estratégia e planejamento, estar alinhado ao planejamento estratégico, possuir o patrocínio da alta administração, ter um ótimo programa de reconhecimento e possuir uma infraestrutura maravilhosa para as equipes se não for feita uma boa divulgação desses aspectos, ou seja, se os empregados e gestores da companhia forem mal informados ou até desconhecerem essas informações.

Por isso, a boa divulgação das informações do programa, em todas as suas fases, garantirá o engajamento e a motivação da força de trabalho, dará maior credibilidade e transparência ao programa, melhorará o clima organizacional e o reconhecimento das equipes e potencializará os resultados.

A comunicação interna pode ser feita de diversas formas, como, por exemplo, comunicados/informativos internos em e-mail, intranet, site externo, mural, apresentações em reunião e em eventos de auditório, feiras internas, totens etc.

## 39.8. Medição dos resultados

Por fim, é necessário estabelecer as métricas para avaliação e medição dos resultados e do desempenho do programa de intraempreendedorismo. As métricas devem estar alinhadas às premissas do programa, ou seja, aos seus objetivos e benefícios.

Existem várias metodologias e indicadores para medição de resultados de projetos de inovação, como OKRs (*Objectives and Key Results*) e KPIs (*Key Performance Indicators*). A Parte VII "Medindo a Inovação" aborda de forma detalhada o que são e como se aplicam as metodologias de medição de projetos de inovação.

# 40. Como estruturar um programa de inovação aberta

*Regiane Moura Mendonça*
*Raphael Boldrini*

O processo de inovação terá efeitos positivos dentro de um programa se houver iniciativa e abertura para novas ideias.

Um programa de inovação deve trazer valor para a organização e atender a alguma necessidade.

## 40.1. Inovação organizacional

A inovação dentro de uma organização pode enveredar por diversos caminhos, sendo efetiva a partir de oportunidades.

Podemos ter programas que envolvem desde inovação disruptiva, mudando a visão no mercado, até inovação de processos, focada em gestão empresarial.

É importante a empresa desenvolver a cultura da inovação, que garantirá a abertura para novas ideias e motivar a busca por resultados.

## 40.2. Inovação no ambiente corporativo

Alguns conceitos precisam ser transmitidos ao grupo antes de implantar um programa de inovação. São eles:

- Inovação não é criatividade, ambos integram o mesmo processo. Podemos explicar que a criatividade é o ingrediente para a inovação.
- Inovação deve ser algo novo para o mercado, precisa trazer uma novidade para o produto ou processo.
- Inovação não é invenção, pois não é a descoberta de algo novo, mas a aplicação de algo novo.
- Qualquer pessoa pode inovar, dependendo do desenvolvimento constante ao qual se dispõe.
- Inovação não tem hora para surgir, não podemos prever; apenas surge sem esperar. No entanto, é possível identificar padrões de inovação.

Muitas empresas possuem programas abertos de inovação, motivando seus funcionários a buscar inovação em seus processos e produtos através do desenvolvimento constante.

## 40.3. Funil de inovação

O funil de inovação é uma ferramenta utilizada para avaliar e qualificar grandes número de ideias provenientes de programas de inovação. Faz parte do processo de gestão desses programas.

Suas etapas, mostradas na Figura 40.1, devem ser adaptadas à cultura da empresa e são constituídas por:

1. **Alinhamento:** identificar relevância de temas para a empresa.
2. **Ideação:** incentivo à apresentação de ideias, selecionando soluções.
3. **Conceituação:** análise da viabilidade e prototipagem.
4. **Continuidade:** decisão de quais ideias serão implementadas após avaliação de resultados.
5. **Implantação:** lançamento da ideia para a prática.

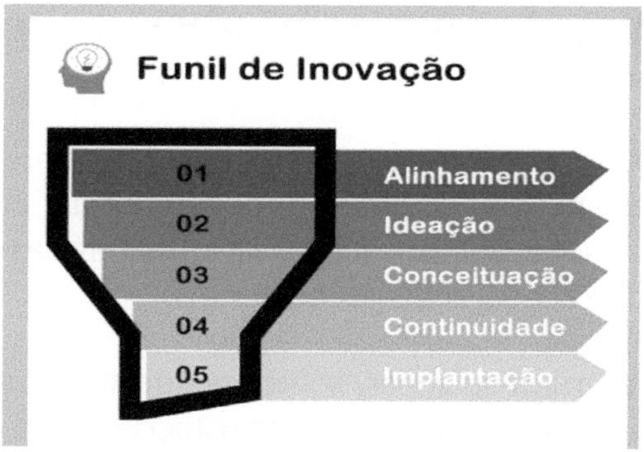


Figura 40.1. Funil de inovação. Fonte: adaptado de Blank (2013).

## 40.4. Comitê de inovação

O comitê de inovação é um grupo multidisciplinar, que tem como objetivo incentivar a inovação e buscar melhores resultados.

Ele precisa estimular e gerenciar o processo de inovação para transformar as ideias em realidade, desde a organização das sessões de inovação até a estruturação do programa de inovação.

## 40.5. Realizando na prática

Para implantar um programa de inovação, é necessário criar a cultura da inovação, impulsionando novas ideias, estruturando regras para que o programa tenha continuidade e alinhando-o com a estratégia da organização.

O comitê de inovação poderá facilitar o processo, desde que consiga também descentralizar as responsabilidades. A utilização do funil de inovação poderá tornar o programa transparente e com foco no que realmente se precisa.

Pense que o próprio programa deve ser o propulsor de inovação e motive seus colaboradores a participar.

Entretanto, antes de qualquer coisa, considere a cultura da organização, os valores e o ambiente, que precisa ser colaborativo e de aprendizado.

Com alinhamentos, visão e cultura de inovação, seu programa de inovação poderá ser uma grande referência e obterá grandes resultados positivos.

## 40.6. Programas de inovação aberta

Desenvolver um programa de inovação aberta parte da necessidade de estabelecer um desafio para a equipe. Esse desafio é proposto para a equipe abrindo-se um programa para buscar soluções inovadoras revolucionárias que agreguem valor competitivo aos produtos e serviços já oferecidos.

A partir da chamada, criam-se ações/soluções que são analisadas pelo comitê. Sequencialmente, elabora-se o protótipo das soluções.

Esse processo passa pelo funil de inovação, analisando-se, então, os resultados obtidos.

Quando falamos de inovação aberta ou *open innovation*, termo criado por Chesbroug (2003), um pesquisador da *Harvard Business School*, podemos ter três tipos de programas:

- ***Inbound open innovation***, que é o programa de fora para dentro. Ocorre quando a empresa assume uma ideia inovadora criada por pessoas de fora da empresa e desenvolve internamente através do seu processo interno de inovação.
- ***Outbound open innovation***, que é o programa de dentro para fora. Ocorre quando a empresa desenvolve internamente um processo de inovação e o disponibiliza externamente, para parceiros desenvolverem ou comercializarem.
- ***Coupled open innovation***, que é um programa de inovação desenvolvido em parceria por duas ou mais empresas.

O desenvolvimento desses programas traz muitos benefícios para as empresas:

- Redução de custo e tempo.
- Acesso a novos mercados.
- Ampliação da base de conhecimento.
- Aumento na comercialização.

Para concluir, lembramos que os programas de inovação aberta não invalidam ou excluem programas fechados de inovação, como pesquisa e desenvolvimento (P&D) em centros da própria empresa, mas se complementam.

# 41. Programas de *ideathons* e *hackathons*

***Regiane Moura Mendonça***
***Stella Souto***

Na busca por inovação, as organizações estão investindo em programas de ideação (*ideathons*) e *hackathons*, mas o que são e como podemos utilizá-los?

## 41.1. *Ideathon*

*Ideathon* é uma junção das palavras *idea* (ideia) e *marathon* (maratona). Então, em tradução livre, podemos falar que *ideathon* é uma maratona de ideação.

A ideação é parte do processo de inovação, envolvendo a etapa de geração de uma ideia para executar a inovação. Ela também é considerada a terceira etapa do processo de *Design Thinking*.

Para ter bons resultados, deve estar integrada à cultura da organização e ser considerada pelos gestores, encaixando-a nos projetos.

Ela pode ser realizada de várias formas:

- ***Sketch*:** cada participante "rabisca" todas as ideias possíveis para o projeto. Depois o grupo discute o que poderia ser viável e funcionar.
- **Prototipagem:** criação de uma representação que simula o funciona-

mento de uma ideia. A proximidade do protótipo com o produto final, conhecida como fidelidade, será definida de acordo com a necessidade de testar com maiores verificações.

- ***Brainstorming*:** a conhecida 'tempestade de ideias', criada por Alex Faickney Osborn em 1939, explora a potencialidade criativa, criando grande número de ideias em curto espaço de tempo, com foco na quantidade, na ausência de críticas, na apreciação de ideias 'fora da caixa' e na combinação de ideias para evolução dos resultados.
- ***Brainwriting*:** técnica criada por Bernd Rohrbach em 1968, onde o grupo se envolve na geração de ideias de forma escrita e compartilhada.

Um projeto de ideação depende de algumas pessoas serem responsáveis por amadurecer as ideias. São como gestores que "amarram" as pontas. Na maioria das vezes, integram o comitê de inovação.

Um método que traz bons resultados é o *stage gate*, de Robert G. Cooper, que divide o processo em estágios. Nesse método, somente se evolui para o próximo estágio após aprovação. Cada estágio começa com uma 'porta', que são geralmente reuniões para controle de qualidade, definição de pontos de verificação e marcador para o estágio seguinte.

Quando considerada dentro do *Design Thinking,* a ideação é a terceira etapa do processo. As quatro etapas são: **imersão, análise e síntese, ideação e prototipagem e teste**. Os nomes podem variar, mas sempre mantendo a essência da etapa.

Na etapa da ideação, as propostas para a solução do problema são apresentadas. Ideias que possam responder à questão apresentada nas duas primeiras etapas são coletadas com base na necessidade evidenciada. Todos os envolvidos podem opinar, trazendo várias visões para a solução.

## 41.2. *Hackathon*

*Hackathon* é uma junção das palavras *hack*, que significa excelência em programação, e *marathon*, de maratona. Então, em tradução simples, podemos falar que *hackathon* é uma maratona de programação.

O evento geralmente reúne profissionais de TI ligados ao desenvolvimento para criar soluções para um ou mais desafios propostos.

Surgido em 1999, o modelo tem sido usado por várias empresas em processos de seleção, como, por exemplo, para *trainees* e estagiários, e também por muitas *startups* em seus projetos e programas para inovação.

Na prática, entretanto, é utilizada não só para desenvolvimento de software, mas também para estimular a cultura e criar um ambiente de desenvolvimento de inovações. O evento dura de um a vários dias e propõe integração entre as equipes.

O *hackathon* funciona como acelerador de ideias, trazendo colaboração e agilidade aos desenvolvimentos. Além disso, desperta o perfil competitivo dos participantes.

Para obter melhores resultados, entenda sua necessidade e estruture o evento de *hackathon* com as regras que julgar mais adaptadas. Não existe regulamento fixo, mas adaptação para atender às estratégias da organização.

Algumas regras utilizadas vão desde a limitação de *frameworks* até o tamanho dos times. Uma coisa não pode faltar: especificação sobre como o projeto será tratado – se público, restrito etc. Outra questão a se pensar são os critérios de avaliação: como se dará a comunicação do antes, durante e depois do evento, bem como se haverá um programa de aceleração dos times no pós-*hackathon*, para ampliar as chances de serem formadas novas *startups*.

É de suma importância ter uma boa equipe de suporte, orientando e ajudando em algumas questões, e também se preocupando com alimentação e bem-estar.

Entre os benefícios, podemos citar a potencialização do processo de inovação, a integração e a troca de conhecimento. O evento também pode desenvolver perfis de liderança e a capacidade de trabalhar em equipe. E não podemos esquecer da revelação de talentos.

O *hackathon* possui maiores fãs entre profissionais mais jovens, a partir da geração Y, principalmente pelo desafio que existe e pelos prêmios.

Como geralmente os eventos duram alguns dias, é muito comum os participantes atravessarem a noite executando as atividades. Por isso, a escolha do local deve ser criteriosa, pensando no acesso facilitado, inclusive à noite, além de conforto e mobiliário para todos.

Por ser um evento com foco tecnológico, é imprescindível que a conexão seja de alta velocidade, com qualidade.

São sugeridas as etapas a seguir:

- **Abertura:** criação das equipes e apresentação das regras.
- **Maratona:** realização do desafio; dinâmicas de engajamento; mentorias; gamificação; e marcos de entrega.
- **Apresentação:** demonstração dos projetos.
- **Avaliação:** análise pela comissão julgadora.
- **Encerramento: premiação e finalização.**

## 41.3. *Ideathon* ou *hackathon*, eis a questão

Para organizações utilizarem *ideathons* ou eventos de *hackathon*, é importante que venham trabalhando em ações para estímulo da cultura de inovação.

A proposta é incentivar a inovação e a geração de ideias, dando continuidade e implementando os projetos que têm origem nesses eventos.

A participação da liderança fará a diferença no sucesso do programa e na participação dos colaboradores da empresa.

A definição para o lançamento de um *ideathon* ou *hackathon* será no foco da atração de talentos que a corporação demanda. Para captação de novas ideias e modelos de negócios, a aplicação de um *ideathon* é mais adequado, sendo menos complexa a sua realização, pois não é necessária a participação de programadores. Para captação de profissionais com conhecimento em programação e no desenvolvimento de soluções tecnológicas, um *hackathon* trará bons *insights* para elaboração de plataformas e soluções digitais.

# 42. Prova de conceito e MVPs

*Ibson Cabral*

## 42.1. PoC *versus* MVP

Denomina-se PoC (*Proof of Concept*) a prova prática de um conceito teórico. Um exemplo comum é quando uma empresa ou licitante oferece uma proposta descrevendo o objeto, aquilo que está sendo oferecido, e o usuário/cliente quer saber se aquilo é o adequado e se realmente possui as funcionalidades indicadas pela empresa/licitante. Resumindo: é uma forma de testar uma ideia ou um conceito que você pretende colocar no mercado. Em termos práticos, funciona da seguinte forma: você tem uma grande ideia e precisa tirá-la do papel. O próximo passo na execução do seu projeto é a criação de um protótipo, um MVP (*Minimum Viable Product*), para provar que a ideia é viável.

A PoC frequentemente salienta uma implementação básica, simples e incompleta, que precede o protótipo do projeto e, assim, busca legitimar o software ainda na sua etapa conceitual.

Um dos benefícios para se planejar e realizar uma prova de conceito no início da estruturação conceitual do projeto é a diminuição do desperdício de recursos em alguma fase de produção que mais adiante possa ser rejeitada por não servir mais ao projeto como um todo. A PoC antecede até mesmo o início de um protótipo verossímil e pode proporcionar o estopim inestimável para a tomada de decisão. Na pior das circunstâncias, a PoC vai nos mostrar se vale a pena ou não empregar recursos em algo flutuante na visão técnica e de mercado, evitando assim que erros elementares se propaguem por todo o projeto.

Por que precisamos construir uma PoC? Tudo se inicia pela ideia. Não importa o segmento da empresa, seu modelo de negócios ou público-alvo: a inovação primeiramente chega de maneira conceitual. Para que isso possa sair do papel, é essencial manter um ambiente favorável à experimentação e aos testes.

É justamente nesse momento que a PoC entra em ação. Isso porque a PoC propõe um método científico para fazer os seus testes laboratoriais, isolando as variáveis para testar cada elemento específico do que está sendo proposto. Ao final, o gestor tem resultados documentados que funcionam como evidência da viabilidade de produzir conforme proposto pelas áreas de planejamento e criação.

A ferramenta é inovadora porque garante menor exposição para a empresa, que não precisa mais esperar o produto ou serviço chegar até o consumidor para colher *feedbacks* – que são valiosos, mas, muitas vezes, podem ser negativos e acabar manchando a reputação da marca.

Os cinco passos principais para se criar uma PoC são:

1. **Determine quais são os propósitos esperados.** Antecipadamente, o gestor do projeto deve definir quais são os objetivos daquela prova que está sendo proposta. Esse argumento precisa estar registrado de maneira clara para certificar que a última fase, da verificação, consiga observar o resultado da PoC.
2. **Inclua o time no processo.** Quando afirmamos que é dever do líder cuidar das soluções e definir os alvos a serem alcançados, isso não quer dizer que ele deve fazê-lo sozinho e de maneira autoritária. Hoje em dia, novas escolas de liderança falam sobre a importância de o gestor manter uma postura democrática, chamando todos os membros da equipe para opinar e contribuir com a construção do trabalho. Inclusive, um *brainstorming* pode ser uma boa ferramenta para isso.
3. **Estabeleça as atribuições.** Após ter compreendido o que se quer testar, é preciso definir qual o dever de cada responsável, para que o resultado saia conforme o esperado. Fluxogramas podem ser usados aqui para registrar o caminho que a produção deve seguir e apontar quem será responsável por cada parte do trabalho.
4. **Explique as incertezas.** Não adianta elaborar um guia de como as atividades devem seguir e nunca mais informar o time sobre a execução do projeto. O êxito da sua PoC vai depender do total alinhamento do gestor com os demais profissionais envolvidos na elaboração do que se propõe, mantendo uma comunicação franca e objetiva.

5. **Examine os resultados.** Enfim, chegamos na parte mais importante da PoC, que inclui examinar o resultado final do seu teste. Nesse instante, é importante visitar de novo os objetivos documentados no início do projeto para entender se a hipótese se provou verdadeira, falsa ou se o resultado foi inconclusivo.

## 42.2. *Pitch*

O *pitch* é um instrumento usado por empreendedores para mostrar o projeto que foi elaborado por eles para potenciais investidores. A apresentação tem um tempo reduzido (entre três e dez minutos) e deve estar munida de informações suficientes para chamar a atenção do investidor, como:

- O tipo de solução inovadora que o negócio está propondo.
- O tamanho do mercado e a capacidade de desenvolvimento.
- Como os clientes serão impactados.
- Evidência de como será a evolução sustentável, sem necessidade de grandes investimentos extras ou pessoas com aptidões exclusivas.
- Projeções:
    - Financeiras: tempo e recursos necessários para alcançar o *break-even* (o momento de equiparação financeira/contábil de uma organização, quando a receita e as despesas totais se tornam equivalentes e não há prejuízo nem lucro para a empresa).
    - Cenários em um período de até cinco anos.
- Expor como o investimento será usado de maneira eficaz e como o percentual de atuação oferecido confirma o investimento intelectual e financeiro do empreendedor.

Existe a possibilidade de apresentar um *pitch* de forma apenas verbal ou elaborar de três a cinco *slides* para uma apresentação contendo:

1. natureza da oportunidade;
2. mercado de atuação;
3. solução proposta;
4. o que diferencia das outras empresas;
5. o que se está buscando.

*Slide* 1 – **Conhecendo a oportunidade.** O início de um *pitch* deve indicar a necessidade a que sua empresa irá atender, isto é, qual o mercado e a oportunidade, de forma bem concreta e direta. Exemplo: "nós iremos resolver o problema do roubo dos patinetes elétricos no centro do Rio de Janeiro". Aqui você já determinou o mercado ("usuários de patinetes elétricos no centro do Rio de Janeiro") e a oportunidade ("resolver o problema do roubo de patinetes elétricos").

*Slides* 2 e 3 – **Apresentando a sua solução.** Nos próximos *slides* será apresentada rapidamente a solução proposta, já destacando a sua inovação/diferenciação. Continuando o exemplo anterior: "através de alarmes que disparam a partir do momento em que os patinetes saírem das áreas determinadas como limite de circulação". Veja que não foi necessário detalhar como funciona, mas já destacou um diferencial ("alarmes").

Inclua amostras do seu serviço/produto, como fotos de um protótipo rudimentar, telas, um vídeo esclarecedor etc. Tudo que facilite a compreensão e demonstre a capacidade do seu produto.

*Slide* 4 – **Destacando seus diferenciais.** Reforçar quais são as suas vantagens competitivas. Deve-se confrontar o produto com quem já tenha maior participação no mercado, independentemente de ser similar. Exemplo: "nossa tecnologia, diferentemente do maior *player* desse mercado, não precisa de hardware específico, pois vamos monitorar a localização com o nosso software de rastreamento via satélite".

*Slide* 5 – **Exemplificando sua proposta.** Se a apresentação for para um investidor, devemos seguir esses itens: apresentação do estágio atual do seu negócio, o custo do investimento que se está buscando e para que será implementado. Exemplo: "já estamos com um protótipo funcional testado e avaliado pela empresa X e buscando um investimento de NNN reais para terminar o desenvolvimento, fabricar as unidades iniciais e concluir os primeiros contratos".

Se a apresentação for para um cliente, deve-se mostrar qual é sua proposta comercial. Exemplo: "você não precisará fazer qualquer investimento, pois os serviços são remunerados com uma parte da economia que geramos para a sua empresa".

Concluída a construção da apresentação, reproduza-a com e sem os *slides* para verificar que está coerente. Procure fazer a apresentação para colegas e amigos, propondo *feedbacks* e retornos, em especial para saber se está bem atraente e se provoca interesse.

# 43. Adequando a empresa à inovação

***Regiane Moura Mendonça***

> *Inovação é a implementação lucrativa de uma criatividade estratégica.*
> *(Elaine Dundon)*

Inovar não é algo inalcançável. Assim como independe da criatividade, produtividade e recursos.

A inovação parte de uma ideia que deve trazer benefícios para algum processo. Nas empresas, pode estar relacionada à criação de novos processos ou de um novo método.

Precisamos gerenciar o processo de inovação, devemos permitir que ela ocorra naturalmente. Um processo de inovação não acontece de forma solitária. É uma atividade de grupo, alinhada pela dinâmica da empresa.

## 43.1. Gerenciamento da inovação

O processo de inovação deve constar na definição estratégica.

Quando atuamos no modelo de inovação, os processos da empresa precisam estar preparados para inovar, ou seja, devem ser colaborativos e flexíveis para aumentar a vantagem competitiva.

Podemos identificar dois tipos de inovações dentro das empresas:

- **Incrementais ou de eficiência:** são as inovações que trazem soluções similares ao que já existe.
- **Radicais ou revolucionárias:** são as inovações que trazem soluções diferentes do que já existe.

Todos os procedimentos e processos podem passar por inovações incrementais mais facilmente do que por inovações radicais.

Os responsáveis pelo gerenciamento da inovação devem preparar as empresas para se adaptar às inovações, considerando que a inovação incremental trará maior valor agregado à situação atual. Por isso, é necessário planejar para que ocorra periodicamente, como uma rotina. Preparar para aceitar a inovação.

Os processos e procedimentos existentes já aguardam inovações ao longo do tempo, ou seja, esperam por novas soluções que reduzam custos, melhorando a qualidade e criando novas convergências com o mercado.

Essas inovações ocorrem internamente, sem a percepção dos clientes. O gerenciamento estimula a inovação a fim de buscar renovações.

Em alguns momentos, é necessário se reinventar, buscar novo diferencial competitivo. Essa necessidade traz a inovação revolucionária, que pode incluir outras inovações incrementais.

As inovações radicais ou revolucionárias precisam de planejamento e aprendizado. Existe a possibilidade de erros.

## 43.2. Inovação estratégica

Para se adaptar à inovação, é preciso entender a inovação como uma estratégia. Isso ocorre quando centralizamos a inovação em quatro pilares, conforme Drummond (2018):

- **Estratégia:** repensar o crescimento sustentável através da descoberta e representação, trazendo alavancas de inovação e matriz de inovação.
- **Execução:** fatores para impactar a estratégia.
- **Ferramentas:** utilização do método do inovador, que traz uma visão das ferramentas ao longo do processo de inovação.
- **Métricas, indicadores e resultados:** uso de componentes do próprio processo inovador para mensurar, indo além do ROI (retorno do investimento).

Podemos concluir que a inovação precisa ser reconhecida como necessária para todas as áreas das organizações, principalmente no que se refere a processos e procedimentos. Para isso, faz-se necessário gerenciar o processo de mudança e planejar revisões de acordo com as demandas.

# 44. Relação entre grandes empresas e *startups*

*Flávio França*

O mercado brasileiro já conta com mais de 13 mil *startups*, segundo levantamento da Associação Brasileira de *Startups* (CARRILO, s.d.). Com o número crescente de *startups*, cada vez mais se torna uma tendência do mercado o relacionamento entre grandes empresas e *startups*.

Existem vários modelos de como promover uma conexão entre grandes empresas e *startups*, cada uma com vantagens e desvantagens bem específicas. Seguem alguns desses modelos.

## 44.1. Criar *startups* internamente

Um caminho que algumas companhias adotam é abrir uma *startup* internamente ou até mesmo uma nova área ou departamento com foco em transformação digital ou inovação. Essa opção tem a vantagem de permitir que a *startup* já possa nascer com acesso aos recursos e à estrutura de uma grande empresa. Mas deve-se ter um grande cuidado para que as burocracias inerentes às grandes organizações não atrapalhem o crescimento da *startup*, que deve ser acelerado por definição.

De acordo com Startse (2020), um exemplo de *startup* que surgiu dessa forma foi a AME Digital, criada internamente na B2W, subsidiária das Lojas Americanas, grupo de Jorge Paulo Lemann. A empresa foi criada em 2018 para funcionar como um aplicativo de *cashback* no varejo. Em 2019 se tornou uma empresa independente. No começo de 2020 o aplicativo já possuía mais de 4,5 milhões de usuários e era aceito em cerca de 1.300 lojas do grupo.

## 44.2. Acelerar *startups* (inovação aberta)

Criar programas de aceleração é uma forma interessante de estabelecer uma conexão com *startups* desde uma fase mais inicial ("early stage"). Normalmente, os programas de aceleração criados por grandes empresas são realizados em parceria com aceleradoras de *startups*.

Uma aceleradora de *startups* é uma organização criada com o objetivo de ajudar negócios em fase inicial. Essa ajuda se dá de diversas formas: mentorias específicas, aporte financeiro, espaço físico, acesso a *networking*, compartilhamento de carteira de clientes etc.

As aceleradoras podem atuar de forma independente ou atreladas a grandes empresas por meio de programas de inovação realizados em parceria, o que frequentemente é conhecido com o nome de inovação aberta (*open innovation*).

Em geral, as empresas propõem desafios relacionados às suas demandas de negócio, e a aceleradora fica responsável por selecionar as *startups* e conduzir o programa. Uma aceleradora que faz um bom trabalho nessa linha é a Fábrica de Startups, no Rio de Janeiro, que já conduziu programas de aceleração para empresas como Aliansce Sonae, Shell e Subsea 7.

Também existem aceleradoras atreladas a grandes marcas, como: InovaBra, do Bradesco, BNDES Garagem, do BNDES, Oxigênio, da Porto Seguro, OITO da Oi etc.

## 44.3. Contratar *startups*

O caminho mais comum para conectar grandes empresas com *startups* é a contratação direta dos serviços da *startup*. Nesse caso, a *startup* entra no fluxo de processo normal da empresa para contratação de fornecedor.

A vantagem desse processo é que normalmente é mais rápido e menos custoso para a *startup* (apesar de em alguns casos uma negociação poder durar mais de um ano). Entretanto, como desvantagem, a *startup* estará sujeita às burocracias inerentes ao processo de contratação tradicional, que, em geral, não foi criado especificamente para atender a *startups*. Falaremos disso mais adiante.

## 44.4. Investir em *startups*

Essa é a modalidade mais atraente para empreendedores de *startups*. A grande empresa realiza um aporte financeiro e se torna sócia da *startup*. Esse modelo é utilizado quando a companhia possui algum interesse estratégico na tecnologia desenvolvida pela *startup* ou deseja explorar novos mercados.

É sempre vantajoso receber investimento, mas os empreendedores da *startup* precisam tomar muito cuidado ao calcular bem o *valuation* da empresa para negociar com propriedade o *equity*.

## 44.5. Adquirir *startups*

Assim como no modelo anterior, a aquisição de *startups* ocorre quando a organização possui interesse estratégico na *startup* em questão. Entretanto, esse movimento normalmente ocorre em casos de *startups* mais maduras, que já receberam outras rodadas de investimento anteriores, como *seed capital*, *Series A*, *Series B* etc.

Nesse caso, a organização se torna proprietária da *startup*, de sua marca e, na maioria das vezes, a principal controladora, até mesmo em termos de gestão. Muitas vezes o empreendedor sai do negócio. Outras vezes, ele assume um cargo na alta gestão.

## 44.6. Os cuidados que devem ser tomados – Como ser um bom cliente?

Um dos principais desafios da conexão entre grandes empresas e *startups* é o choque cultural. *Startups* e das grandes empresas possuem características muito distintas. Dessa forma, as *startups* muitas vezes ficam suscetíveis a negociações com condições desconfortáveis.

De fato, grandes empresas enfrentam muitos desafios para desenvolver novas soluções e incorporar tecnologias externas e práticas inovadoras, em parte devido à sua inércia organizacional, a um estrutura complexa e a pressões por excelência operacional. Por outro lado, as *startups* possuem uma estrutura mais leve, que permite o desenvolvimento mais ágil e eficiente das soluções, sem muita burocracia organizacional, porém com grandes limitações de capital e de acesso a mercados.

Grandes empresas possuem processos tão burocráticos e engessados que, muitas vezes, o processo de aprovação de projetos demora tanto tempo que assim que o produto vai ao mercado aquela tecnologia já está obsoleta. Em um mundo em constantes transformações, é necessário agilidade para implementar inovações. Caso contrário, as empresas correm risco de perder competitividade.

Dessa forma, é importante que as grandes corporações se aproximem de *startups* para estabelecer um meio de realizar inovações de forma mais rápida. Para isso, muitas companhias estão criando diretorias ou departamentos específicos como o "Digital" (focado em transformação digital) ou "Inovação". Essas novas áreas têm a finalidade de dialogar com *startups* e trazer inovações que atendam às demandas da empresa.

Entretanto, muito trabalho ainda precisa ser feito para adequar a cultura das grandes empresas às *startups* e vice-versa. Infelizmente ainda há preconceito no mercado com as *startups* por serem majoritariamente empresas nascentes e ainda pouco estruturadas. Esses preconceitos acabam gerando situações desconfortáveis para os empreendedores e muitas vezes colocando as empresas nascentes em grandes problemas.

Para entender esses fatos é preciso primeiramente entender a definição de *startup*. Segundo Eric Ries, autor do livro *A startup enxuta* (2019), "uma *startup* é uma instituição humana desenhada para criar um novo produto ou serviço em condições de extrema incerteza". Já de acordo com Steve Blank (2013), "uma *startup* é um grupo de pessoas à procura de um modelo de negócios repetível e escalável, trabalhando em condições de extrema incerteza, que trata das principais características e desafios deste tipo de negócio".

Como se pode ver, em ambas as definições dos maiores especialistas em *startups* do mundo o termo "incerteza" aparece com grande destaque. Trazendo para termos práticos, uma *startup* é normalmente uma empresa pequena, iniciante, com poucos recursos e ainda por cima cercada de incertezas por todos os lados. Parece assustador, não é?

Exato. Mas não apenas parece. Essa é a realidade da maioria das *startups*, principalmente no Brasil. Acontece que muitas empresas parecem não se importar com essa questão e se relacionam com *startups* da mesma forma que se relacionam com fornecedores mais estruturados.

Muitas vezes as empresas solicitam às *startups* a realização de projetos piloto, conhecidos como PoC (*Proof of Concept* – em português, "prova de conceito"), mas não disponibilizam orçamento para a realização desses projetos. Da mesma forma, não disponibilizam orçamento para viagens. O que acontece é que, na maioria dos casos, os empreendedores precisam arcar com essas despesas "do próprio bolso". E muitas vezes a *startup* está negociando com várias empresas ao mesmo tempo. Dessa forma, o custo operacional fica muito alto, e ainda por cima sem nenhuma garantia de fechamento de contratos.

Se não bastasse tudo isso, a maioria das empresas possui um fluxo de aprovação de propostas extremamente burocrático, passando por longas validações e inúmeras regras de *compliance*, o que torna as negociações muito demoradas, ocasionando ciclos de venda que demoram mais de seis meses ou até mais de um ou dois anos.

Mesmo depois que a *startup* já conseguiu fechar contrato, os processos de pagamento são muito longos, demorando em média trinta dias após emissão da nota fiscal. Algumas empresas podem pagar em sessenta ou até noventa dias.

Por serem empresas pequenas, com baixo capital de giro, as *startups* não possuem condições para custear PoC, viagens para outros estados, ciclos de venda de dois anos e processos de pagamento de sessenta dias. Por isso, o que geralmente acontece? A maioria das *startups* fecha as portas antes dos três anos de idade. As grandes empresas precisam entender que estão matando outras empresas, destruindo a inovação que é tão importante para construir uma economia sólida e competitiva, até mesmo como nação.

Por isso, uma sugestão para os gestores de departamentos de inovação e digital é criar processos específicos para atender às *startups*. É claro que todos os departamentos precisam de alinhamento nesse sentido, uma vez que é necessário envolver as áreas de compras, financeiro, TI, operações etc. Mas cabe às áreas de digital e inovação comprar essa briga internamente.

Esses cuidados são extremamente importantes para construirmos um ecossistema de inovação sólido e saudável, permitindo a prosperidade de empresas inovadoras. De nada adianta possuir área de digital e programas de *open innovation* se, na ponta, estamos matando nossas empresas.

# 45. Propriedade intelectual e inovação

*Alessandra Nascimento Pontes*

A economia global contribui para o desenvolvimento de novos produtos e processos, aumentando a competitividade territorial no setor econômico, o que reflete no posicionamento comercial de várias empresas. Em paralelo está a revolução tecnológica, que contribui de forma significativa para o processo de inovação dentro das corporações.

Zanandrea et al. (2018, p. 61-71) entendem que a propriedade intelectual desempenha um papel essencial, haja vista que está associada ao progresso tecnológico e à capacidade de criação e inovação. Os mesmos autores destacam que a propriedade intelectual abrange um conjunto de atividades relacionadas às invenções que podem ser protegidas por patentes (desenho industrial, marcas e indicações geográficas etc.). Porém, a propriedade intelectual vem sendo discutida há muito tempo, como podemos visualizar na Tabela 45.1.

**Tabela 45.1. Fases de criação dos órgãos regulatórios. Fonte: elaborado pelos autores a partir de dados históricos e Zanandrea et al. (2018).**

| Anos | Fatos históricos | Objetivos |
|---|---|---|
| 1967 | Por meio de convenção foi instituída a Organização Mundial da Propriedade Intelectual – OMPI (*World Intellectual Property Organization* – WIPO, em inglês). | Funciona dentro do sistema da Organização das Nações Unidas (ONU). Idealizado para suprir as insuficiências das convenções anteriores que regravam acerca dos direitos sobre as criações intelectuais. |
| 1883 | Convenção da União de Paris – CUP | Tratados com o envolvimento de vários países que protegem direitos relativos à propriedade intelectual, focando nas patentes de aplicação industrial. O Brasil é um dos países membros. |
| 1886 | Convenção de Berna | Tem o objetivo de proteger obras literárias e artísticas. |
| 1970 | Instituto Nacional da Propriedade Industrial – INPI | Vinculada ao Ministério da Indústria, Comércio Exterior e Serviços, é o órgão responsável pelo aperfeiçoamento, pela disseminação e pela gestão do sistema de concessão, garantia e negociação de direitos de propriedade industrial no território brasileiro. |

Importante ressaltar que esses órgãos funcionam até os dias atuais, garantindo a legitimidade do direito do criador sobre sua obra ou invenção. A Tabela 45.2 apresenta os assuntos das principais leis que as agências possuem como base.

**Tabela 45.2. Principais leis que as agências possuem como base. Fonte: elaborado pelos autores a partir de dados históricos e Zanandrea et al. (2018).**

| Lei | Assunto |
|---|---|
| 9.610, de 19 de fevereiro de 1998 | No Brasil, regula os direitos autorais, descrevendo como obras intelectuais "as criações do espírito, expressas por qualquer meio ou fixadas em qualquer suporte, tangível ou intangível, conhecido ou que se invente no futuro". |
| 9.609, de 19 de fevereiro de 1998 | Lei de Direito Autoral (Lei do Software). Tem o objetivo de proteger os programas de computador, além de o direito do autor de reivindicar a paternidade do programa de computador e o direito do autor de opor-se a alterações não autorizadas, quando estas impliquem deformação, mutilação ou outra modificação do programa que prejudique a sua honra ou a sua reputação. |
| 9.279, de 14 de maio de 1996 | Lei da Propriedade Industrial – LPI. Regula direitos e obrigações relativos à propriedade industrial no Brasil com o objetivo de conceder direitos para promover a criatividade através da proteção, disseminação e aplicação industrial de seus resultados. |
| 11.484, de 31 de maio de 2007 | No Brasil, regula indústrias de componentes eletrônicos semicondutores e versa sobre a proteção à propriedade intelectual das topografias de circuitos integrados. |
| 9.456, de 25 de abril de 1997 | Proteção de cultivares. |

Cada país tem sua agência. No Brasil, quando se trata de proteção intelectual, a legislação é bem clara: a Lei da Propriedade Industrial (LPI) prevê dois tipos de proteção: patentes de invenção (PI) e os modelos de utilidade (MU). Com base em pesquisas, a proteção é válida por um período de vinte anos a partir da data de depósito para as patentes de invenção e de 15 anos para os modelos de utilidade, sendo esses direitos territoriais, ou seja, limitados pelas fronteiras.

# 46. Tipos de *startups*

*Carlos Marcelo Faustino da Silva*
*Monique Alves Padilha*
*Roberta Ferreira*
*Viviane Laporti*

*Startups* trazem soluções com custos mais baixos por estarem intrinsecamente ligadas ao uso constante de tecnologias inovadoras e por possuírem um ciclo de transição mais curto e adaptável às mudanças de contexto. Com o uso da internet, o alcance se torna ainda mais amplo, fazendo com que as atividades fluam de forma rápida e prática por dispositivos como computador e *smartphone*.

Embora as *startups* tenham certo padrão, elas podem ser divididas em alguns tipos, de acordo com a caracterização do problema que visam solucionar, a área de atuação ou o nicho específico para o qual se voltam, conforme veremos neste **capítulo.**

## 46.1. *Startups* na área financeira (*fintechs* e meios de pagamento)

*Fintechs* são as *startups* que visam trazer soluções financeiras (de pagamento, gestão, crédito, entre outras) com menos morosidade e mais facilidade de acesso do que empresas ou bancos tradicionais. Elas trazem soluções mais aperfeiçoadas para a área financeira e com custos mais baixos por conta do uso constante de tecnologias inovadoras.

As *fintechs* têm a capacidade de facilitar transações financeiras, oferecer ferramentas para uma gestão financeira mais eficiente, intermediar créditos e negociar dívidas. Elas podem operar com *blockchain* e criptomoedas, atuar na área de eficiência financeira, intermediar *crowdfunding*, investimentos e até seguros. Com isso, têm atraído jovens e novos empreendedores que buscam capital inicial para impulsionar seus negócios. Esses indivíduos veem nas *fintechs* não apenas taxas e juros mais baixos, como também uma experiência superior no acesso às funcionalidades.

## 46.2. *Startups* na área da educação (*edutechs*)

As *edutechs*, *edtechs* ou *startups* de educação são empresas que utilizam a tecnologia e a inovação para evoluir e transformar o setor educacional. Visam facilitar o processo de aprendizado através de novas tecnologias, além de induzir a uma maior agregação na experiência dos usuários através de metodologias inovadoras. Tornar a educação mais acessível, eficiente e personalizada é um jeito de repensar a forma como as pessoas aprendem e ensinam.

Através da personalização do aprendizado, as *edutechs* se adaptam às necessidades e habilidades individuais de cada aluno. Todo o processo é elaborado através de plataformas de aprendizado adaptativo que adequam o conteúdo e o ritmo de aprendizado ao desempenho do aluno. De forma adaptável, reconhece as necessidades de cada indivíduo e tornam a inclusão o centro da atenção.

Em função de dispositivos móveis, aplicativos e plataformas de aprendizado permitem que os alunos acessem o conteúdo a qualquer momento e sem fronteiras.

A implementação da realidade aumentada permite a elaboração de experiências educacionais atrativas, oferecendo aos estudantes a oportunidade de interagir com cenários e contextos de aprendizado de forma dinâmica e inovadora.

*Segundo dados da Associação Brasileira de Startups junto com o Centro de Inovação para a Educação Brasileira (CIEB), as edutechs são as principais startups do país em questão de quantidade, totalizando 748 em 2020, mostrando um cenário onde métodos de ensino inovadores e tecnológicos são mais condizentes com o aspecto digital que tem abrangido o contexto no qual estamos inseridos.*

*Em nível global, o mercado de edutechs cresce 17% ao ano e deve alcançar o faturamento de US$ 252 bilhões até 2020, de acordo com o relatório EdTechXGlobal. (REDAÇÃO VINDI, 2019)*

*Big data* e *analytics* estão sendo utilizados para coletar e analisar dados sobre o desempenho e comportamento dos alunos, o que proporciona aos educadores a oportunidade de entender melhor as necessidades dos alunos de forma adequada e aprimorar a qualidade do ensino.

A colaboração e o *networking* têm sido fomentados através de plataformas que facilitam a sinergia entre alunos, professores e profissionais da indústria. Isso permite a construção de uma comunidade de aprendizado ampla e o compartilhamento de conhecimento.

A educação se divide em diversas áreas, e as *edutechs* podem atuar de diversas formas dentro do panorama educacional – por exemplo, com análise de aprendizagem, fazendo acompanhamento e monitoramento de alunos. Também existem *edutechs* com soluções financeiras voltadas à educação, como busca de bolsas, financiamentos ou ainda ajudar alunos e/ou seus responsáveis a encontrar escolas com valores mais acessíveis.

As *edutechs* estão desempenhando um papel fundamental na transformação do setor educacional e no ato de promover uma educação mais inclusiva. Os desafios enfrentados são a resistência à mudança, a falta de infraestrutura tecnológica em algumas áreas e a necessidade de garantir a privacidade e a segurança dos dados dos alunos.

O futuro das *edutechs* parece promissor, mesmo em um cenário desafiador com tantas inovações e oportunidades surgindo constantemente.

## 46.3. *Startups* na área da saúde (*healthtechs*)

O Brasil é o sétimo maior mercado com gastos na área da saúde no planeta e um dos mais importantes e vitais da América Latina na área de *healthtechs* (ABSTARTUPS; DELOITTE, 2022). O mercado mundial de saúde movimenta anualmente cerca de US$ 9 trilhões e vem encontrando seu próprio ritmo quando falamos de disrupção e crescimento de ecossistemas.

O objetivo das *healthtechs* é melhorar a saúde do indivíduo ou de populações. No Brasil, o desafio é melhorar o acesso ao cuidado, frente à discrepante distribuição de recursos, tanto financeiros quanto humanos, nesse território de dimensões continentais.

Com tantas propostas inovadoras e disruptivas que atingem desde a gestão até as pequenas rotinas dos envolvidos no sistema, o setor tem proporcionado uma revolução tecnológica – e quem não estiver preparado vai ficar para trás no mercado. Há propostas relacionadas não só à qualidade de vida a partir da incorporação de incrementos tecnológicos, como também ao aumento de expectativa de vida. As *healthtechs* fazem uso da internet das coisas (IoT), podendo focar em prevenção, triagem, diagnóstico, tratamento de doenças ou mesmo cuidados paliativos.

As soluções contribuem para a tomada de decisão clínica e de gestão, assim como para otimização de recursos. As *healthtechs* têm sido presença certa nos planos de saúde, com utilização de dispositivos que acompanham a jornada do paciente, na busca cada vez maior pela personalização do cuidado, pela proteção de dados de saúde e pela produção de informação baseada em evidência que contribua com a gestão da saúde populacional.

## 46.4. *Startups* na área da alimentação (*foodtechs*)

As *foodtechs* trazem como proposta melhorar a experiência alimentar, seja no acesso a alimentos e bebidas em geral ou até na forma de fazer compras. Elas abrangem produção, distribuição, compra/venda e até mesmo o pós-consumo de alimentos.

As *foodtechs* são variadas. Existem aquelas que criam novos tipos de alimentos e bebidas, visando adaptar o consumo a alguma necessidade ou preferência de um público específico, ou que podem simplesmente trazer soluções de acesso a receitas, ingredientes ou dietas.

Até 2050 a FAO (2009) estima que a produção mundial de alimentos deverá crescer cerca de 70% para conseguir acompanhar o aumento da população mundial, que deverá atingir 9 bilhões de pessoas. Esse desafio exige de todas as partes envolvidas na cadeia do alimento uma busca cada vez maior por meios de produção e consumo mais sustentáveis.

Não obstante, com o ritmo acelerado que envolve a rotina das pessoas e a facilidade de acesso aos alimentos, as *foodtechs* encontram nisso uma oportunidade.

Outro público das *foodtechs* pode ser aquele que integra as primeiras etapas do processo alimentar, ou seja, a criação, a produção, o processamento etc. Fazendas e indústrias também seriam potenciais clientes de *foodtechs*.

## 46.5. *Startups* na indústria (indústria 4.0)

As *startups* da indústria trazem como proposta de valor o uso de tecnologia para alavancar a produtividade, ligando-se ao termo indústria 4.0, associado à definição de tecnologias inovadoras integradas aos processos de produção industrial.

As *startups* que se integram à indústria costumam ter uma relação não como usuário-fornecedor, mas como dois parceiros que buscam elevar os patamares de produção através da colaboração mútua. Elas podem atuar de diversas formas, embora busquem principalmente automatização das tarefas, melhor gerência no armazenamento de dados e facilitação de processos industriais. Essas *startups* abraçam várias áreas: tanto a criação de produtos como o aumento de produtividade, a flexibilidade no modelo de negócios, a melhor gestão da segurança e novas práticas digitais e processos de gestão que otimizem a eficiência.

Conforme Krona (2021), os impactos da indústria 4.0 sobre a produtividade, a redução de custos, o controle sobre o processo produtivo, a customização da produção etc. apontam para uma transformação profunda nas plantas fabris. Segundo levantamento da Associação Brasileira de Desenvolvimento Industrial (ABDI, 2017), a estimativa anual de redução de custos industriais no Brasil, a partir da migração da indústria para o conceito 4.0, poderia ser de no mínimo R$ 73 bilhões/ano. Essa economia envolve ganhos de eficiência, redução nos custos de manutenção de máquinas e consumo de energia.

Não é novidade que a inovação está ligada ao aumento de competitividade entre as empresas. Com a chegada da quarta revolução industrial, as indústrias, mesmo aquelas mais adeptas dos modelos tradicionais, têm percebido a vantagem de se adequarem a essas mudanças através de parcerias com *startups* que trazem propostas de valor para os setores industriais.

# 47. Ensino de empreendedorismo ou educação empreendedora

*Carlos Marcelo Faustino da Silva*
*Priscila Siqueira*
*Simone Alves*

O ensino de empreendedorismo desenvolve competências que poderão ser utilizadas tanto em seus aspectos profissionais quanto pessoais.

Essas ideias são corroboradas com o disposto por Turchielo, Oliveira e Dalongaro (2019), quando afirmam que:

> *A educação empreendedora tem despertado, cada vez mais, o interesse das instituições de ensino e do meio empresarial, visto que é considerada uma iniciativa essencial para o desenvolvimento econômico e social de uma localidade. Acredita-se que o aluno exposto a estímulos empreendedores (sic) tende a adotar tais posturas quando adentra no ambiente de trabalho.*

Uma vez que as instituições de ensino são espaços onde o conhecimento é um dos principais ativos, elas se tornam um dos ambientes mais propícios à inovação através de estudos e pesquisas que viabilizem a aplicação desse conhecimento em diversas áreas, gerando resultados observáveis e aplicáveis.

Portanto, as instituições de ensino são um importante propulsor da inovação nos indivíduos e, por conseguinte, na sociedade e em suas esferas sociais e econômicas como um todo, sobretudo pelo fato de as universidades ocuparem um dos campos constatados no modelo da tripla hélice da inovação.

O modelo da tripla hélice da inovação defende que, para que haja um fluxo contínuo de conhecimento, inovação e empreendedorismo capaz de gerar benefícios para a sociedade como um todo, é necessário que haja interação entre três elos principais: o governo, as empresas e as universidades.

Etzkowitz e Zhou (2017) chegam a afirmar que, a partir da interação entre os elementos dessa hélice, essas instituições de ensino têm assumido um papel tão ou mais importante que o de formação, destacando sua atuação enquanto geradora de negócios a partir do conhecimento desenvolvido em seu interior:

> *A tese da Hélice Tríplice é que a universidade está deixando de ter um papel social secundário, ainda que importante, de prover ensino superior e pesquisa, e está assumindo um papel primordial equivalente ao da indústria e do governo, como geradora de novas indústrias e empresas. [...] À medida que a sociedade industrial é suplantada por uma era baseada no conhecimento, o conhecimento avançado é cada vez mais expeditamente traduzido em usos práticos, devido à sua natureza polivalente, simultaneamente teórica e prática. Processos de transferência de tecnologia a partir de descobertas teóricas que outrora levavam gerações para ocorrer agora transcorrem ao longo da vida profissional de seus inventores, dando-lhe a possibilidade de participarem tanto do processo de inovação como no de pesquisa.*

Dessa forma, e inquestionável o papel das instituições de ensino enquanto influenciadoras do movimento inovador no empreendedorismo, e consequentemente do desenvolvimento econômico regional, uma vez que também é delas que parte o capital intelectual que será utilizado nas empresas. Nesse aspecto, a educação empreendedora entra como uma forma de potencializar os efeitos do conhecimento e da inovação produzidos nas instituições de ensino, visto que consegue carregar essa inovação para um campo prático a partir do momento em que materializam as ideias dos discentes em modelos de negócio em potencial.

Entretanto, a educação empreendedora deve ir além dos métodos tradicionais de ensino, visto que no campo do empreendedorismo as abordagens mais efetivas costumam ir além da sala de aula, trazendo aos alunos oportunidades concretas de contato com a prática dos negócios. Nesse campo, o mais efetivo é que sejam os próprios alunos os protagonistas da atuação empreendedora, para que sejam capazes de construir conhecimento tácito no que compete a tudo o que envolve a criação de um negócio.

É nesse contexto de materialização do conhecimento em resultados palpáveis que surgem os conceitos de *spin-off* acadêmica e empresas filhas, modos desse conhecimento continuar gerando resultados, inclusive podendo até se tornarem empresas independentes da instituição de ensino onde foram criadas.

Uma *spin-off* acadêmica é normalmente definida como uma empresa criada a partir da oportunidade de empreender utilizando-se de uma propriedade intelectual que foi fruto de pesquisas desenvolvidas na unidade de ensino. São uma forma não só de estimular os alunos a desenvolver mais pesquisas, como de garantir um impacto a longo prazo desses resultados, visto que ao se constituírem como empresa conseguem se tornar autossustentáveis, garantindo assim um desempenho permanente de sua atuação.

Porém, nem todas as formas empreendedoras de se aproveitar o conhecimento nas instituições de ensino vêm necessariamente da pesquisa, existindo várias outros meios de transformar essas ideias em possíveis empreendimentos que venham a se tornar as chamadas empresas-filhas.

Existe a possibilidade de trabalhar com as empresas juniores, que normalmente prestam serviços de consultoria e são formadas por estudantes de graduação. Elas são supervisionadas pela Confederação Brasileira de Empresas Juniores, que garante uma integração nacional do Movimento Empresa Júnior.

O site do SEBRAE (s.d.) traz a definição dessas empresas como:

> *[...] uma associação civil sem fins lucrativos, formada e gerida por alunos de um curso superior, cujos principais objetivos são: fomentar o aprendizado prático do universitário em sua área de atuação; aproximar o mercado de trabalho das academias e os próprios acadêmicos; gerir com autonomia em relação à direção da faculdade ou centro acadêmico; elaborar projetos de consultoria na área de formação dos alunos.*

As empresas juniores são importantes para o desenvolvimento de competências empreendedoras nos discentes envolvidos, uma vez que conseguem atuar em área diretamente envolvida com o curso deles, e também para a região, visto que contribuem para alavancar o ecossistema onde estão inseridas através de serviços importantes atrelados a um baixo custo.

Há diversas formas de aplicar uma metodologia prática de educação empreendedora em instituições de ensino, e uma delas é a disponibilização de um espaço de apoio às ideias e aos projetos dos discentes para que se viabilizem como empreendimentos.

Um desses espaços pode ser uma incubadora ligada à instituição de ensino. Incubadoras são espaços responsáveis por dar apoio a empreendimentos em fases iniciais, fornecendo apoio gerencial, de capacitação, assessoria, mentoria ou até mesmo de infraestrutura. O objetivo é acolher esses empreendimentos e fortalecer sua modelagem de negócios para que sejam capazes de se firmarem por conta própria após sua graduação, ou seja, quando concluírem a incubação.

As incubadoras atuam também como um agente capaz de desenvolver nos discentes habilidades empreendedoras que os tornarão mais qualificados e disputados pelo mercado de trabalho.

No Instituto Federal de Educação, Ciência e Tecnologia de Mato Grosso (IFMT), instituição de ensino federal que trabalha com diversos níveis de ensino, atualmente existe a integração com a Ativa Incubadora de Empresas, que, sendo um programa vinculado à pró-reitoria de extensão, tem o objetivo de promover empreendimentos inovadores, oferecendo suporte para o desenvolvimento de ideias inovadoras. Para isso, oferece infraestrutura e suporte gerencial, orientando os empreendedores quanto à gestão do negócio e sua competitividade, entre outras questões essenciais para o desenvolvimento de uma empresa.

Em seu regimento interno, a Ativa traz como alguns de seus objetivos:

- Aproximar o IFMT do setor produtivo.
- Estimular a formação e o desenvolvimento de empreendimentos de tecnologias sociais, de sociedades comerciais e de empreendimentos econômicos solidários.
- Intensificar o relacionamento do IFMT com a sociedade, contribuindo para o desenvolvimento econômico e social local.
- Estimular a implementação de políticas públicas voltadas à geração de renda.
- Facilitar a transformação de projetos inovadores em novos produtos e/ ou em processos igualmente inovadores.
- Promover a criação e a consolidação de empreendimentos inovadores com excelência na área tecnológica.
- Auxiliar os potenciais empreendedores a desenvolver sua própria atividade empresarial, propiciando condições favoráveis para um desenvolvimento empresarial acelerado e sadio.

As formas de atuação são diversas. Atualmente a Ativa tem sido um elemento fundamental dentro do IFMT, possibilitando aos discentes uma opção de atuação além do mercado de trabalho tradicional, sendo determinante para aqueles que pretendem viabilizar suas próprias ideias concebidas através de pesquisas ou projetos executados no instituto.

# 47.1. O caso da *startup* Polimex Bioplásticos: *spin-off* do IFRJ

Em 2018, o Instituto Federal do Rio de Janeiro (IFRJ) teve a oportunidade de participar, com outros cinco institutos federais, do Programa Células Empreendedoras IF[1], de incentivo à educação empreendedora na Rede Federal de Educação Profissional, Científica e Tecnológica (RFEPCT), promovido pela Secretaria de Educação Profissional e Tecnológica (SETEC), do Ministério de Educação e Cultura (MEC). O programa foi desenvolvido em formato de competição entre grupos de estudantes e suas respectivas ideias de *startups*, com base em ferramentas como o *Design Thinking* e o *Lean Canvas,* fundamentais para estruturação de *startups* e para a inovação ágil. No caso do IFRJ, participaram 36 servidores, que atuaram como mentores dos grupos formados por 145 estudantes, rendendo à instituição dois prêmios: o de terceiro lugar entre os mentores e o de primeiro lugar entre as *startups*, com a *startup* Polimex Bioplásticos, criada por um grupo de quatro alunos de cursos de graduação do *campus* Rio de Janeiro.

Os alunos, insatisfeitos com problemas ambientais causados pelos plásticos tradicionais de origem fóssil, buscaram criar uma *startup* para desenvolver novos materiais plásticos biodegradáveis a partir de biomassas e resíduos agroindustriais tipicamente brasileiros. Motivados pela oportunidade vislumbrada ainda durante o Programa Células Empreendedoras IF, os estudantes começaram a buscar editais externos de fomento a *startups* em fase inicial, tendo sido aprovados em dois grandes editais de 2018: i) do Programa ProinterBio[2] de aceleração e internacionalização de negócios de alto impacto em bioeconomia, promovido pelo Sebrae-RJ; e (ii) de Inovação para a Indústria, promovido pelo sistema Senai, para incubação no Instituto Senai de Inovação (ISI) em Biossintéticos do SENAI-CETIQT, com aporte total de R$ 1,135 milhão.

As conquistas da Polimex desde então têm tido grande impacto na comunidade do IFRJ, tendo apoio técnico e financeiro direto tanto da Agência de Inovação do IFRJ, através da Coordenação Geral de Prospecção e Empreendedorismo, quanto da Direção Geral do *campus*. Esse apoio desdobrou-se em várias ações, dos próprios alunos da Polimex e de professores, tais como:

- Criação de um grupo de quatro professores-mentores do IFRJ com dedicação voluntária ao projeto incubado no Instituto Senai de Inovação (ISI) em Biossintéticos do SENAI-CETIQT, com 400 horas-técnicas de

1<https://portal.ifrj.edu.br/inovacao/empreendedorismo>.
2<https://sites.rj.sebrae.com.br/prointerbio/edital/>.

trabalho durante um ano e desenvolvimento de quatro novas linhas de pesquisa aplicada no próprio IFRJ em apoio a essa demanda.

- Oferta de oficinas para estudantes criadas e ministradas pela equipe Polimex durante as edições de 2018 e 2019 da Semana da Química do *campus* Rio de Janeiro e em eventos de recepção de calouros do curso de graduação em Tecnologia de Processos Químicos.
- Depósito de três patentes junto ao Instituto Nacional de Propriedade Intelectual (INPI), em nome do IFRJ e tendo os alunos e uma professora como inventores, contando com auxílio financeiro e técnico da Diretoria da Agência de Inovação do IFRJ.
- Cocriação de projetos de pesquisa aplicada em cooperação com pesquisadores do próprio IFRJ, aprovados em editais internos do IFRJ, assim como em cooperação com pesquisadores externos para submissão a editais externos de fomento à pesquisa e inovação.
- Assinatura de acordos de cooperação técnica com o Mestrado Profissional em Ciência e Tecnologia de Alimentos.

Casos de sucesso nos quais a educação atua como protagonista na mudança de realidades são comuns, mas esse é um caso em que a educação alinhada ao empreendedorismo e ao suporte institucional mudou não só a realidade dos jovens alunos fundadores da *startup*, mas permanece fomentando organicamente um novo ecossistema local de inovação no IFRJ, com outros estudantes que se inspiram no caso da Polimex e conseguem enxergar outras opções para suas carreiras.

Para o IFRJ, um dos principais desafios é transformar a experiência piloto com a Polimex em uma política institucional de incentivo a novas iniciativas de negócios que partam de estudantes, especialmente através do desenvolvimento de programas que selecionem projetos em todos os níveis de ensino, e pela adoção de procedimentos institucionais que facilitem a administração de recursos voltados para tais experiências, com critérios transparentes e estímulo a todos os cursos, atendendo às expectativas dos jovens que a cada dia mais escolhem o caminho do empreendedorismo para suas carreiras.

# 48. Ecossistemas de inovação: impulsionando o empreendedorismo e a transformação tecnológica

*Carlos Marcelo Faustino da Silva*
*Isabela de Jesus da Silva*
*Felipe Nascimento*
*Patricia Silva Corrêa*
*Phillip Lemos C. da Costa*
*Suzana Campos*

Os ecossistemas de inovação têm se tornado cada vez mais relevantes no cenário atual, onde a busca por soluções criativas e disruptivas é essencial para o desenvolvimento econômico e social. Esses ambientes dinâmicos reúnem diversos atores e recursos, criando um terreno fértil para o surgimento e crescimento de *startups*, além de fomentar a colaboração e a troca de conhecimentos.

No coração dos ecossistemas de inovação encontramos as *startups* – empresas jovens e ágeis que trazem ideias inovadoras para o mercado. Essas organizações, muitas vezes fundadas por empreendedores visionários, são responsáveis por desenvolver produtos e serviços que atendem a necessidades ainda não supridas ou que revolucionam setores tradicionais.

O ecossistema de *startups* no Brasil tem experimentado um crescimento significativo nos últimos anos, consolidando-se como um dos mais promissores da América Latina. Esse desenvolvimento é impulsionado por diversos fatores, como o aumento do interesse pelo empreendedorismo, a disponibilidade de capital de risco, o apoio governamental e a busca por soluções inovadoras para os desafios enfrentados pelo país.

De acordo com dados da Associação Brasileira de Startups (CARRILO, s.d.), o número de *startups* no Brasil saltou de cerca de 4.000 em 2017 para mais de 13.000 em 2021, um crescimento de mais de 225% em apenas quatro anos. Esse aumento expressivo demonstra o dinamismo e a efervescência do ecossistema empreendedor brasileiro.

Um dos setores que mais se destacam no universo das *startups* brasileiras é o de *fintechs*, empresas que utilizam tecnologia para inovar no setor financeiro. *Startups* como Nubank, PagSeguro, Stone e Creditas têm atraído a atenção de investidores nacionais e internacionais, levantando rodadas de investimento milionárias e expandindo seus negócios para além das fronteiras do país. Essas empresas têm democratizado o acesso a serviços financeiros, oferecendo soluções mais acessíveis, convenientes e inclusivas para a população.

Além das *fintechs*, outros setores que têm se destacado no ecossistema de *startups* brasileiro incluem *healthtechs* (*startups* voltadas para a saúde), *agtechs* (*startups* focadas no agronegócio), *edutechs* (*startups* de educação) e *retailtechs* (*startups* de varejo). Essas *startups* estão desenvolvendo soluções inovadoras para problemas específicos de seus respectivos setores, aproveitando a tecnologia para melhorar a eficiência, a qualidade e a acessibilidade de produtos e serviços. Mais detalhes sobre alguns tipos de *startups* estão no Capítulo 46.

O crescimento das *startups* no Brasil também tem sido impulsionado pelo aumento do investimento em capital de risco. Segundo a Associação Brasileira de *Private Equity* e *Venture Capital* (ABVCAP, 2021), os investimentos em *startups* brasileiras atingiram um recorde de US$ 4,54 bilhões em 2020, mesmo em meio à pandemia de COVID-19. Esse valor representa um aumento de 50% em relação a 2019 e demonstra a confiança dos investidores no potencial das *startups* brasileiras.

O governo brasileiro também tem desempenhado um papel importante no fomento ao ecossistema de *startups*. Iniciativas como o programa *Startup* Brasil, lançado em 2012, e o Marco Legal das *Startups*, aprovado em 2021, têm oferecido incentivos fiscais, desburocratização e um ambiente regulatório mais favorável. Além disso, diversas aceleradoras e incubadoras, tanto públicas quanto privadas, têm surgido para apoiar e impulsionar o crescimento de *startups* em diferentes regiões do país.

Apesar de alguns desafios, como a concentração dos investimentos na região sudeste, o futuro das *startups* no Brasil é promissor. Com um mercado interno grande e diversificado, uma população jovem e conectada e um crescente interesse pelo empreendedorismo, o país tem todas as condições de se tornar um *hub* global de inovação. À medida que mais *startups* brasileiras alcançam o status de unicórnio (empresas avaliadas em mais de US$ 1 bilhão), o ecossistema ganha ainda mais visibilidade e atrai a atenção de investidores e talentos de todo o mundo.

É nesse contexto que as aceleradoras e incubadoras desempenham um papel fundamental. Essas entidades oferecem suporte às *startups* em estágios iniciais, fornecendo infraestrutura, treinamentos, mentorias e conexões com investidores.

As incubadoras geralmente estão associadas a universidades, centros de pesquisa ou parques tecnológicos e têm como objetivo auxiliar os empreendedores a transformar suas ideias em negócios viáveis. No Brasil, existem centenas de incubadoras, como o Centro de Inovação, Empreendedorismo e Tecnologia (CIETEC) em São Paulo, o Parque Tecnológico da UFRJ no Rio de Janeiro e o Porto Digital em Recife.

Já as aceleradoras oferecem programas intensivos de mentorias, treinamentos e *networking* para *startups* em estágio mais avançado, geralmente com um produto ou serviço já desenvolvido e com potencial de crescimento acelerado. As aceleradoras investem capital financeiro nas *startups* em troca de uma participação acionária, e seu objetivo é preparar as empresas para receberem investimentos maiores e expandirem seus negócios. Algumas das principais aceleradoras brasileiras incluem a ACE, a Wayra (ligada à Telefônica), a Startup Farm e a Darwin Startups.

Nos últimos anos, o número de incubadoras e aceleradoras no Brasil tem crescido significativamente, acompanhando o desenvolvimento do ecossistema de *startups* no país.

Outro componente vital dos ecossistemas de inovação são os parques tecnológicos. Esses espaços reúnem empresas, universidades, centros de pesquisa e outras instituições, criando um ambiente colaborativo e sinérgico. Os parques tecnológicos oferecem infraestrutura de ponta, como laboratórios avançados, e promovem a interação entre a academia e a indústria, estimulando a transferência de tecnologia e a inovação aberta. Esses ambientes são propícios para o surgimento de *spin-offs* universitários e para a atração de empresas de base tecnológica.

No Brasil, os parques tecnológicos começaram a surgir na década de 1980, mas foi a partir dos anos 2000 que houve uma expansão significativa dessas iniciativas. Atualmente, o país conta com mais de 100 parques tecnológicos em diferentes estágios de desenvolvimento, distribuídos por todas as regiões do país.

Alguns dos principais parques tecnológicos brasileiros incluem:

- **Porto Digital (Recife, PE):** focado em tecnologia da informação e comunicação, abriga mais de 300 empresas e instituições, gerando mais de dez mil empregos diretos.
- **Parque Tecnológico de São José dos Campos (SP):** com foco em setores como aeroespacial, saúde e TIC, abriga mais de 100 empresas e instituições, incluindo centros de pesquisa da Embraer e do Instituto Nacional de Pesquisas Espaciais (INPE).
- **Parque Tecnológico da UFRJ (Rio de Janeiro, RJ):** localizado na Ilha do Fundão, abriga mais de 60 empresas e *startups* com foco em setores como energia, saúde e tecnologias de informação e comunicação.
- **Sapiens Parque (Florianópolis, SC):** com foco em inovação e sustentabilidade, abriga mais de 100 empresas e instituições atuando em áreas como tecnologia, meio ambiente e serviços.

Os parques tecnológicos brasileiros têm desempenhado um papel importante na promoção da inovação e no desenvolvimento regional, gerando empregos de alta qualificação, atraindo investimentos e fortalecendo a competitividade das empresas. Eles também têm contribuído para a descentralização da inovação no país, promovendo o desenvolvimento de polos tecnológicos em diferentes regiões.

Os *hubs* de inovação, por sua vez, são espaços físicos ou virtuais que concentram *startups*, empreendedores, investidores e outros agentes do ecossistema. Esses *hubs* promovem a troca de ideias, o *networking* e a colaboração, criando uma atmosfera vibrante e estimulante. Eles oferecem eventos, *workshops*, mentorias e programas de capacitação, além de facilitar o acesso a recursos e oportunidades de negócios.

Nos últimos anos, o número de *hubs* de inovação no Brasil tem crescido significativamente, acompanhando o desenvolvimento do ecossistema de *startups* no país. Algumas das principais iniciativas incluem:

- **Cubo Itaú (São Paulo, SP):** criado pelo Itaú Unibanco, é um dos maiores *hubs* de empreendedorismo tecnológico da América Latina, reunindo mais de duzentas *startups* residentes e parceiras.

- **Habitat Luiza Labs (Franca, SP):** desenvolvido pelo Magazine Luiza, o Habitat é um *hub* de inovação que busca fomentar a criação de *startups* e soluções inovadoras para o varejo.
- **Oito (Belo Horizonte, MG):** *hub* de inovação que conecta *startups*, empresas, investidores e universidades, promovendo a inovação e o empreendedorismo na região.
- **Inovabra Habitat (São Paulo, SP):** criado pelo Bradesco, é um *hub* de inovação que reúne *startups*, empresas, investidores e mentores, com foco em soluções para o setor financeiro.

Os *hubs* de inovação têm desempenhado um papel importante na promoção da cultura empreendedora e na conexão entre os diferentes atores do ecossistema de inovação brasileiro. Eles têm contribuído para o surgimento de novas *startups*, a atração de investimentos e a geração de parcerias estratégicas entre empresas e empreendedores.

Além disso, os *hubs* de inovação têm atuado como pontos de referência para a disseminação de conhecimentos e melhores práticas relacionadas ao empreendedorismo e à inovação, oferecendo capacitações, mentorias e acesso a conteúdos especializados.

Para que as *startups* possam se desenvolver e escalar, é essencial ter acesso a recursos financeiros e humanos. Os ecossistemas de inovação oferecem diversas fontes de financiamento, como investidores-anjo, fundos de *venture capital*, aceleradoras com programas de investimento e até mesmo linhas de crédito específicas para *startups*. Além disso, universidades, centros de pesquisa e programas governamentais podem oferecer recursos humanos qualificados, como estudantes, pesquisadores e profissionais especializados.

A captação de recursos é um grande desafio para os empreendedores que desejam inovar. O modelo de *bootstrapping*, com capital próprio, pode limitar o crescimento da *startup*. As alternativas de capitalização dependem do porte, do objetivo e da maturidade da empresa, conforme Ries (2019):

- **Fase de ideação (*start*):** *friendly money*, capital próprio ou editais de fomento.
- **Fase de operação (*build*):** investidores-anjo e capital semente (*seed money)*, trazendo *smart money* e *networking*.
- **Fase de tração (*grow*):** entrada dos fundos de capital semente.
- **Fase de consolidação (*graduate* ou *scaleup*):** capital de risco, *venture capital* e *private equity*.

Embora o apoio de investidores torne o capital mais acessível, ele dilui a participação dos fundadores. Nas etapas iniciais, é recomendável evitar uma diluição alta.

Outra alternativa são as cláusulas de P&D (Pesquisa & Desenvolvimento), obrigatórias em alguns setores. A ANP (Agência Nacional do Petróleo), por exemplo, exige investimentos em P&D e ampliou as possibilidades de atuação das instituições de pesquisa, incluindo investimentos em *startups*.

Há também linhas de crédito e editais de fomento de fundações de amparo à pesquisa dos estados ou agências de fomento. O governo federal, via FNDCT e FUNTTEL, descentraliza recursos para a FINEP e o BNDES. A FINEP apoia a incubação de empresas de base tecnológica, parques tecnológicos, pesquisa, desenvolvimento, inovação e desenvolvimento de mercados, utilizando operadores financeiros regionais para obter capilaridade.

Além disso, é preciso encontrar e atrair clientes. Para isso, é fundamental entender o público-alvo, suas necessidades e dores, e desenvolver estratégias de comunicação e marketing eficazes. Participar de eventos do setor, utilizar as redes sociais, oferecer *trials* gratuitos e estabelecer parcerias estratégicas são algumas das táticas que podem ajudar a conquistar clientes. É importante também segmentar os clientes em diferentes categorias, como *early adopters*, usuários avançados e clientes *enterprise*, e adaptar a abordagem de acordo com cada perfil.

Em suma, os ecossistemas de inovação são ambientes complexos e dinâmicos que reúnem diversos elementos essenciais para o florescimento do empreendedorismo e da inovação. Ao fomentar a colaboração, o compartilhamento de conhecimentos e o acesso a oportunidades, esses ecossistemas se tornam verdadeiros catalisadores da transformação tecnológica e social. É fundamental que empreendedores, investidores, governos e a sociedade como um todo reconheçam a importância desses ambientes e trabalhem em conjunto para fortalecê-los, criando assim um terreno fértil para a inovação e o progresso.

# PARTE VII. MEDINDO A INOVAÇÃO

# 49. Apuração do valor dos projetos de inovação

*Luciana Mourão Temporal*
*Mauricio Moreira da Silva*

Todo investimento efetuado em uma empresa, qualquer que seja o setor da economia em que ela atue, traz como premissa a percepção de um benefício, seja ele monetário ou não. Essa expectativa de resultado norteia a direção da companhia na tomada de decisão sobre priorização de projetos e alocação de recursos.

No âmbito da inovação, fica mais evidente a necessidade de mapear previamente as expectativas de retorno do investimento realizado, de forma a reduzir os riscos e incertezas.

A escolha correta dos critérios de medição de valor das iniciativas de inovação deve estar alinhada também com as estratégias de negócio das organizações, pois, como descrito no Capítulo 5 ("A importância de alinhar a inovação com a estratégia de negócios") deste livro, as iniciativas de inovação que não estiverem alinhadas com os objetivos das organizações dificilmente irão gerar valor para o negócio.

A adoção de um modelo de avaliação de resultados de projetos de inovação que considere as características do negócio e da empresa permite a avaliação dos resultados, tanto de iniciativas em andamento e finalizadas como dos benefícios esperados de novas iniciativas. O resultado do investimento dos esforços em inovação deve estar claro e transparente para a organização. Somente assim será possível evoluir no processo de melhoria contínua dos produtos e serviços que envolvem inovação.

O primeiro passo é entender claramente as necessidades da empresa e o que é esperado com a implantação da inovação, levando em conta não apenas os aspectos financeiros, mas também as necessidades não monetárias existentes.

Uma vez definidos os resultados esperados, para a apuração do valor nos projetos são recomendados os seguintes passos:

- Identificar como mensurar os resultados esperados.
- Coletar os dados definidos para mensuração.
- Analisar os dados referentes aos custos da iniciativa e aos benefícios monetários e não monetários.
- Comunicar sistematicamente os resultados previstos e/ou alcançados.

A Figura 49.1 apresenta as etapas de apuração de valor em projetos de inovação.

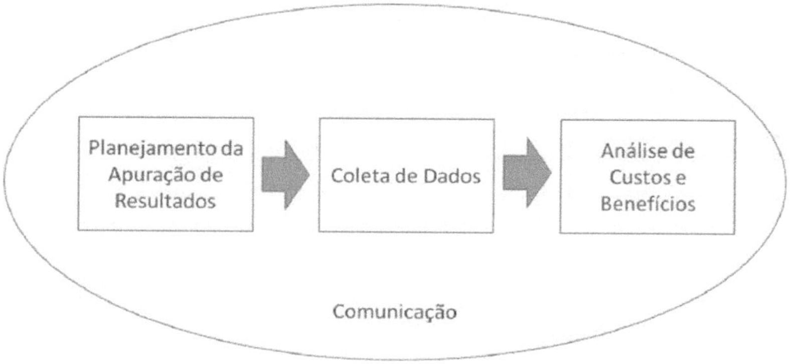


**Figura 49.1. Etapas de apuração de valor em projetos de inovação. Fonte: os autores.**

# 49.1. Levantamento das necessidades do negócio para mensuração dos resultados

As necessidades do negócio são tipicamente classificadas em quatro dimensões.

**1. Retorno do Investimento (ROI)** – Refere-se aos benefícios monetários que a inovação trouxe ou trará para a empresa. Alguns exemplos são:

- Necessidade de aumentar a lucratividade.
- Necessidade de diminuir os gastos.
- Necessidade de diminuir perdas.
- Necessidade de aumentar a rentabilidade.

**2. Impacto no negócio** – São as necessidades relacionadas ao desempenho do negócio, garantindo que o ROI definido na dimensão anterior possa ser atingido. Trata-se de inovações que impactam diretamente o negócio, tendo como alguns exemplos:

- Aumentar o *market share.*
- Lançar novos produtos ou serviços.
- Conquistar novos clientes oferecendo um serviço diferenciado.

**3. Implementação** – Identifica o que é necessário para implantar essa inovação, considerando o ambiente de operação da empresa. Como exemplos, têm-se:

- Novos equipamentos.
- Desenvolver ou adaptar sistemas.
- Impactos em políticas e processos.
- Contratação de novos especialistas.

**4. Conhecimento e aprendizado** – O foco é nas necessidades de conhecimento e aprendizado das mudanças que a inovação vai causar, como, por exemplo:

- Treinar funcionários sobre novos procedimentos.
- Disponibilizar informações para os clientes, dando suporte e tirando dúvidas sobre o produto ou serviço.

## 49.2. Cinco princípios para escolha de critérios de medição de inovação

Como os projetos de inovação normalmente estão inseridos em ambientes com muitas complexidades e incertezas, cenário cada vez mais comum nos dias atuais, é necessário que a apuração de valor entregue pelos projetos de inovação leve em consideração diferentes aspectos e não somente retorno financeiro ou rentabilidade, como também satisfação dos clientes, capacidade de desenvolvimento e entrega de novos modelos de negócios, uso de ferramentas inovadoras, aumento de produtividade, sustentabilidade, entre outros.

Além disso, é fundamental que eficientes critérios de medição de valor dos projetos de inovação sejam guias para melhoria contínua, já que muitas vezes a inovação é implementada através de processos ágeis, onde a evolução contínua dos produtos ou serviços ocorre de forma incremental.

De acordo com Pearl Zhu (2020), há cinco princípios que devem ser considerados na escolha das medições ou métricas de inovação.

### 49.2.1. As medições de inovação devem ser orientadas para justificar inovações necessárias

Todo critério de medição estabelecido para avaliar a performance da inovação deve levar em consideração as necessidades da organização em relação às metas e aos resultados desejados com a inovação. Ou seja, é importante que, antes de implementar esses projetos, seja feita uma avaliação das reais necessidades da organização em relação ao investimento que será feito para produzir inovação.

É relevante que os critérios de escolha dos indicadores de performance de inovação estejam diretamente ligados com a estratégia de negócios, para que seja possível medir o resultado dos projetos de maneira alinhada com os objetivos e as metas da organização.

Muitas empresas seguem o caminho mais fácil para a medição da inovação, porém, se as métricas não estiverem bem alinhadas com as estratégias de negócio, dificilmente conseguirão atingir os resultados desejados, ou seja, medir o que é importante e que esteja alinhado com a estratégia, e não medir o que é mais fácil.

### 49.2.2. Escolha medições críticas para os processos de melhoria contínua

Melhoria contínua faz parte do processo de evolução da inovação. Portanto, é válido que as métricas usadas para avaliar a inovação também levem em consideração a identificação de pontos de melhoria para serem aplicados de forma contínua ao longo do tempo.

### 49.2.3. Não meça a inovação levando em consideração apenas aspectos financeiros

Um processo eficiente de apuração de resultados de inovação deve levar em consideração outros aspectos além do retorno financeiro. Métricas relacionadas à capacidade de crescimento da organização ao longo de um período e o impacto nos negócios causados pela inovação são relevantes para a melhoria contínua.

Outros dois pontos importantes neste processo são as métricas em relação às ideias de inovação colocadas em prática através dos projetos de inovação e a capacidade de expandir a inovação dentro da organização.

### 49.2.4. Indicadores de performance de inovação deveriam focar em construir competências e cultura de inovação (*mindset* de inovação)

É importante que os indicadores de performance de inovação sejam utilizados para construir um *mindset* de inovação nas organizações através da demonstração de resultados concretos dos benefícios atingidos com o investimento em projetos inovadores.

A cultura ou *mindset* de inovação deve fazer parte do dia a dia das organizações, apoiada por uma comunicação eficiente dos benefícios e resultados atingidos com os investimentos em inovação, que foram medidos de forma clara e eficiente.

### 49.2.5. Um conjunto padrão e bem definido de métricas de performance de inovação deve ser considerado para atingir melhores resultados em projetos de inovação

Um bom processo de medição de inovação, contando com métricas robustas e relevantes, mostrará resultados de forma transparente para a organização, de modo que os projetos de inovação sejam constantemente beneficiados.

Nesse aspecto, a melhoria contínua deve fazer parte de todos os projetos envolvendo inovação. Uma gestão eficiente da inovação necessita que toda a organização esteja empenhada e envolvida, trabalhando na mesma direção, com metas e objetivos claros.

# 50. Indicadores para a gestão da inovação: OKRs, KPIs

*Flavia Lins Garcia*
*Bárbara Cabral*

Ao buscarmos inovação, há fatores importantes a considerar, como o processo criativo e a identificação de oportunidades disruptivas.

Além da cultura de inovação, é de suma importância fazer a gestão dos resultados quando o objetivo é ter um negócio lucrativo. Planejar e realizar parece muito simples no papel, porém é diferente na realidade.

A ciência da Metrologia iniciou-se com William Thomson, matemático e físico britânico, ou Lord Kelvin (como era conhecido no meio científico), que teve importantes contribuições no campo das medições científicas defendendo unidades de medidas precisas e confiáveis e a criação da escala Kelvin. William Deming, no século XX, popularizou a frase "o que não se pode medir não se pode gerenciar" e enfatizou a importância do ciclo PDCA (*Plan/Do/Check/Act*) para melhoria contínua com o acompanhamento de métricas para analisar o progresso.

O fato é que acompanhar métricas e analisar dados torna possível tomar decisões mais justas e criar um ambiente mais agradável e colaborativo.

## 50.1. O que são OKRs?

No final da década de 60, Andrew Grove, CEO da Intel, criou inicialmente o IMBO (*Intel Management By Objectives*), no qual ele sugeria *key results* descritos junto aos objetivos estratégicos principais da empresa com o objetivo de simplificar o processo. É uma abordagem simples e focada na eficiência, em que as pessoas têm o direcionamento sobre o que fazer e o que esperar como resultado, e principalmente o propósito do esforço em conjunto.

John Doerr, sócio da Kleiner Perkins (empresa de capital de risco especializada em investir em *startups*), havia trabalhado na Intel sob a gestão de Grove no final dos anos 90 e disseminou a metodologia para outras empresas do Vale do Silício. Uma das primeiras empresas em que Doerr implementou o IMBO foi uma *startup* em que ele acabara de investir e que estava desenvolvendo um site de busca: o Google (SOARES, 2021).

No Google, a metodologia sofreu alguns ajustes e passou a se tornar trimestral e não semestral. O processo se tornou de "baixo para cima" ou *bottom-up*, além de ser batizado com um novo nome: *Objectives and Key Results* (OKRs – em português, objetivos e resultados-chave). A metodologia vem sendo oficialmente utilizada pelo Google desde 1999, quando a empresa ainda tinha cerca de 40 funcionários.

Os *objectives* apresentam uma direção clara do que a empresa deve buscar e busca o engajamento de todas as pessoas, níveis e departamentos envolvidos.

Para exemplificar, alguns exemplos simples:

- ***Objective* 1:** oferecer novas e ótimas experiências ao consumidor.
- ***Objective* 2:** lançar um novo produto inovador no mercado.
- ***Objective* 3:** Aumentar a receita em 15% no próximo semestre.

Para completar o planejamento, algo precisa ser feito para atingir os objetivos definidos. É aí que entram os *Key Results* (KRs), que funcionam como metas menores e quantificáveis para buscar o objetivo e ajudam diretamente a conquistar o alvo. Podem ser definidos vários KRs para alcançar os *objectives* e, como boa prática, para manter o foco de atuação e evitar o desperdício definem-se de três a cinco metas menores, que são monitoradas e, se e quando alcançadas, redefinidas. Uma das propostas dos OKRs é quebrar um objetivo grande em várias metas menores.

Como exemplo, tomando por base o objetivo "oferecer novas e ótimas experiências ao consumidor", temos:

- **KR #1:** manter o NPS acima de 75% (zona de excelência).
- **KR #2:** realizar uma pesquisa com 300 respondentes nos próximos três meses com média superior a 7 (nota de 0 a 10).
- **KR #3:** manter as entregas em até dois dias úteis.

Outro exemplo baseando-se no *objective* 3: "aumentar a receita em 15% no próximo semestre":

- **KR #1:** aumentar as vendas em *e-commerce* em 10%.
- **KR #2:** aumentar a taxa de conversão de leads em 8%.
- **KR #3:** lançar dois novos produtos que gerem 5% da receita total.

Importante destacar que os OKRs são compostos por objetivos inspiracionais e metas reais e desafiadoras, sendo que em média é esperado que a equipe consiga alcançar de 70% a 80% da meta, de forma a ter espaço para premiar resultados que podem chegar a ser incríveis e realmente espetaculares.

Para implantar OKR, apesar da abordagem ser bem prática e direta, não basta pensar em objetivos, resultados-chave e achar que tudo estará resolvido. A adoção pelos colaboradores e o entendimento sobre a busca pelos objetivos tem que estar na cultura geral da empresa. Algumas práticas (MATOS, 2019) podem fazer a diferença:

1. Defina metas claras e específicas, tanto para os objetivos primários quanto para os *key results*. Isso permite o alinhamento entre todos os colaboradores e a motivação para buscar o estabelecido.
2. Divida os objetivos entre *top-down* e *bottom-up*. Um ponto importante do OKR é que os objetivos não devem ser estabelecidos inteiramente pelos líderes e gestores. Antes, eles formam 40% dos OKRs, e o restante é definido pela equipe, para envolver todos na criação das metas.
3. Estabeleça prazos razoavelmente curtos. As metas dos OKRs não podem ser longas demais, pois isso dificulta o processo e prejudica sua eficiência. Com isso em mente, estabeleça prazos razoavelmente curtos, como trimestral, contribuindo para o senso de urgência e para verificar se as ações realizadas surtem efeito.
4. Acompanhe os resultados de forma constante, tanto em função dos prazos mais curtos quanto para garantir a consistência do trabalho.
5. Deixe os OKRs à vista de todos. A transparência é o ponto de

partida em uma estratégia bem-sucedida de OKRs. Se todos devem compartilhar os mesmos objetivos e aspirações, não há forma melhor de fazer isso do que deixar todos a par dos resultados. O objetivo não deve ser pressionar os colaboradores para conseguir resultados mais rapidamente, mas mantê-los informados e garantir que o processo esteja claro para todos.

6. Não confunda esforços e resultados. O esforço pode ser máximo, mas o que precisa ser analisado são os resultados. Se todos estão trabalhando muito e os resultados não vêm, é provável que estejam no caminho errado.

## 50.2. O que são KPIs?

Os *Key Performance Indicators* (KPIs), ou indicadores-chave de desempenho, em português, são uma forma de mensurar a performance de uma organização. Os KPIs geram *insights* relevantes para a tomada de decisão. Geralmente os OKRs são definidos através das análises extraídas das medições de KPIs.

Logo, os KPIs servem para que os gestores saibam como está o desempenho dos seus diferentes processos internos. Para uma empresa estabelecer os seus KPIs, ela deve realizar uma análise do que entrega e de como isso pode ser medido. Como exemplos comuns de mercado temos: taxa de conversão (quantifica os *leads* convertidos em clientes), ROI (retorno sobre o investimento) e NPS (*Net Promoter Score*, que mede a satisfação dos clientes).

Um dos KPIs utilizados para medir o desempenho da inovação é a "Taxa de Vendas de Inovação", ou *Innovation Sales Rate* (ISR), que pode ser definida como a porcentagem de vendas que corresponde aos "novos" produtos (FREY, 2008).

Uma das formas de compor os indicadores é por meio do *Balanced Scorecard* (BSC), metodologia que auxilia na escolha das métricas corretas para o seu negócio, criada em 1992 por dois professores da *Harvard Business School*, Robert Kaplan e David Norton.

## 50.3. OKR *versus* KPI

OKRs e KPIs têm em comum a mensuração de resultados como ponto central. Ao utilizar OKRs, espera-se alinhar objetivos que levem aos resultados-chave definidos anteriormente. Por outro lado, KPIs especificam números e a forma como os processos foram desempenhados.

Ambas as siglas possuem um termo em comum: chave (*key*). Em Administração, o termo "chave" está condicionado a algo importante, único e significativo. No âmbito dessas duas metodologias, estamos nos referindo a resultados-chave e indicadores-chave. Não são exatamente a mesma coisa, mas podem caminhar juntos.

Enquanto OKRs focam nas metas aspiracionais que devem ser alcançadas, portanto os resultados, os KPIs medem a performance de processos executados. Esses indicadores não são a mesma coisa que os objetivos e resultados-chave das OKRs (CASTRO, 2019).

Estrategicamente falando, é possível alinhar ambas as ferramentas para que trabalhem juntas, fazendo com que os KPIs atuem dentro de uma estratégia OKR, por exemplo. Já que os OKRs definem os critérios macro para que o negócio funcione e atinja suas metas, os KPIs podem ser a forma de medir o que deve ser melhorado, buscando manter um nível de eficácia dentro de cada área. Ou seja, é possível definir metas para cada objetivo e resultado-chave e medir essas metas com os KPIs.

Outra forma usá-los juntos é medindo o sucesso dos processos com KPIs e criando posteriormente OKRs que melhorem esses KPIs.

Como exemplo, vamos supor que um banco digital utilize inteligência artificial para gerir seus canais de atendimento ao cliente. Todos os dias dezenas de chamados são abertos e fechados, tendo diferentes serviços, prioridades e prazos para solução. Essa empresa pode ter KPIs que meçam o tempo de início de atendimento de um chamado, o tempo que ele demora para ser resolvido e a satisfação dos clientes afetados. Com esses KPIs estabelecidos, será possível encontrar oportunidades de inovação focadas na experiência do cliente, mensurar e melhorar o processo de atendimento, capturar a percepção do cliente e revisar os objetivos e resultados-chave para o futuro da empresa a curto, médio e longo prazo.

Vivemos em uma época em que as respostas devem ser rápidas – é impossível pensar em desenvolver uma solução e entregar daqui a um ou dois anos, quando o desejo do cliente pode ter mudado. Em um ambiente de inovação, o uso de OKRs e KPIs alinhados apoia as entregas focadas na estratégia que a empresa busca como um todo, em prazos menores, para rapidamente aprender com as experimentações do processo e redefinir o curso.

# PARTE VIII. FERRAMENTAS PARA INOVAÇÃO

# 51. Técnicas de *Product Discovery*

***Gean Pereira***
***Rafael Auday***

Parte extremamente importante na etapa de construção de produtos é a fase de *Product Discovery*. Nela é feita a validação da ideia de um produto e seu respectivo modelo de negócios. Para ilustrar, imagine que você é um gerente de produtos de uma empresa que lhe apresenta a ideia de um produto revolucionário que vai ser parte fundamental da meta de atingir um crescimento de 150%. Seu superior hierárquico informa que todo o time de engenharia estará pronto para iniciar o projeto em quatro semanas. Você faz uma avaliação da ideia e entende o problema que será resolvido, depois prepara uma pesquisa, passa um tempo entrevistando usuários reais e identifica um conjunto preliminar de requisitos para esse produto. No início da segunda semana, você chama um designer de produtos e faz um protótipo, o qual deve ser testado com usuários reais. Por fim, tem definida uma primeira versão do produto com toda a lista de requisitos pronta (*backlog*) e priorizada para o time de engenharia iniciar o trabalho.

Esse seria o mundo ideal, certo? E é exatamente isso que nos conta Marty Cagan em seu livro *Inspired: how to create products customers love* (2017). O autor narra suas experiências trabalhando em projetos milionários e sem sucesso, o que o levou a desenvolver um método de *Product Discovery* para validar se o produto é aderente ao mercado antes de serem gastos milhões de dólares e muito tempo para desenvolver.

Segundo Cagan, o método de *Product Discovery* passa pelas seguintes fases:

1. **Entendimento:** nesta fase se entende o problema que o produto vai resolver e quais são as oportunidades de resolução desse problema.
2. **Entrevista:** com base no entendimento do problema, é feita uma pesquisa com usuários reais a fim de compreender se o problema realmente existe e captar *insights* sobre como ele poderia ser resolvido.
3. **Protótipo:** após reunir o resultado da pesquisa, e com base nos *insights* gerados, é construído um protótipo para validar a solução proposta.
4. **Definições do produto:** após validar o protótipo, é analisado o modelo de negócios e inicia-se o desenvolvimento da primeira versão do produto.

A Figura 51.1 mostra as atividades-chave do método de *Product Discovery.*

**Figura 51.1. Métodos de *Product Discovery*. Fonte: adaptado de Dyer e Furr (2014).**

Para ajudar nesta fase tão importante do desenvolvimento de um produto de sucesso, foram criadas algumas metodologias. Destacamos a seguir três disponíveis hoje em dia que, além de guiar essa fase, trazem um complemento primordial para as inovações: *Design Thinking, Design Sprint* e *Lean Inception.*

# 51.1. *Design Thinking*

"*Design Thinking* é uma abordagem antropocêntrica para inovação que usa ferramentas dos designers para integrar as necessidades das pessoas, as possibilidades da tecnologia e os requisitos para o sucesso dos negócios", diz Tim Brown (2010), considerado o pai do *Design Thinking*, em seu livro de mesmo nome.

É um processo colaborativo que usa a sensibilidade e a técnica criativa para suprir as necessidades das pessoas, não só com o que é tecnicamente visível, mas com uma estratégia de negócios viável. Na prática, o *Design Thinking* é uma abordagem centrada no ser humano que se propõe a acelerar a inovação e solucionar problemas complexos.

O *Design Thinking* propõe quatro grandes mudanças de pensamento. São elas:

1. Decisões centradas no ser humano.
2. Questionar as questões.
3. Construir para pensar.
4. Iterar.

Possui três grandes valores:

1. **Empatia:** estar com a mente aberta para se colocar no lugar do outro, despir-se de pressupostos e compreender o contexto e as ações do outro, sem julgamentos.
2. **Colaboração:** pensar conjuntamente, cocriar em equipes multidisciplinares para que nossa capacidade de entendimento se multiplique exponencialmente.
3. **Experimentação:** sair do campo das ideias. Construir e testar soluções para evitar problemas na fase de implementação.

O *Design Thinking* é baseado no conceito de duplo diamante (*double diamond*), o qual possui sete fases[3] que convergem e divergem pensamentos e opiniões. É importante observar que essas fases possuem uma ordem específica; porém, é possível retornar a alguma fase anterior e refazer o processo, visto que é um método iterativo.

Dessa forma, por exemplo, se durante a execução do método, na fase de ponto de vista, o time entender que ainda não é possível definir esta etapa porque percebeu que algo ainda não está tão claro, é possível voltar para a etapa de entendimento para refinar e depois seguir. Por esse motivo, é muito importante que cada fase seja realizada com o máximo de entrega dos participantes.

Outro ponto importante que o *Design Thinking* propõe é o chamado *T-Shape*, que reúne todas as disciplinas envolvidas no processo e que dificilmente conversam.

---

[3] Existem outras abordagens que definem quatro fases apenas. Escolhemos a abordagem de sete fases por entendermos que é mais completa e por conta da experiência dos autores.

É comum ver reunidos em uma sessão de *Design Thinking* pessoas com diferentes perfis, de áreas diversas, como finanças, atendimento, tecnologia, negócios, design e quantos outros departamentos que participam, direta ou indiretamente, do produto. A Figura 51.2 mostra as fases do *Design Thinking*.

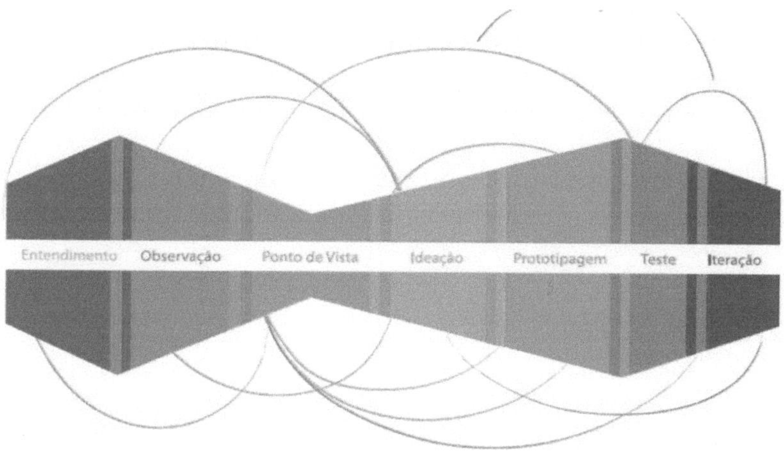


**Figura 51.2. Fases do *Design Thinking*. Fonte: adaptado de Brown (2010).**

As sete fases do *Design Thinking*:

1. **Entendimento:** é hora de colocar todos os pressupostos na mesa e desapegar deles. É um momento de abertura de olhar (divergência) e de preparação para a pesquisa de campo. Nesta fase, se utilizam técnicas como a matriz de certezas, suposições e dúvidas (CSD).
2. **Observação:** é hora de sair a campo, conversar, observar, provar, sair da zona de conforto! Todo serviço, produto ou plataforma é feito para PESSOAS, e por isso nossa pesquisa se baseia nelas! Dica: tenha empatia.
3. **Ponto de vista:** depois de gerar grande quantidade de dados, *insights* e novas compreensões, é hora de redefinir o problema inicial a partir do entendimento e da pesquisa em grupo. É o momento de organizar toda a complexidade gerada (convergência de pensamento).
4. **Ideação:** esse é o momento de construirmos soluções para os problemas encontrados na etapa anterior. É importante ter consciência do que realmente estamos resolvendo, para podermos explorar diversos caminhos criativos.
5. **Prototipagem:** é o momento de crescer o seu entendimento, de expandir. É o momento de tirar as ideias do papel, de dar-lhes vida. O protótipo é algo capaz de causar uma sensação em alguém antes mesmo de a solução existir.
6. **Teste:** é a hora de apresentar os protótipos criados aos supostos

usuários e buscar *feedback*. Esta etapa do *Design Thinking* serve para refinar ideias e soluções, e para aprender mais sobre o usuário.
7. **Iteração:** é o momento de refinar sua solução! Analisar e refletir sobre os *feedbacks* e aprendizados obtidos e, a partir daí, começar a iterar a solução. Não se assuste se precisar voltar a algum passo anterior.

Após todo esse processo, é possível que se descubra que o problema inicial na verdade era outro. E mais importante: o time terá um protótipo validado e testado com usuários reais, pronto para ser fabricado/desenvolvido.

Podemos facilmente perceber que o *Design Thinking* é um processo criativo que estimula a colaboração e a experimentação para reduzir riscos ao inovar.

## 51.2. *Design Sprint*

Como explica Jake Knapp, John Zeratsky e Braden Kowitz, em seu livro *Sprint: how to solve big problems and test new ideas in just five days* (2016), a grande ideia do *Design Sprint* é construir e testar um protótipo em apenas cinco dias (na versão 1.0). Na versão 2.0 o método deve ser executado em quatro dias.

> *É como avançar rapidamente no futuro, para que você possa ver como os clientes reagem, antes de investir todo o tempo e recursos com a construção de um produto real.*

A Figura 51.3 apresenta os estágios do *Design Sprint*.

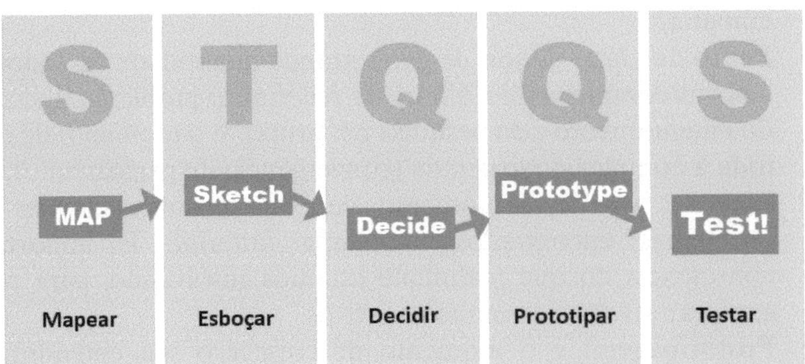


**Figura 51.3. Estágios do *Design Sprint*. Fonte: adaptado de Knapp, Zeratsky e Kowitz (2016).**

O método funciona da seguinte forma: escolha um grande problema que o produto vai resolver, junte um time com pessoas de diferentes áreas envolvidas com o produto, reserve uma sala por cinco dias corridos (começa na segunda e termina na sexta) e ordene as atividades de cada dia:

- **Segunda-feira (*Map* – Mapear):** neste primeiro dia são feitas várias sessões de conversas estruturadas, onde todos expõem informações para auxiliar na resolução do problema. Ao fim do dia, o time precisa ter um mapa simples do produto ou serviço e definir o maior risco e/ou oportunidade.
- **Terça-feira (*Sketch* – Rascunhar):** o segundo dia será dedicado à resolução do problema. Cada indivíduo fará um rascunho de suas próprias soluções detalhadas, seguindo um processo de quatro etapas que enfatiza o pensamento crítico.
- **Quarta-feira (*Decide* – Decidir):** com todos os rascunhos desenhados no dia anterior, é hora de decidir qual deles será prototipado e testado.
- **Quinta-feira (*Prototype* – Fazer o protótipo):** é o dia de criar um protótipo realista das soluções para simular um produto acabado para seus clientes.
- **Sexta-feira (*Test!*– Testar):** é hora de testar o protótipo. Ele será testado com cinco clientes em cinco entrevistas 1:1 separadas.

Percebemos que este método é parecido com o D*esign Thinking*, promovendo também a colaboração de pessoas de diferentes áreas e estimulando a inovação. Na versão 1.0, em apenas cinco dias é possível captar dados e encontrar respostas rápidas para decidir se vale a pena investir tempo, dinheiro e esforço em um produto ou serviço novo.

## 51.3. *Lean Inception*

Conforme definido pelo autor, Paulo Caroli (2018), o *Lean Inception* é um *workshop* colaborativo com atividades rápidas e efetivas para entender e planejar a criação de produtos enxutos.

Com base nas técnicas de MVP (*Minimum Viable Product*, Mínimo Produto Viável, em tradução livre), desenvolvidas por Eric Ries (2019), e também com técnicas do *Design Thinking*, o *Lean Inception* promete, em poucas etapas, entregar a versão mais simples de um produto que pode ser disponibilizada para o negócio.

A ideia é reunir pessoas de diferentes áreas envolvidas com o produto, inclusive o *stakeholder*, e, com as atividades definidas em uma agenda para uma semana de trabalho, definir qual será o MVP (mínimo produto viável) do produto.

| | Segunda | Terça | Quarta | Quinta | Sexta |
|---|---|---|---|---|---|
| Manhã | *Kick-off* da *Lean Inception*<br>Escreva a visão do produto | Descreva as personas | Funcionalidade Revisão técnica, de UX e de negócios | Construa o sequenciador de funcionalidades | *Showcase* da *Lean Inception* |
| | Almoço | | | | |
| Tarde | O produto É – Não é – Faz – Não faz | Funcionalidade *Brainstorm* | Mostre as jornadas do usuário | Preencha o *canvas* MVP | |

**Figura 51.4.** ***Lean Inception*** **– Exemplo de agenda. Fonte: adaptado de Caroli (2018).**

Estas são as etapas desenvolvidas no *Lean Inception*:

- Descrever a visão do produto.
- Priorizar os objetivos do produto.
- Descrever os principais usuários, seus perfis e suas necessidades.
- Entender as principais funcionalidades.
- Compreender os níveis de incerteza, esforço, valor para o usuário e valor de negócio por funcionalidade.
- Descrever as jornadas mais importantes dos usuários.
- Criar um plano de entrega incremental do produto, impulsionado pelo conceito de MVP.

E utilizando do *loop* aprender, construir e medir, novas versões do produto (MVP) vão surgindo com o *Lean Inception.*

De modo geral, todas as metodologias mencionadas estão relacionadas e têm como objetivo promover a inovação, unindo em um mesmo propósito pessoas com diferentes experiências e conhecimentos, trabalhando de forma colaborativa para a resolução de problemas reais de pessoas reais e, principalmente, evitando o desperdício de tempo, dinheiro e esforço. O *Product Discovery* auxilia a validar as hipóteses de negócio e a construir produtos que terão mais chances de atender às necessidades dos clientes e do negócio.

# 52. CSCW e inovação na forma de trabalho e interação

*Viviane Laporti*

A cada dia é mais comum encontrarmos pessoas que fazem *home office* ou mesmo prestam serviços para empresas de outros países, diferentes de onde se encontram. Será que há vinte ou trinta anos era possível imaginar esse cenário?

Essa mudança se propaga através da capacidade de conectar pessoas, tornando cada dia mais evidente a necessidade de adaptação das organizações. O pensamento altamente hierárquico do passado limita o crescimento no presente e não cabe no futuro.

Através das ferramentas que nos permitem tanta interação buscamos empregos ou oportunidades para empreender e nos tornamos visíveis a pessoas que estariam muito além de nosso alcance se considerássemos apenas o mundo *offline*. Vendemos, estabelecemos parcerias e outras relações de negócios.

Mas isso só foi possível devido à criação de novos recursos conhecidos como CSCW.

## 52.1. O que é CSCW?

*Computer Supported Cooperative Work* (CSCW) ou Suporte Computacional ao Trabalho Cooperativo é uma categoria de software. Embora tenha surgido há quase três décadas, atualmente vem ganhando nova roupagem através de recursos que na época de seu surgimento não eram possíveis ou ao menos eram difíceis de ser implementados.

O propósito dessas ferramentas, como o próprio nome sugere, é apoiar a realização do trabalho de forma colaborativa. Por isso seu princípio é aproximar as pessoas, reduzir a perda de informações que ocorre devido à distância, fortalecer o trabalho cooperativo e oferecer recursos que apoiem essa interação.

## 52.2. Exemplos de CSCW

O primeiro exemplo de CSCW que pode ser citado é a ferramenta **Google Docs**, que foi utilizada na redação deste livro. A equipe envolvida se encontrava geograficamente distribuída, e com o uso desta ferramenta cada um elaborou o capítulo pelo qual se responsabilizou, mas também teve a oportunidade de conhecer e até comentar o conteúdo trazido por outros participantes. Além do próprio conteúdo, as outras interações ocorreram através do **WhatsApp**, outra ferramenta de CSCW, pois apoiou a interação dos participantes na organização e distribuição de tarefas, ou mesmo para combinar a forma de escrita de cada capítulo.

Outros exemplos podem ser mencionados, como as ferramentas utilizadas para apoiar as atividades de TI. Podemos mencionar o **Trello**, ou **Asana**, que oferecem recursos para a equipe interagir e acompanhar a execução de projetos ágeis. A plataforma Jazz da IBM oferece recursos de compartilhamento e de apoio à comunicação e à coordenação.

Como apoio às atividades de designers e profissionais de UX, a ferramenta Figma também se caracteriza como CSCW, pois possibilita o acesso, a edição e o acompanhamento por toda a equipe envolvida, oferecendo inclusive diferentes níveis de acesso.

A ferramenta Bizagi, em sua versão paga, bem como a Aris, também oferece recursos de CSCW, pois permite a interação da equipe com os processos que estão sendo desenvolvidos. LucidChart e Draw.io permitem a modelagem de sistemas de forma cooperativa. E o GitHub permite que até mesmo projetos e códigos-fontes sejam compartilhados.

Zoom, Skype e Hangout são outros exemplos bem conhecidos, voltados para reuniões.

Existem ainda as ferramentas que permitem construir redes corporativas, como Confluence ou Facebook Workplace.

É importante destacar que as ferramentas de CSCW não se restringem ao apoio à área de TI. Existem inúmeras ferramentas em grandes centros de comando de complexas indústrias. Além de setores industriais e voltados ao atendimento a emergências, não se pode esquecer da área educacional, um setor que há algum tempo percebeu os benefícios da utilização de novos recursos para levar o conhecimento a um contingente maior e à distância. Nessa área, as ferramentas recebem até um nome um pouquinho diferente, CSCL (*Computer Supported Cooperative Learning*) (CAMPOS; SANTORO; BORGES, 2003).

## 52.3. Colaborar para inovar

Kelley e Littman (2007) descrevem a inovação como um processo colaborativo que considera o desejo do usuário, fatores técnicos e a viabilidade do negócio. Vista como estratégica no tratamento de problemas complexos, a colaboração é importante na recuperação do conhecimento (BOAVIDA; PONTE, 2002). E para construir soluções inovadoras é necessário não negar ou desconsiderar os conhecimentos adquiridos pela equipe – tal conhecimento deve ser disseminado, compreendido e combinado.

Escalfoni, Braganholo e Borges (2011) indicam diversos fatores que influenciam a inovação e propõem uma abordagem para identificar esses aspectos em organizações com base em histórias, fóruns e colaboração.

## 52.4. Mas quais recursos as ferramentas devem oferecer?

Como já foi dito neste capítulo, a inovação depende da colaboração, do fácil acesso e da possibilidade de combinar conhecimentos anteriores. E este ainda hoje é um fator limitante em muitas ferramentas de mercado, as quais retêm grandes volumes de informações, mas deixam a desejar no momento em que o usuário necessita acessar alguma informação específica de determinado contexto.

Para colaborar, é preciso compreender e seguir as mudanças, perceber se existe alguma ordem cronológica e compreender quais foram as mudanças. Por isso é importante prover recursos de percepção. Percepção (ou *awareness*) consiste em prover recursos suficientes para que, na posição de usuário, o colaborador consiga responder às seguintes questões, conforme Kirsh-Pinheiro, Lima e Borges (2003):

- **O que** – Referente às informações ligadas principalmente a atividades e seus papéis.
- **Quando** – Para permitir uma noção temporal, compreender quando ocorreram as alterações ou interações.
- **Onde** – Ajuda o usuário a compreender a origem da mudança e os seus impactos no ambiente corporativo.
- **Como** – Indica como as informações são apresentadas na interface.
- **Quem** – Mostra quem foi responsável pela alteração ou comunicação.
- **Quanto** – Muito ligada à usabilidade da ferramenta, destaca a quantidade ideal de informações que deve ser apresentada.

A interoperabilidade também pode ser um diferencial na ferramenta. Isso porque, através da capacidade de comunicação com outro sistema, se amplia a possibilidade de acesso a conhecimentos passados, retidos em outras bases.

Além dos recursos descritos, é importante que o CSCW se baseie no modelo 3C (**Comunicação**, **Coordenação** e **Cooperação**). Uma ferramenta de CSCW ideal, além de fornecer o suporte à comunicação, também permite a cooperação. A coordenação é necessária para possibilitar o gerenciamento de pessoas, atividades e recursos (FUKS et al., 2005).

## 52.5. Conclusão

No momento da escolha de uma ferramenta de CSCW é importante conhecer os recursos que podem facilitar a comunicação e a cooperação entre os envolvidos. No entanto, a ferramenta irá apenas intermediar a relação de trabalho que já existe. Ela não define a maturidade de cada profissional e da organização quanto ao aspecto colaborativo e sua capacidade de inovação. A inovação poderá ser facilitada por boas ferramentas, mas é a cultura da inovação, o apoio da alta gestão e o engajamento de toda a equipe que estabelecerão um ambiente seguro, propício à comunicação, que valorize o trabalho cooperativo e dissemine conhecimento para impulsionar a inovação.

# 53. Gestão de processos para *startups*

***Mariana de Carvalho Werner Lima***

*Empreendedorismo é o envolvimento de pessoas e processos que, em conjunto, levam à transformação de ideias em oportunidades. E a perfeita implementação dessas oportunidades leva à criação de negócios de sucesso. (DORNELAS, 2005)*

O empreendedorismo é mais do que um fenômeno econômico na nossa sociedade e ambiente de negócio; é principalmente uma das ferramentas mais impulsionadoras da inovação tecnológica no mundo atual. Vai além de ser uma alternativa ao emprego convencional, é um novo caminho para quem busca oportunidade de tirar suas ideias do papel.

Nesse contexto, as *startups* surgem como um canal natural de evolução e inovação dentro de cenários críticos e que mudam muito rápido. "A inovação está ao alcance de todas as organizações, desde que estejam dispostas a abandonar a sua zona de conforto" (DANTAS, 2013).

Está a cargo das *startups* a responsabilidade de lidar com um mundo repleto de problemas e recursos limitados, lidando com desafios técnicos, sociais e éticos que possam surgir (ABREU; CAMPOS, 2016).

Na mesma intensidade que surge a inovação, surge também a necessidade de organizar toda a cadeia de criação de novos modelos de negócios. A constante transformação do comportamento do consumidor (a jornada do consumidor digital), o ritmo acelerado de necessidades que surgem e a volatilidade do ambiente sugerem a necessidade de rápida adaptação para acompanhar o *timing* do mercado.

## 53.1. A importância da gestão de processos

De acordo com Ries (2019), uma *startup* é uma instituição humana projetada para criar produtos e serviços sob condições de extrema incerteza. Ela inicia quando um grupo pequeno de pessoas resolve colocar em prática uma ideia inovadora, assumindo o risco de não dar certo, ao mesmo tempo em que há a expectativa de que o resultado seja rápido e bem-sucedido.

Em uma empresa com administração tradicional, tudo deve ser planejado e organizado antes, para que esta possa alcançar eficiência, eficácia e excelência em suas operações e produzir resultados além das expectativas (CHIAVENATO, 2010). Desenhar, seguir e medir indicadores de processos para uma empresa é fundamental, independentemente do seu porte.

"Tendo-se a clara noção dos resultados que podem ser obtidos e os retornos financeiros desses resultados para a empresa" (OLIVEIRA, 2010), *startups* buscam estruturação com o objetivo de diminuir custos e despesas. Depois que os donos de *startups* passam a compreender a importância da gestão de processos e identificam os problemas, os resultados são alcançados com mais agilidade.

Para empreendedores que iniciam as atividades de uma nova empresa, é de suma importância conhecer os fatores que contribuem para o sucesso das suas ideias inovadoras. O bom gerenciamento de processos garante a competitividade e sustentabilidade das empresas e uma gestão efetiva da inovação.

Além da correta gestão dos processos, para *startups* é fundamental a correta escolha do desenho e da documentação de processos, uma vez que o cenário onde atuam é de constante mudança.

## 53.2. Gerenciamento de processos de negócio

Segundo Cury (2000), processo é "uma série de tarefas ou etapas que recebem insumos (materiais, informações, pessoas, máquinas, métodos) e geram produtos (produto físico, informação, serviço), com valor agregado, usados para fins específicos por seu receptor".

Também de acordo com Chiavenato (2010), "processo é um conjunto de atividades estruturadas destinadas a resultar em um produto especificado para um determinado cliente ou mercado".

O gerenciamento de processos de negócio, ou *Business Process Management* (BPM), é um esquema gerencial e um conjunto de tecnologias que viabilizam suporte e estão diretamente ligados ao gerenciamento do desempenho corporativo. É crescente a ideia de que deve ser o desempenho de processos interfuncionais o foco central da organização e não o desempenho de áreas funcionais, para verdadeiros resultados serem alcançados (ABPMP, 2013).

O BPM descreve a maneira pela qual as empresas se organizam para realizar um determinado trabalho. Em outras palavras, processos de negócio são qualquer conjunto de atividades realizadas por uma organização. Eles são iniciados por um evento, transformam informações, materiais ou compromissos comerciais e produzem uma saída de valor para a organização.

Com a análise dos autores citados, podemos concluir que o BPM é uma boa opção para *startups*, porém deve ser customizado para suportar o cenário de riscos e constantes mudanças em que estas operam.

## 53.3. Influência de processos na conexão com empresas tradicionais

Atualmente empresas de grande porte passaram a se envolver em ecossistemas de inovação com o objetivo de aumentar o alcance no mercado e variar seus produtos, serviços e tecnologias (NAMBISAN; BARON, 2013). Segundo Gereffi, Humphrey e Sturgeon (2005), empresas de grande porte costumam externalizar atividades secundárias junto às *startups* com o objetivo de preservar o seu poder de mercado, evitando ter de manter os custos fixos inerentes à manutenção de uma estrutura organizacional complexa.

A maioria das inovações exige algum tipo de colaboração para seu desenvolvimento ou comercialização. Uma empresa pode ter mais de um motivo para realizar uma aliança com outra organização. Basicamente, diferentes empresas se unem para reduzir custos, tempo ou risco de acesso a mercados que não lhe são familiares. A terceira edição do Manual de Oslo (OECD, 2005) reforça o aumento das interações entre empresas e instituições no processo de inovação, destacando também a importância dos fluxos de conhecimento entre organizações para o desenvolvimento e a difusão de inovação.

As grandes empresas e *startups* se unem para se complementarem. De um lado as *startups* têm a vantagem de suportar mudanças mais rapidamente, ao mesmo tempo em que grandes empresas possuem controle sobre recursos que as *startups* ainda não possuem.

Deve-se ressaltar que os processos facilitam a comunicação dentro das empresas. Quando bem estruturados e gerenciados, podem oferecer redução de custos e aumento de lucratividade ou qualidade.

Uma vez que a empresa consegue se comunicar bem internamente, certamente será facilitado o processo de comunicação externa com clientes e parceiros.

## 53.4. Conclusão

A falta de um mapeamento de processos muitas vezes deixa as empresas vulneráveis, desperdiçando tempo ao apresentar todos os processos da organização para seus colaboradores. A importância do gerenciamento de processos nas *startups* é incontestável, uma vez que o mapeamento dos projetos permite agilidade, facilidade de controle e monitoramento dos processos da organização. Assim, as chances de crescimento e permanência no mercado são maiores ao sistematizar as rotinas internas, assegurando melhores tomadas de decisão.

# PARTE IX. TECNOLOGIAS HABILITADORAS PARA A INOVAÇÃO

# 54. Inteligência artificial (IA), *machine learning* e *deep learning*

*Fernando Hannaka*
*Sérgio Murilo Schütz*

A inteligência artificial (IA) é uma área de conhecimento estudada desde a década de 40. Em 1943, os autores Warren McCulloch e Walter Pitts apresentaram um artigo que trata pela primeira vez de redes neurais, estruturas de raciocínio artificiais em forma de modelo matemático que simulam o nosso sistema nervoso.

IA é um ramo da ciência da computação que estuda e constrói modelos que simulam a capacidade humana de raciocínio e resolução de problemas. Uma das suas linhas de estudo tem como fonte o sistema biológico de raciocínio, que é baseado em redes neurais do cérebro humano. Rich e Knight (1993) definem IA como o estudo de como fazer os computadores realizarem coisas que, no momento, as pessoas fazem melhor. Dentro da IA existem dois conceitos distintos:

- **IA limitada ou ANI (*Artificial Narrow Intelligence*)**, onde a aplicação é restrita a uma área – por exemplo, vencer um campeão de xadrez ou criar carros autônomos. São soluções que reagem a alguma ação ou funcionam com base em uma memória limitada, analisando dados do passado para tomada de decisão.
- **IA geral ou AGI (*Artificial General Intelligence*)** é uma máquina que faz tudo que um ser humano é capaz, conceito que a maioria das pessoas tem em mente quando ouve falar de IA.

Conforme a Figura 55.1, o subcampo que mais se destacou com o uso das técnicas de IA é o aprendizado de máquina, em inglês *machine learning (ML)*, que evoluiu do estudo do reconhecimento de padrões e da teoria do aprendizado computacional em inteligência artificial.

A matéria-prima para ML são dados: quanto mais dados forem extraídos, mais perguntas serão feitas e mais respostas surgirão para resolver os problemas. É por isso que ML atinge todo o seu potencial com conceitos de *big data*, armazenamento e processamento de grandes volumes de dados (PATEL, s.d.).

O aprendizado de máquina funciona através de algoritmos que compõem uma sequência de ações precisas, como um passo a passo que resolve uma tarefa automaticamente. É assim que o Google Maps indica a rota mais rápida com base em sua localização e a Amazon recomenda produtos de acordo com seus hábitos.

Dentro de uma vertente de maior aprofundamento do processo de aprendizagem surge o *deep learning* (DL), também conhecido como aprendizado estruturado profundo, aprendizado hierárquico ou aprendizado profundo de máquina. Ele se baseia em um conjunto de algoritmos que tentam modelar abstrações de alto nível usando um gráfico com várias camadas de processamento, que aperfeiçoa as predições e classificações (KLEINA, 2023). Atualmente é impossível não ouvir falar de IA generativa, como, por exemplo, o ChatGPT e Google Bard, que tornaram a interface com a máquina muito amigável através de conversas muito próximas à interação entre humanos (ZEWE, 2023). Essas ferramentas utilizam um enorme volume de dados, praticamente a internet toda, em modelos complexos de DL, como modelos de difusão e transformadores (NVIDIA, s.d.).

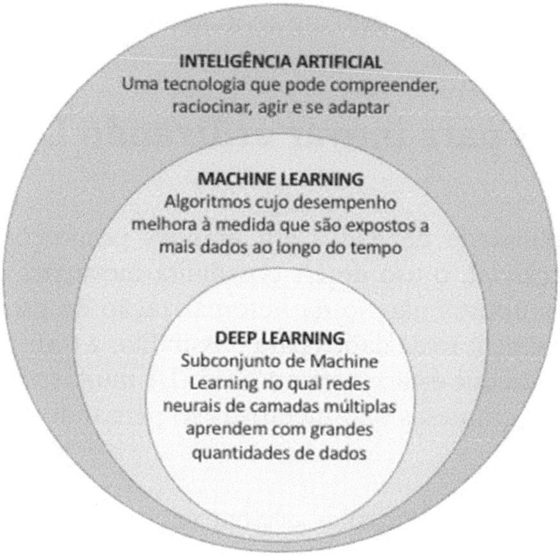


**Figura 54.1. Inteligência artificial, *machine learning* e *deep learning*. Fonte: adaptado de Kleina (2023).**

A IA é aplicada em grande escala na área de software, porém o maior valor está fora dessa área, tais como: setores de varejo, viagem, transporte, automotivo, materiais e manufatura. Muitas vezes o uso de IA nas nossas vidas cotidianas é imperceptível, pois se tornou uma tecnologia de uso geral (ROTTA, 2019). Por exemplo:

- **Assistentes pessoais inteligentes:** se você deseja encontrar o café mais próximo, especificar um produto ou resolver um debate, Siri, Cortana e Alexa (entre outros) estão à sua disposição. Por meio de dados de localização e hábitos do usuário e uma variedade de informações, esses assistentes respondem rapidamente às solicitações de voz e texto. A próxima evolução será integrar essa tecnologia com IA generativa para criar conversas ainda mais fluidas, humanizadas e com maior entendimento e profundidade nos assuntos (RUBIN, 2023).
- **Recomendação de *streaming*:** aplicativos como Netflix e Spotify ajudam os usuários a escolher um filme ou música. Ao monitorar seu histórico, os sistemas de recomendação que normalmente utilizam modelos de DL podem sugerir o que você deve assistir ou ouvir a seguir, com base nas opções anteriores. À medida que os conjuntos de dados crescem, as recomendações de *streaming* se tornam cada vez mais poderosas.
- **Internet das coisas (IoT):** há alguns anos, a Nest foi adquirida pelo Google por US$ 3,2 bilhões, permitindo o controle da temperatura de casas, apartamentos e escritórios por meio de inteligência artificial. O *Nest Learning Thermostat* (que pode ser controlado por voz pelo Alexa) foi desenvolvido com base em um algoritmo de aprendizado de máquina capaz de aprender com os dados de sua programação diária, para que seja ajustado automaticamente ao longo do tempo.

## 54.1. Motivos para inovar utilizando IA

Devido à disponibilidade de dados em grandes proporções e à capacidade computacional acessível, o uso de IA possibilita inovações em diversas áreas, como soluções disruptivas não só na automatização de processos complexos, como também na aquisição de dados para possibilitar a transformação e tomada de decisão. Empresas que estão inovando com IA muitas vezes criam produtos ou adquirem outras empresas não lucrativas só pensando nos dados que terão disponíveis.

A criação de máquinas inteligentes acelera exponencialmente o processo de descobertas científicas, especialmente em áreas que beneficiam a humanidade, como saúde, educação, economia, segurança, mobilidade urbana e meio ambiente. Desafios e riscos andam juntos porque, no futuro, teremos não apenas computadores inteligentes, mas carros, objetos e redes conectadas automatizando várias atividades humanas. Não pensar no uso de IA na área de inovação é um risco estratégico e operacional para as organizações.

Harari (2018) propõe que a inteligência está se separando da consciência. Isso significa que os sistemas inconscientes podem executar tarefas muito melhores que os humanos, como dirigir carros. Um motorista de táxi humano, por exemplo, ao dirigir seu veículo, pode se lembrar de sua filha na escola e se emocionar ou se preocupar. Mas esses sentimentos não importam para a tarefa de levar um passageiro do ponto A ao ponto B. Os veículos autônomos podem fazer isso melhor do que os humanos, sem sentir emoções.

As experiências são fenômenos subjetivos, como sensações (calor, prazer, tensão), emoções (amor, medo, ódio) e pensamentos. A sensibilidade é a atenção às experiências e como elas influenciam as pessoas em suas atitudes e comportamentos. Apesar de não terem consciência, emoções e sensações, robôs e sistemas de IA estão assumindo papel predominantemente humano.

A IA está hoje em um ponto semelhante ao da computação no início dos anos 50, quando os pioneiros estabeleceram as ideias básicas dos computadores. Menos de 20 anos depois, os computadores tornaram possíveis sistemas de reservas aéreas, caixas eletrônicos bancários e ajudaram a NASA a colocar o homem na Lua, resultados que ninguém poderia prever na década de 1950. O impacto da IA e dos robôs em uma década ou duas está se tornando ainda mais difícil de se prever (TAURION, 2019).

O que sabemos é que a IA já é uma realidade que pode ser muito benéfica ou trazer muitos riscos. Afeta empresas, empregos, sociedade e economia. Requer uma revisão do histórico educacional atual e exige ações fortes de governos e empresas. Provavelmente a questão econômica mais importante nas próximas décadas pode ser o que fazer com as pessoas que perderem seus empregos porque suas funções agora serão executadas pela IA.

## 54.2. Como utilizar a IA

É necessário unir várias tecnologias para construir uma IA e entender como aplicar cada modelo de dados, conhecendo suas vantagens e desvantagens. Além disso, em um cenário ideal, deve-se dispor de uma alta capacidade de processamento de dados e volume de dados suficiente para realização de análise e extração de informação. Para entender como fazer, é importante saber do que a IA é capaz e do que não é. Por exemplo, é possível um carro autônomo identificar a posição de uma pessoa à sua frente, porém saber exatamente o significado de um gesto que alguém está fazendo ainda é uma tarefa muito aquém. Para possibilitar a inovação através de IA, é necessário entender as possibilidades técnicas, além de ter um *mindset* ágil na execução de projetos que requerem um processo iterativo e de constante aprendizagem.

As principais técnicas de IA apresentadas na Figura 55.2 estão cada vez mais presentes nas atividades do homem.

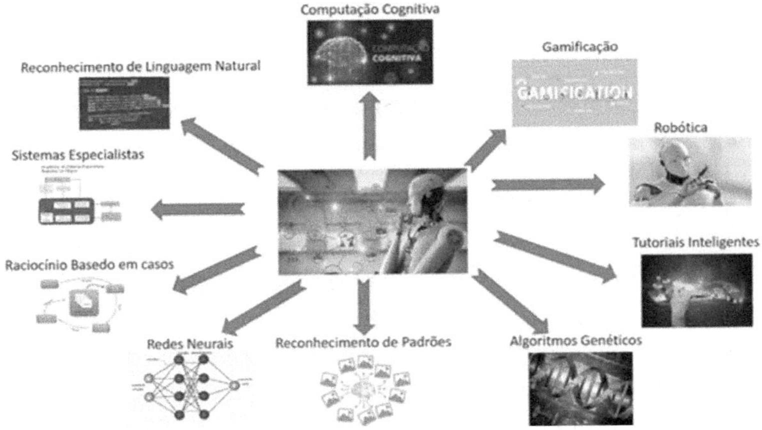


**Figura 54.2. Técnicas de IA. Fonte: adaptado de Ceron e Schütz (2004).**

## 54.3. Resultados de um projeto de inovação utilizando IA

Um projeto de inovação com IA deve atender aos requisitos de negócios, tais como: redução de custo, aumento do faturamento e criação de um novo produto. Além disso, também deve alcançar os objetivos técnicos de viabilidade e performance. Em relação ao resultado, é importante salientar dois aspectos muito importantes relacionados à IA: explicabilidade e viés.

A explicabilidade diz respeito à capacidade do sistema explicar o resultado apresentado. Por exemplo, se usarmos ML para definir se uma transação é fraudulenta, o modelo deve explicar o que foi levado em consideração, para se conduzir uma investigação. Isso se torna um desafio dependendo do algoritmo utilizado. Soluções baseadas em *deep learning*, apesar de serem mais precisas, ainda necessitam de avanços na explicação dos resultados.

Quanto ao viés, modelos de IA podem gerar resultados que discriminam um ou mais grupos. Por exemplo, foi constatado que um sistema de RH com IA discriminava mulheres para determinadas funções. O problema de viés deve ser combatido na IA através de soluções técnicas, tais como: uso de dados não enviesados, transparência e processos de auditoria. Soluções em IA devem ser constantemente verificadas para garantir que estão produzindo os resultados esperados.

## 54.4. Estratégias para inovar com IA

A fim de possibilitar a transformação digital através de IA, Andrew Ng (s.d.), um dos mais renomados profissionais no assunto, apresenta um passo a passo baseado em suas experiências nas empresas Google e Baidu. A ordem não precisa ser exatamente a apresentada (normalmente há uma interseção entre as etapas).

1. **Execute projetos piloto (MVP) para sair da inércia.** O mais importante nesta etapa é ter sucesso nesses projetos iniciais, em vez de trazer o maior valor para empresa. É um momento de ganhar experiência e confiança. Pode ser feito pela empresa ou *outsourced*, buscando projetos que tenham tração a curto prazo, com resultados reais em seis a 12 meses. À medida que esses projetos pilotos são vistos pelas equipes e diferentes áreas operacionais, haverá maior apoio e iniciativas inovadoras por toda a organização.
2. **Crie um time interno voltado para IA.** Esse time dará suporte à implementação de projetos nas diversas áreas organizacionais. Dessa forma, é possível conciliar o conhecimento técnico e de negócio por toda a empresa. O time de IA deverá estar sob a direção de um executivo *C-level* (CTO, CIO, CDO etc.). A vantagem de ter um time específico de IA é que a curva de aprendizado será mais acentuada e possibilitará a criação de plataformas voltadas para IA para todos os setores da empresa.
3. **Forneça treinamento em IA de forma geral a todos os níveis**. Executivos e líderes sêniores precisam entender o que a IA pode fazer para a organização e o que compreende uma estratégia de IA. Gerentes e líderes de equipes deverão entender como definir o direcionamento de projetos de IA, assim como trabalhar de forma ágil, através de iterações e medição de progresso. A equipe de engenharia de IA aprenderá como criar soluções em IA, obter dados e executar projetos específicos. As demais equipes deverão ter acesso

ao conteúdo dos *cases* de uso de IA desenvolvidos, a fim de entender e propor soluções inovadoras em suas áreas específicas de atuação.

4. **Desenvolva uma estratégia de IA.** Alavancar o uso de IA para criar vantagens competitivas baseadas no setor de atuação da empresa. Deve ser considerada a obtenção de dados de forma estratégica, tendo em mente como será o gerenciamento de dados por toda a organização. Buscar formas de criar soluções com efeito "bola de neve" através da utilização e exploração de redes e plataformas. Esse tipo de enfoque permite a criação de um ciclo virtuoso de IA, onde melhores produtos atraem mais usuários, o que resulta em mais dados disponíveis. Esse ciclo aumenta as chances de crescimento da empresa e diminui a possibilidade de entrada de novos concorrentes. Pela experiência do Andrew Ng (s.d.), é necessário primeiro a empresa entender o que é possível fazer com IA e ter pessoas capacitadas na equipe para conduzir projetos. Através da experimentação, há uma massa crítica suficiente para desenvolver uma estratégia adequada e realista para a empresa.
5. **Comunique interna e externamente de forma transparente sobre a estratégia de IA.** Maior clareza permite melhor relacionamento com investidores, governos e consumidores. A IA também é um tema que causa muito medo dentro das equipes; quanto mais esclarecer seu benefício para todos, mais aderência haverá a essa transformação. Internamente, essas iniciativas de transparência ajudam a atrair e reter melhores talentos diante da alta competitividade por mão de obra especializada.

# 55. Realidade aumentada/virtual/ mista

*Flávio França*
*Eduardo Marques*
*Giselle Santos*

Com o recente lançamento do Apple Vision Pro pela Apple, viralizaram vídeos de pessoas utilizando-o em áreas públicas nos mais diversos tipos de ambiente, como metrô, cafeterias, academias e até mesmo atravessando a rua.

O mundo da tecnologia está mais uma vez mergulhando nas possibilidades emocionantes da realidade aumentada (AR ou *Augmented Reality*), realidade virtual (VR ou *Virtual Reality*) e realidade mista (MR ou *Mixed Reality*). Essas tecnologias revolucionárias estão transformando a maneira como interagimos com o mundo digital e físico, abrindo novas perspectivas e oportunidades em uma ampla gama de setores.

Para além dos grandes lançamentos da indústria, essa tecnologia já está muito presente no imaginário popular, por meio de filmes e séries. Independentemente do que é mostrado na ficção, essas tecnologias já vêm sendo frequentemente utilizadas em diversas aplicações, tanto para jogos quanto para fins corporativos, de educação e saúde, por exemplo.

Para entender completamente o impacto dessas inovações, é crucial entender a distinção entre elas.

# 55.1. Realidade aumentada

A realidade aumentada (AR) se baseia na inserção de elementos virtuais no mundo real. Dessa forma, o usuário continua visualizando o mundo real, porém com "algo a mais". É como se a tecnologia estivesse apenas adicionando camadas ao mundo real.

O exemplo mais conhecido é o jogo *Pokemon Go*, onde os pokémons são acrescentados à visualização do mundo real. Depois do sucesso desse jogo, a tecnologia foi utilizada em inúmeras outras aplicações e em ativações de marcas, como Coca-Cola e Bis.

Outro exemplo que viralizou nas redes sociais foi a utilização da realidade aumentada para experimentar móveis dentro de casa, como ilustrado na Figura 55.1.

**Figura 55.1.Exemplo de aplicativo de realidade aumentada. Fonte: imagem gerada pelo coautor Flávio França, utilizando o software Midjournney.**

A realidade aumentada, diferentemente da realidade virtual, que necessita de um *headset*, pode estar presente em inúmeros *devices*, tais como *smartphones*, *tablets* e até os chamados *smart glasses* (óculos inteligentes), como Vuzix, Real Wear e outros.

## 55.2. Realidade virtual

A realidade virtual (VR) é a mais conhecida pelo grande público. Nela, o usuário fica completamente imerso em outro mundo e não consegue visualizar o mundo real. Essa tecnologia pode ser utilizada para fornecer experiências imersivas.

É muito utilizada em jogos, educação, turismo e no setor imobiliário, para que os clientes visualizem um apartamento decorado, podendo interagir com os objetos, visualizar a vista etc.

Também possui grande aplicação no mundo corporativo para simulações, capacitações e treinamentos, onde o usuário poderá executar o treinamento de uma determinada operação sem estar exposto aos riscos do ambiente real. A realidade virtual necessita de um *headset*, como mostra a Figura 55.2 a seguir:

**Figura 55.2. Realidade virtual. Fonte: imagem gerada pelo coautor Flávio França utilizando o software Midjournney.**

A realidade virtual proporciona ao usuário a imersão em um novo ambiente, enquanto a realidade aumentada fornece "apenas" a inserção de objetos no ambiente real. Se pudéssemos resumir as duas em uma imagem, seria certamente conforme demonstrado na Figura 55.3.

**Figura 55.3. Realidade aumentada x realidade virtual. Fonte: imagem gerada pelo coautor Flávio França, utilizando o software Midjournney.**

Mas não para por aí! Ainda existe um terceiro conceito que é pouco conhecido do público em geral: realidade mista (MR).

## 55.3. Realidade mista

Também conhecida como realidade híbrida ou hiper realidade, a realidade mista combina os mundos real e virtual.

Nesse caso, o hardware que está sendo utilizado mapeia as superfícies do mundo real (paredes, mesas etc.) e mescla o mundo virtual com essas superfícies, gerando imagens holográficas que interagem com o mundo físico. Em resumo, na realidade mista você continua visualizando o mundo real, mas com pitadas do mundo virtual interagindo com o real.

Imagine, por exemplo, que você está jogando e os adversários saem da sua parede, ou que você pode manipular um objeto virtual na mesa da sua sala.

O *device* mais conhecido no mercado para realidade mista é o Hololens, da Microsoft. Em 2023 a tecnologia voltou à tona com o lançamento do Apple Vision Pro, que basicamente é um *headset* de realidade mista, apesar de a Apple preferir utilizar um novo termo para designá-lo: **computação espacial**.

Existe uma sopa de letrinhas que engloba esses conceitos. Para facilitar, os três foram agregados em uma única denominação: XR *(eXtended Reality)*.

## 55.4. Mercado de XR (AR/VR/MR)

De acordo com um estudo aprofundado da Fortune Business Insights (2024), o mercado global de realidade estendida (XR) deve alcançar um valor colossal de R$ 14,9 trilhões até o final de 2028. A saúde é a principal área de investimento, com receita estimada de R$ 3,1 trilhões, boa parte dela aplicada em cirurgias minimamente invasivas, treinamento médico imersivo, diagnósticos aprimorados e reabilitação de pacientes. Em segundo lugar vem o varejo, com R$ 2,8 trilhões aplicados principalmente em experiências de compra, visualização de produtos em 3D, provadores virtuais e marketing personalizado.

Os principais especialistas em AR, como David Rose (CEO da Oculus), Minghui Jiang (pesquisador e diretor do *MIT Reality Labs*), Genevieve Bell (antropóloga e pesquisadora da Intel), dentre outros, concordam que a tecnologia tem um enorme potencial para transformar diversos aspectos da nossa vida nos próximos anos. No entanto, existem desafios a serem superados, como questões relacionadas à privacidade, segurança, acessibilidade e desenvolvimento de infraestrutura. O sucesso da AR dependerá da capacidade de abordar esses desafios e de criar experiências que sejam úteis, agradáveis e acessíveis a todos.

Para que essa tendência se concretize, tanto os consumidores quanto o mercado corporativo precisam conhecer todas as oportunidades que podem ser oferecidas por essas poderosas tecnologias. A seguir, trazemos dois *cases* de projetos interessantes de Flávio França, empreendedor, CEO e fundador da Media Glass.

## 55.5. *Case*: treinamento de eletricistas em realidade virtual (ENEL)

Em 2019 a Media Glass lançou uma aplicação imersiva em realidade virtual para treinamento de eletricistas. O projeto foi aplicado pela empresa InfoTec Brasil em sua operação para a distribuidora de energia ENEL.

Através de óculos de realidade virtual (HTC VIVE), o funcionário tem a experiência de executar o procedimento no ambiente real. A locutora explica ao usuário que ele deve vestir os equipamentos de proteção individual (EPI), subir no cesto, isolar os fios com mantas, aterrar o caminhão e cortar os fios irregulares.

O funcionário executa os procedimentos seguindo a dinâmica da aplicação, como se estivesse em um jogo. Flávio França, CEO da Media Glass, afirma que aplicações como essa podem gerar uma redução de até 30% no tempo do treinamento de novos funcionários e otimizar a eficiência dos treinamentos, reduzindo a necessidade de expor os colaboradores a situações de risco, conforme mostrado na captura de tela da Figura 55.4.

**Figura 55.4. Treinamento de eletricistas em realidade virtual. Fonte: elaborado pelo coautor Flávio França.**

## 55.6. *Case*: treinamento painel do BOP e do sondador (Petrobras)

Em 2022, Flávio também conta que a Media Glass desenvolveu um *game* em 3D no qual o usuário navega por uma sonda de perfuração de petróleo (*drilling ship*) e é conduzido por um personagem que o explica como operar o painel do sondador e o painel do BOP (*blowout preventer*) para executar uma operação de fechamento de poço. Trata-se de uma operação crítica, pois erros podem colocar em risco todas as pessoas a bordo da plataforma, inclusive causando riscos ambientais. O projeto é ilustrado pela Figura 55.5.

**Figura 55.5. Treinamento de funcionários da Petrobras em realidade virtual. Fonte: elaborado pelo coautor Flávio França.**

A partir desses dois *cases*, podemos concluir que a realidade virtual é uma tecnologia fundamental para a realização de treinamentos de operações críticas e de alto risco, tais como em plataformas, trabalho em altura, espaço confinado etc.

# 56. Impressora 3D

*Guilherme A. do P. Campos*
*Thiago Vial*
*Thiago da Silva Pessanha*
*Henrique Rego Monteiro da Hora*

A impressão 3D (*3D Print*), também chamada manufatura aditiva (AM ou *Additive Manufacturing*), foi inspirada na impressão 2D que surgiu no século XV (MURPHY; ATALA, 2014). O intuito da impressão é reproduzir, de forma automatizada, o produto final. Os estudos sobre as impressoras 3D são recentes, sendo o primeiro modelo desenvolvido por Ciraud em 1972, com a utilização de pó e feixes de energia (DIZON et al., 2018). Contudo, esse modelo não se mostrou o mais adequado para escalar.

Dentro desse contexto, após alguns anos de evolução, no final dos anos 80, Scott Crump patenteou o processo de fabricação que atualmente é o mais difundido no mundo, a modelagem de deposição fundida (*Fused Deposition Modeling* – FDM) (CRUMP, 1991; DIZON et al., 2018). As impressoras 3D baseadas em FDM são as que utilizam o filamento como insumo de base. Segundo Yong Huang et al. (2015), além do FDM, existem mais seis categorias:

- Estereolitografia (SLA).
- Fabricação de objetos laminados (LOM).
- Sinterização seletiva a laser (SLS).
- Fusão seletiva a laser (SLM).
- Deposição direta de metal (DMD).
- Deposição de metal a laser (LMD).

A fabricação aditiva é definida como um processo de adição de material realizando a união de materiais camada a camada para, no fim, obter uma peça acabada. Em vez de remover o material como na usinagem ou no fresamento, a impressão 3D adiciona o material, que pode ser filamento, pó ou líquido (TRANCHARD; ROJAS, 2015). Ademais, as matérias-primas são as mais diversificadas, como polímeros (por exemplo, ABS e PLA), metais, compósitos, proteínas etc.

O desenvolvimento de um projeto passa por diversas fases, e uma delas é a prototipagem. Antes do advento das impressoras 3D, essa fase demandava semanas. A versatilidade desse dispositivo agilizou a fabricação de protótipos de áreas inimagináveis, da biomédica à aeroespacial. Ademais, atualmente esses equipamentos passaram a fazer parte também da linha de produção de vários produtos, tais como sapatos, bijuterias, peças para automóveis, aeronaves, barcos, bicicletas e outros.

A impressão 3D varia de preço principalmente por causa do insumo, da matéria-prima, da precisão, da velocidade de fabricação e da dimensão da bandeja, sendo seu uso indicado para várias áreas:

- **Na área biomédica**, a impressão 3D tem evoluído para a concepção de tecidos e órgãos que são utilizados em pesquisas. Hoje, a impressão 3D para aplicações biomédicas está em franca expansão. O tamanho do mercado global de impressão 3D em biomedicina era estimado em US$ 1,45 bilhão em 2021 e deve aumentar para aproximadamente US$ 6,21 bilhões até 2030 (HSU, 2023).
- **Nas áreas aeroespacial e automotiva** estão sendo obtidas peças de todos os tipos de materiais, como polímeros de alta performance, ligas de metais e compostos de fibra de carbono (3DX, 2023). Também vêm sendo utilizadas técnicas avançadas como Sinterização Seletiva a Laser (SLS), Modelagem de Deposição Fundida (FDM) e Estereolitografia (SLA).
- **No segmento de bens de consumo**, óculos, tênis, sapatos e outros itens já estão sendo produzidos, incluindo design generativo DFAM de baixo custo e acessível com o uso de ferramentas de design baseadas em *prompt* orientadas por IA para acelerar o tempo de lançamento no mercado.

A impressão 3D também permite substituir alguns processos de fabricação convencional (por exemplo, soldagem, usinagem e fundição), agiliza a manufatura e obtém geometrias mais orgânicas. O desenvolvimento de uma peça ou equipamento não fica mais limitado a perfis ou geometrias disponíveis, mas à criatividade. Essa tecnologia inovadora reduziu o tempo de fabricação das peças com média e grande complexidade. Além disso, reduziu o custo de manufatura e tem gerado menos resíduos para o meio ambiente.

Atualmente já é possível produzir pele, fígado e intestinos artificialmente utilizando técnicas de impressão 3D como a BoC *(body-on-a-chip)*, onde um líquido com nutrientes e oxigênio que circula entre os orifícios simula a corrente sanguínea e faz cada tecido funcionar como miniórgãos ligados entre si. Os tecidos que preenchem as cavidades do *chip* reproduzem algumas funções dos próprios órgãos (CATARINO, 2023). "O minifígado produz bile e realiza todos os processos de desintoxicação, enquanto os dois tipos de células do intestino formam uma barreira com epitélio e liberação de muco", descreve a bióloga Ana Carolina Figueira, do Laboratório Nacional de Biociências (LNBio) do Centro Nacional de Pesquisa em Energia e Materiais (CNPEM), de Campinas.

A impressão 3D vem sendo utilizada como uma ferramenta poderosa para despertar a criatividade e aumentar a produtividade. Enquanto muitos projetistas e pesquisadores só conseguiam visualizar os projetos através de ferramentas de desenho auxiliados por computador (CAD) ou após semanas de fabricação convencional, ela reduziu o tempo de espera da ideação até a obtenção do protótipo fidedigno.

As manufaturas aditivas possuem procedimentos semelhantes. A ideação inicia-se com o desenho de um modelo tridimensional, que, geralmente, é salvo no formato de arquivo STL. Em seguida, o modelo deve ser inserido em um software de fatiamento, fornecido pelo fabricante da impressora 3D. Esse software pode ser próprio ou aberto. O mais indicado é utilizar os softwares abertos, pois sua atualização é mais rápida, o que reduz a ocorrência de *bugs*. Após ser analisado pelo software, no que diz respeito ao processo de fatiamento, o arquivo é enviado para a impressora. Com isso, é iniciada a deposição de uma camada bidimensional em cima da outra até obter o objeto 3D tangível. Na Figura 56.1 é apresentada a sequência discutida. Dependendo do processo escolhido (FDM, SLA etc.), é realizado o processo de pós-processamento, que pode ser: remoção de suporte, limpeza de superfície, cura e pintura, dentre outros.

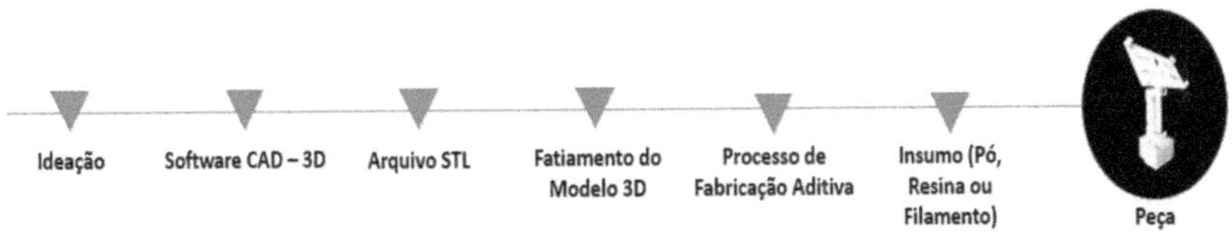


**Figura 56.1. Sequência para impressão 3D. Fonte: os autores.**

A impressão 3D veio para revolucionar o mundo que conhecemos. Já é possível fabricar tudo que as pessoas possam imaginar, modificando apenas a matéria-prima de entrada e parâmetros internos.

Atualmente existem milhões de designs gratuitos e de código aberto já disponíveis em dezenas de repositórios. As pessoas estão baixando-os e imprimindo-os em vez de comprá-los nas lojas, porque podem obter produtos personalizados de maior qualidade por uma pequena fração dos produtos genéricos encontrados nas lojas. A impressão 3D e o compartilhamento de designs abertos nos EUA a partir de resíduos plásticos domésticos custam mais de US$ 359 bilhões/ano para compras de filamentos *offset* ou mais de US$ 7 trilhões/ano para produtos (3BE, s.d.).

## 56.1. Aplicações com impressoras 3D

A impressão 3D surgiu como um meio de acelerar a prototipação. A facilidade de trazer uma peça desenvolvida em um software CAD para a realidade era surpreendente, com precisão de menos de 1mm (muito superior aos processos de fabricação manual) e sem necessitar de qualquer gabarito para garantir a fidelidade ao modelo digital. Isso significa que não há necessidade de investimento em ferramental extra – que, no caso de um protótipo, provavelmente será a única vez que será utilizado antes do descarte. A desvantagem da impressão 3D na época era a pouca fidelidade dos materiais em relação ao produto final, mas hoje a quantidade de materiais disponíveis é mais do que suficiente para atender a muitas demandas reais.

Um exemplo de utilização de peças fabricadas por manufatura aditiva é o caso da General Electric Aviation e a fabricação de turbinas de avião. Em 2012 a GE, em colaboração com a Morris Technologies, conseguiu reduzir o número de peças em um bico injetor de vinte para apenas uma, com diminuição do peso em 25%. Esse exemplo mostra que as demandas reais estão sendo supridas com a impressão 3D.

Com a adoção mais barata da impressão 3D, as decisões para testes de novas ideias agora têm um impacto mínimo no orçamento da empresa. Assim, estas têm chances muito maiores de serem testadas. A burocracia entre a ideia e a sua implantação na produção é reduzida significativamente, o que torna as empresas mais ágeis. O processo natural da inovação (pensar, testar, errar, melhorar) fica pelo menos dez vezes mais rápido.

Um exemplo que mostra a importância da impressão 3D para a inovação é no desenvolvimento de robôs, principalmente competições de combate onde inevitavelmente os robôs quebram pelos mais diversos motivos. Com a velocidade e precisão da impressão 3D, as falhas descobertas podem ser corrigidas em algumas horas com qualidade e fidelidade ao projeto – uma máquina substituiu, em alguns casos, até quatro pessoas fabricando peças de reposição sujeitas a erros.

No caso de novos produtos, o caso da Prusa é muito interessante. Com a urgência de lançar novos modelos de impressoras 3D, eles desenvolveram produtos que eram atualizados pelos próprios clientes com peças desenvolvidas pela fabricante, porém espalhadas pelo mundo. Então, no caso de algum erro, o *recall* era feito pelos próprios donos em suas casas, com um custo muito menor e sem frete ou emissão de $CO_2$ para a entrega das peças. Essa flexibilidade fez com que algumas empresas adotassem a impressão 3D como o método de produção final, já que o produto pode ser atualizado assim que o problema for identificado.

# 57. Robótica

***Alessandra Nascimento Pontes***

A robótica é definida como a área do conhecimento relacionada com o controle e a construção de robôs. Possui princípios básicos de mecânica, cinemática, elétrica, eletrônica, hidráulica, informática e inteligência artificial.

Como ciência, a robótica pode ser considerada a aplicação do conjunto dos sistemas eletro-mecânico-pneumático-hidráulicos que interagem com o mundo real com ou sem intervenção dos seres humanos. A robótica pertence ao grupo das ciências da informação e é considerada interdisciplinar, pois agrupa e aplica conhecimentos de microeletrônica (peças eletrônicas do robô), engenharia mecânica (projeto de peças mecânicas do robô) e física cinemática (SILVA; OLIVEIRA, 2022).

A palavra *robot* deriva da palavra tcheca *robota*, que significa "trabalho forçado" ou "servidão". O uso da palavra *robot* é comumente atribuído ao escritor tcheco Karel Čapek, que a introduziu em sua peça de teatro *Rossum's Universal Robots* em 1920. Na peça, Čapek utilizou a palavra *roboti* (plural) para se referir a seres artificiais criados em massa para realizar trabalhos manuais. A palavra somente se popularizou anos mais tarde, inicialmente através do conto de ficção *Círculo Vicioso* (1942), do russo Isaac Asimov, e posteriormente em suas obras subsequentes, especialmente na coletânea de contos *Eu, Robô* (1950), onde ele foi responsável pela elaboração das Três Leis da Robótica (ASIMOV, 2014). Embora sejam ficcionais, as Leis da Robótica de Asimov tiveram um impacto significativo no campo da inteligência artificial e da robótica, inspirando pesquisas e debates sobre a ética do desenvolvimento e uso de máquinas autônomas.

Podemos observar um forte crescimento da robótica no mundo e no Brasil em diferentes segmentos, como, por exemplo, para as indústrias que automatizam cada vez mais suas máquinas e linhas de produção. Inclusive, a robótica já se encontra presente até em ambientes domésticos, auxiliando em tarefas corriqueiras, como o robô varredor lançado pela iRobot em 1990. A robótica também pode ser definida como uma ligação inteligente entre a percepção e a ação. Significa estudar, projetar e implementar sistemas ou dispositivos que precisam ter certo grau de inteligência para serem úteis em atividades predefinidas ou não, envolvendo uma interação física entre o sistema e o ambiente onde a atividade está sendo realizada (FERNANDES, 2019).

Fernandes (2019) cita que as inovações tecnológicas geram cada vez mais necessidades para diversos setores da economia brasileira e até mundial, especificamente na área educacional. Com esses avanços tecnológicos, as escolas podem se adaptar às mudanças, procurando assim oferecer aos seus alunos mais oportunidades de aprendizado. Os alunos, por sua vez, estão cada vez mais interessados em novidades na área tecnológica.

A robótica tem, no contexto da educação, um grande potencial como ferramenta multidisciplinar, religando fronteiras anteriormente estabelecidas entre várias disciplinas, possibilitando aos alunos uma vivência na prática do método científico, simulando mecanismos do cotidiano através da construção de maquetes controladas por computador (PIO; CASTRO; CASTRO JUNIOR, 2006).

O estudo de Schons, Primaz e Wirth (2004) afirma que a robótica educacional constitui nova ferramenta à disposição do professor, por meio da qual é possível demonstrar na prática muitos dos conceitos teóricos, às vezes de difícil compreensão, motivando tanto o professor como principalmente o aluno.

O emprego da robótica educacional proporciona articular o campo teórico com o campo prático e, portanto, vivenciar o conhecimento de uma forma mais concreta e atribuir significado à aprendizagem (CHITOLINA; NORONHA; BACKES, 2016).

# 58. Drones

*Alessandra Nascimento Pontes*
*Ana Carolina Clivatti Ferronato*
*Henrique Rego Monteiro da Hora*

Drone é todo e qualquer objeto voador não tripulado, seja ele de qualquer propósito (profissional, recreativo, militar, comercial etc.), origem ou característica.

A sigla VANTs, ou Veículos Aéreos Não Tripulados, é utilizada pela Força Aérea Brasileira (FAB) a partir da década de 1990, através da Instrução Normativa Nº 015/COMDABRA (COMANDO DA AERONÁUTICA, 1996).

O termo "drone" ficou popularmente conhecido por inicialmente ser utilizado para uso civil, em filmagens e fotografias. Eles têm chamado a atenção de diversos segmentos, fazendo com que as empresas entrem nesse mercado promissor buscando melhorias na execução dos seus serviços.

Seguindo o pensamento de Maurício et al. (2016) em seu estudo, o desenvolvimento tecnológico representado pelos drones supera, em vários aspectos, o emprego das aeronaves convencionais tripuladas, e isso vem contribuindo muito para a sua disseminação nas forças policiais de vários países.

As normas e leis existentes abordam regras gerais para aeronaves não tripuladas, onde se estabelecem condições operacionais no Brasil. O principal regulamento para o uso de drones é o RBAC-E nº 94 da ANAC (Agência Nacional de Aviação Civil), que cita, de maneira detalhada, quais os principais requisitos sobre VANTs para o uso civil. A documentação necessária para colocar o equipamento em voo é apresentada pela ANATEL, ANAC e DECEA. É necessário ainda que o equipamento tenha seguro e que seja realizada uma avaliação de risco operacional, designando diretrizes de voo.

É possível também realizar captura de imagens através de satélites, para a realização de fotogrametrias. Entretanto, essas imagens podem apresentar qualidade insatisfatória para determinadas aplicações, e isso se deve ao fato de depender de fatores climáticos, ou ainda do tempo necessário para realizar a coleta, podendo levar até meses (AERONAVES HORUS, 2016). Para um melhor proveito do que os drones são capazes de oferecer como tecnologia e equipamento, todas essas imagens e dados capturados podem ser analisados utilizando diferentes softwares existentes que possibilitam o uso de técnicas e metodologias capazes de fornecer ao seu usuário condições para uma melhor tomada de decisão (AERONAVES HORUS, 2016).

As principais aplicações mencionadas na literatura sobre a utilização de drones foram encontradas nas seguintes áreas: agricultura, jornalismo e comunicação, segurança e estudos ambientais. García (2017) apura que a utilidade mais comum de um drone inicialmente era o entretenimento. Sabe-se, entretanto, que é vasta a aplicação dessa tecnologia. Pode-se destacar o uso na área abrangente da segurança, que, por exemplo, pode ser aplicada no controle fronteiriço e de resgate de pessoas, controle do tráfico, controle fiscal, vigilância de infraestrutura ferroviária, luta contra incêndios e emergências.

Atualmente, drones têm sido amplamente utilizados no conceito de enxames colaborativos, onde um grupo muito grande deles se move em sincronia, realizando tarefas complexas como mapeamento de áreas extensas, inspeções de infraestrutura crítica e até mesmo combate a incêndios.

A aplicação de inteligência artificial (IA) e aprendizado de máquina tem se mostrado promissora e tornado os drones mais autônomos, se adaptando a ambientes em constante mudança e realizando tarefas complexas sem a necessidade de intervenção humana. Duas dessas aplicações são o reconhecimento facial e inspeções automatizadas. A IA também permite a navegação autônoma em áreas cheias de obstáculos, evitando colisões mesmo com condições climáticas adversas.

O uso de drones para vigilância e coleta de dados pode representar uma ameaça à privacidade individual. Publicado no *Journal of Real-Time Image Processing*, o artigo "Recognizing human violent action using drone surveillance within real-time proximity" explora as implicações éticas do uso de drones. Os autores discutem os riscos à privacidade individual, os desafios regulatórios e a necessidade de um debate público sobre o uso responsável dessa tecnologia (SRIVASTAVA et al., 2021).

## 58.1. Aplicações de drones

Tecnologias que facilitaram a logística foram um grande motor do desenvolvimento das nações nas últimas décadas, e onde há demanda de logística há uma demanda para drones. As possibilidades são inúmeras, devido em grande parte ao barateamento da tecnologia, que a deixou mais acessível.

A área de sensoriamento remoto tem nos drones um grande aliado. A área de agricultura é uma beneficiária disso. É sabido que a velocidade do vento em alturas variadas em cima da lavoura (até 100m) é um dado crucial para avaliar, entre outras coisas, a potencialidade de polinização mecânica (pela própria atuação do vento). Antigamente eram feitas estimativas com balão e observação do movimento de árvores que estivessem em morros no entorno, para planejamento estratégico da plantação.

Na agricultura as aplicações são incontáveis: se antes era necessário contratar um avião para aplicar fertilizante e defensivos agrícolas, agora é possível equipar um drone com esses mesmos produtos e, com alguma capacidade de processamento embarcado, realizar a aplicação com precisão de acordo com análise prévia de monitoramentos das culturas, também captados por um drone.

Por outro lado, os drones possuem sérios riscos de segurança: são facilmente suscetíveis a invasões por terem que optar por softwares mais simplificados.

As atuais tendências, e é difícil comentar sobre "atual" em um mundo que muda a cada seis meses, tem sido o *Simultaneous Localization and Mapping* (SLAM), que são algoritmos usados para desenvolver mapeamento por ponto de referência (*landmark-based mapping*), e sistemas navegação assistida pelo terreno (*terrain-aided navigation*), com a capacidade de mapeamento e transição por meio de obstáculos de construções.

Esses avanços tecnológicos são necessários para viabilizar a chamada *last-mile* na logística, ou seja, a entrega entre o centro de distribuição urbano (como Amazon, Americanas etc.), ou uma loja regional (como entregas de lanches e pequenos itens), e o consumidor final.

# 59. IoT (internet das coisas) e conectividade 5G

*Roberta Ferreira*
*Bárbara Cabral*

## 59.1. Breve histórico

A origem do nome internet das coisas é atribuída a Kevin Ashton, cujo termo foi o nome de uma apresentação feita por ele em 1999 na conhecida empresa Procter & Gamble. Alguns anos depois foi publicado o artigo "That 'Internet of Things' Thing", ao qual ele referencia a definição de IoT bem como sua visão de um futuro onde objetos cotidianos estariam conectados à internet e compartilhando dados (ASHTON, 2009).

Atualmente se fala em IoE (*internet of everything* – internet de todas as coisas) e WoT (*web of things* – *web* das coisas). A ideia é atrelar internet a máquinas, sensores e coisas que se comunicam através de uma rede. A WoT está ligada à agregação e interpretação inteligente dos dados gerados por esses dispositivos, conectando-os à *web* semântica.

Conceitualmente, IoT são grupos de dispositivos digitais, tais como sensores industriais, que coletam e transmitem dados pela internet.

## 59.2. O que é o 5G e o que vem depois?

O **5G** é a quinta evolução das redes móveis, uma verdadeira revolução digital. Diante da instantaneidade de recursos e da pluralidade de acesso, em algumas aplicações precisamos de latência próxima a zero para as tecnologias que surgem a todo momento, como máquinas capazes de aprender (*machine learning*), inteligência artificial (*Artificial Intelligence* – AI), internet das coisas (*internet of things* – IoT), que velozmente avançam com carros e máquinas autônomas, transformando inteiramente o mundo, as relações interpessoais e as relações econômicas.

O 6G, ou sexta geração de redes móveis, ainda está em fase inicial de pesquisa e desenvolvimento. Não há um padrão definitivo definido, mas especialistas vislumbram uma rede muito superior ao 5G, capaz de revolucionar ainda mais a conectividade. Aqui estão alguns aspectos esperados do 6G: velocidade na casa dos *terabytes* por segundo (TB/s), latência reduzida a níveis próximos de zero, maior capacidade de conexão, alcance de frequências mais altas do espectro eletromagnético, inteligência artificial embarcada.

## 59.3. Como se conectam

A criação de protocolos e padrões abertos garante a interoperabilidade entre dispositivos e plataformas IoT de diferentes fornecedores, facilitando a integração e a adoção da tecnologia.

Em termos de infraestrutura como serviço, o uso de nuvem híbrida (combinação de nuvem pública e privada) para IoT permite armazenar, processar e analisar dados de IoT com segurança, escalabilidade e flexibilidade. E o uso de *edge computing* permite o processamento de dados em dispositivos IoT ou em *gateways* próximos, reduzindo latência, otimizando o uso de banda larga e aumentando a segurança.

## 59.4. Como falamos de segurança acerca de tanta evolução

Com a chegada do 5G, também temos o conceito de fatiamento. Nos cenários em que o 5G é a estrela, várias redes podem operar em paralelo. Isso está diretamente atrelado à comunicação crítica para policiais e bombeiros, IoT em massa e as redes de banda larga móvel. Nesses casos mencionados, os recursos podem ser realocados dinamicamente, para garantir que certas redes tenham conectividade ideal, a qualquer tempo e independentemente das circunstâncias.

Uma evolução de segurança será os cartões SIM físicos, pois eles estão se transformando e evoluindo para fortalecer a segurança no novo mundo 5G.

Por exemplo, o *International Mobile Subscriber Identity* (Identidade Internacional de Assinante Móvel, IMSI) – um número que é único para cada usuário móvel – será criptografado para garantir a privacidade do assinante.

Em relação à internet das coisas (IoT), a segurança ainda é um assunto que requer muita atenção. É necessário se resguardar. A seguir, sete dicas que irão apoiar nas suas escolhas de TI em sua rede corporativa:

1. **Identificar os principais alvos dos ciberataques:** resguardar as principais portas de entrada de *hackers* é essencial para garantir a segurança da rede corporativa. Além do monitoramento constante.
2. **Revisar políticas de segurança:** todas as normas e políticas de segurança da empresa devem ser revisadas, preparadas e sofrer manutenção constante para atender às novas exigências e práticas que surgiram com a inserção de novos equipamentos IoT.
3. **Atualizar dispositivos:** manter sempre os softwares atualizados em sua última versão para controlar os aparelhos de internet das coisas e diminuir a exposição dos usuários a possíveis brechas de segurança.
4. **Alterar senhas padrão:** é essencial trocar todas as senhas e credenciais para senhas complexas.
5. **Estratégia baseada nos possíveis riscos:** para trabalhar com dispositivos IoT, as empresas precisam se preparar e desenvolver uma estratégia orientada para os riscos de segurança. Os ativos críticos na infraestrutura IoT que representam maior valor e risco devem ser priorizados.
6. **Ter cuidado com serviços em nuvem:** os dispositivos IoT dependem, muitas vezes, de serviços de *cloud computing*. Portanto, é preciso conhecer os requisitos da política de privacidade do provedor da nuvem da empresa e se certificar de que ele oferece os recursos necessários de criptografia e proteção dos dados.
7. **Realizar testes e avaliações:** a realização de testes de penetração e avaliações dos dispositivos em relação a hardware e software antes das implantações dos aparelhos IoT é essencial para garantir a segurança. Não quer dizer que nuvem não é um ambiente seguro, pelo contrário: é necessário adotar todas as medidas necessárias a fim de manter a integridade de todo o conteúdo armazenado.

## 59.5. IoT e outras tecnologias

A internet das coisas (IoT) está em constante evolução, com avanços significativos em diversas áreas.

Uma delas é a aplicação de tecnologias de inteligência artificial (IA) e aprendizado de máquina (ML). A integração de IA em dispositivos IoT permite a análise de dados em tempo real, tomada de decisão autônoma, otimização de processos, bem como a otimização do uso de energia. Além disso, é possível realizar manutenção preditiva onde a análise dos dados dos sensores permite prever falhas nos equipamentos.

Utilize a tecnologia *blockchain* para garantir a rastreabilidade, imutabilidade e segurança dos dados IoT em cadeias de suprimentos, transações financeiras e outras aplicações. Os contratos inteligentes (*smart contracts*), executados automaticamente na rede, podem acionar ações baseadas em determinados eventos ou condições detectadas pelos dispositivos. Um exemplo de aplicação é o monitoramento de remessas em tempo real, otimização de rotas e automatização de liberações alfandegárias.

Integração de dispositivos IoT com AR/VR possibilita criar experiências imersivas em treinamento, manutenção, design de produtos e outras áreas. A IoT conecta sensores, dispositivos inteligentes e máquinas à internet, possibilitando a coleta e troca de dados do mundo real com o mundo virtual da AR/VR, gerando assim uma experiência mais real aos usuários.

## 59.6. Você e o futuro

O futuro é colaborativo, estamos em ponto de ebulição da inovação e mudanças disruptivas alteram nossos conceitos o tempo todo.

Gostando ou não do Vale do Silício, as soluções *data driven*, baseadas em dados, chegarão até você. É um avanço constante e não podemos retroceder.

Convidamos você a se questionar: **onde estou nesse momento tecnológico?**

# 60. *Blockchain*

*André Coelho*

Embora o *blockchain* seja extremamente eficaz para resolver problemas conhecidos em vários segmentos, essa tecnologia é frequentemente vinculada apenas às criptomoedas, que são objeto de controvérsias. Essa associação se deve principalmente ao fato de o *blockchain* ter sido originalmente desenvolvido para sustentar a criação do *bitcoin* por Satoshi Nakamoto em 2008. Desde então, a moeda virtual que utiliza dados criptografados não apenas alcançou notoriedade global, como também expandiu o *blockchain*, revelando seu vasto potencial para aplicações.

## 60.1. O que é *blockchain*?

É uma tecnologia que possibilita o armazenamento de informações transacionais de forma criptografada e descentralizada, seja em redes públicas ou privadas. Em outras palavras, o *blockchain* atua como um sistema de armazenamento de dados, similar a um banco de dados tradicional, mas equipado com recursos avançados que o tornam extremamente eficaz para aplicações que demandam alta segurança e confiabilidade dos dados.

## 60.2. O que é rede pública e rede privada?

Uma rede pública de *blockchain* é uma rede onde qualquer pessoa pode participar, inserindo e/ou visualizando transações da rede. Em uma rede privada, apenas os participantes com as devidas permissões de acesso podem inserir e visualizar transações. Adicionalmente, *blockchains* híbridos e *consortium blockchains* emergiram como soluções que mesclam características das redes públicas e privadas, oferecendo configurações adaptadas para necessidades específicas de segurança e eficiência.

Muitos consideram que a grande vantagem da rede pública é sua transparência e segurança, pois todas as transações que ocorrem na rede podem ser verificadas por qualquer pessoa. No entanto, essas redes exigem um significativo poder computacional para manter o consenso, através de mecanismos como a prova de trabalho (PoW ou *Proof of Work*). Recentemente, a prova de participação (PoS ou *Proof of Stake*) tem ganhado popularidade como uma alternativa mais sustentável e energeticamente eficiente.

Uma rede privada de *blockchain*, por outro lado, oferece um controle mais estrito sobre quem pode acessar e participar da rede, assemelhando-se mais a sistemas de armazenamento de dados centralizados, mas com benefícios adicionais de segurança e criptografia.

## 60.3. Como funciona o *blockchain*?

O armazenamento descentralizado de informações proporcionado pela tecnologia *blockchain* permite que cada participante da rede possua uma cópia fiel dos dados. Essa configuração, juntamente com a criptografia, dificulta o acesso não autorizado e a manipulação das informações. Além disso, todos os dados em uma rede *blockchain* são armazenados de forma transacional, preservando um histórico completo de todas as operações, o que facilita a auditoria e aumenta a transparência.

Vale ressaltar que todos os dados em uma rede *blockchain* são armazenados de forma transacional, ou seja, a alteração ou exclusão de um registro apenas gera um histórico dessa operação, fazendo com que todo o histórico do registro seja preservado, gerando uma grande base auditável.

## 60.4. Exemplo de aplicação prática da tecnologia

Um exemplo prático que ilustra a aplicação da tecnologia *blockchain* é o gerenciamento de cadeias de suprimentos. O *blockchain* pode ser usado para rastrear a proveniência de produtos desde a matéria-prima até o consumidor final. Cada etapa do processo é registrada de forma transacional no *blockchain*, criando um registro imutável e auditável de cada movimento do produto.

Por exemplo, na indústria alimentícia, um lote de tomates pode ser rastreado desde o campo do agricultor, passando pela fábrica de processamento, até chegar às prateleiras do supermercado. Em cada etapa, informações como data de colheita, condições de transporte e data de entrega são registradas no *blockchain*. Isso dificulta a adulteração e o acesso não autorizado às informações e permite que consumidores e reguladores visualizem toda a cadeia de custódia. Esse nível de transparência pode aumentar a confiança do consumidor, melhorar a segurança alimentar e facilitar a conformidade com regulamentações.

## 60.5. Por que usar *blockchain*?

Os sistemas de armazenamento de informações de banco de dados que temos no mercado possuem um modelo centralizado e não transacional. O que isso significa? Significa que, na maioria dos sistemas, as informações são armazenadas em um local físico (um servidor) centralizado e qualquer pessoa com acesso a esse local pode obter as informações, podendo até alterá-las, prejudicando a consistência dos dados.

Já o *blockchain* armazena informações de forma transacional, não perdendo o histórico das alterações. A forma como ele armazena as informações é descentralizada e distribuída. Assim, para que alguém tenha acesso às informações e possa alterá-las de forma consistente, a alteração deverá ser realizada com o consenso dos participantes da rede.

## 60.6. Onde posso aplicar?

A tecnologia *blockchain* pode ser aplicada em diversos sistemas que necessitem, por exemplo, de: auditoria transacional com maior confiabilidade; compartilhamento de informações de forma segura (armazenamento descentralizado); rastreabilidade de ativos de forma auditável; criação de registros únicos para certificação; entre outros.

Para saber se seria mais adequado o uso de uma tecnologia tradicional de armazenamento de dados ou de *blockchain*, na Figura 61.1 temos um diagrama de fluxo de decisão que pode auxiliar no processo de decisão.

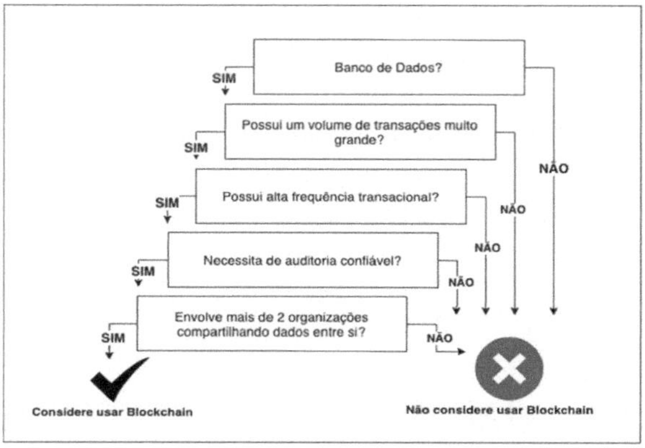


**Figura 60.1. Fatores a serem considerados no uso de *blockchain*. Fonte: o autor.**

## 60.7. Novos desenvolvimentos e aplicações práticas do *blockchain*

A inovação em *blockchain* continua a se expandir muito além das fronteiras tradicionais das criptomoedas, encontrando novas aplicações em diversos setores e mostrando-se uma ferramenta vital para a modernização de sistemas antigos e a criação de novas infraestruturas.

No Brasil, o projeto DreX, encabeçado pelo Banco Central do Brasil em parceria com a Serasa Experian, simboliza um grande passo na adoção da tecnologia *blockchain* para o desenvolvimento do Real Digital. Além disso, o uso de *blockchain* para a nova carteira de identidade digital visa aumentar a segurança e a eficiência do processo de identificação civil. No setor imobiliário, a implementação de *blockchain* em registros de propriedades promete revolucionar a maneira como as transações imobiliárias são conduzidas, trazendo maior transparência e reduzindo a burocracia.

A Samsung integrou a tecnologia *blockchain* em seus novos modelos de *notebooks*, permitindo aos usuários uma maneira mais segura de armazenar e gerenciar criptomoedas.

O cenário das criptomoedas no Brasil mostra um crescimento robusto, com um aumento significativo no número de usuários. Esse movimento é complementado pelo emergente mercado de finanças descentralizadas (DeFi – *Decentralized Finance*), que continua a evoluir com novos protocolos e aplicações que facilitam transações financeiras sem intermediários.

# 61. *Cloud computing* (infraestrutura na nuvem)

*Henrique C. Mariano*

**Imagine que a computação possa ser usada como a eletricidade!**

Com base nesta afirmação, pergunte por que a eletricidade é oferecida em geral por uma entidade pública que compartilha os recursos entre os cidadãos e organizações, visando economia de escala, uso sob demanda, facilidade de expansão etc. Agora considere usufruir do mesmo conceito e naturalmente dos mesmos benefícios para o uso de tecnologia, permitindo, assim, através da padronização e de critérios avançados de segurança e controle, que se alcancem a otimização dos recursos e a redução da ociosidade. Além disso, que o pagamento pela infraestrutura seja mais pelo que realmente você consome e não pelo parque de tecnologia instalado, ou seja, transforma o custo da tecnologia menos como um custo fixo e mais como um custo variável sobre a necessidade planejada.

Nesse modelo, os recursos de computação podem ser oferecidos somente a uma única organização (*enterprise cloud* – privado) ou compartilhados com muitas organizações (*public cloud* – público), assim como em modelos híbridos que combinam a infraestrutura na nuvem com o ambiente privado ou mesmo de diferentes provedores de *cloud*, permitindo uma integração entre eles.

## 61.1. O que é *cloud computing* e como funciona?

*Cloud computing* ou computação em nuvem é uma tecnologia que permite a disponibilidade sob demanda dos recursos de sistemas de computação, em especial armazenamento de dados e poder computacional, sem o direto e ativo gerenciamento por seus usuários. Normalmente o termo é aplicado para descrever os centros de dados (*data centers*) disponíveis para vários usuários na internet.

A computação na nuvem é baseada na tecnologia de virtualização (*virtualization*), que permite a criação de um outro computador simulado, somente digital e virtual, que se comporta como se fosse uma máquina física, apesar de ser somente uma pequena parte de um servidor mais potente. Com isso, é possível compartilhar a infraestrutura, dividindo o ambiente em partes menores que podem ser oferecidas a diferentes clientes.

Existem diferentes modelos de *cloud,* sendo o mais completo o chamado ***Software as a Service*** **(SaaS)**, que oferece uma solução completa de software, ou seja, uma aplicação final com um objetivo claro, como, por exemplo, um gerenciador de e-mail, uma solução de atendimento a clientes ou de gestão financeira. Em uma comparação simplista, seria como alugar uma casa completa com todas as características disponíveis em uma residência ou mesmo fazer um *leasing* para uso de um carro.

Outro modelo é o ***Platform as a Service*** **(PaaS)**, onde são oferecidas plataformas específicas, como, por exemplo, um ambiente de desenvolvimento de software, estrutura de base de dados ou tempo de execução de processamento. Seria como alugar somente um cômodo da casa com uma função específica, como um quarto ou a área da churrasqueira, assim como chamar um táxi para ir a um endereço específico.

Também existe o modelo de ***Infrastructure as a Service*** **(IaaS)**, onde são oferecidas partes ainda mais específicas do ambiente, incluindo, por exemplo, áreas de armazenamento (*storage*), máquinas virtuais e balanceadores de carga. Na comparação, seria como alugar um depósito para guardar algo, compartilhando o edifício com outros usuários, ou mesmo usar um ônibus com outros passageiros para ir a um determinado local, adaptando-se às rotas disponíveis no sistema de transporte público.

Recentemente se gerou um quarto modelo chamado ***Function as a Service*** **(FaaS)** ou ***serverless computing***, onde o uso é de uma função específica e por tempo ainda mais definido. Seguindo a comparação, seria como alugar uma ferramenta em um período do dia para um trabalho temporário ou alugar uma sala de jantar para fazer um evento em uma data específica, ou alugar um carro de carga por quatro horas para fazer uma mudança. Podemos ainda considerar como um quinto modelo, que também permite utilizar ambientes específicos por tecnologia ou solução, como é o caso dos ambientes em nuvem com otimização específica para inteligência artificial/*machine learning* ou para segurança com computação quântica, entre outras abordagens com algum foco dedicado.

## 61.2. Por que usar *cloud computing*?

O principal motivo para considerar a tecnologia de *cloud computing* é não ter limitação de disponibilidade de recursos, ou seja, é possível escalar o ambiente usando provedores que podem entregar infraestrutura sob demanda alinhada à necessidade do seu negócio, evitando assim que a sua capacidade de entrega estrangule as oportunidades geradas junto aos seus clientes.

Outro ponto é a facilidade de configuração inicial. Como os ambientes são muito padronizados e customizados, que simplificam a sua instalação, em geral, em alguns minutos já é possível fazer os ajustes necessários e tornar um ambiente disponível. Outro aspecto é o processo de atualizações automáticas, que simplifica a gestão, o monitoramento e o controle, de forma similar às atualizações que são feitas nos aplicativos do seu celular, ou seja, de forma quase que totalmente invisível ao usuário.

## 61.3. Onde aplicar e que resultados posso obter?

É possível usar *cloud computing* em praticamente qualquer segmento ou negócio, especialmente em soluções que sofrem muita variação de demanda ou necessitam de capacidade de crescimento rápido e robusto, ou seja, que precisam de escalabilidade. Como resultados comuns, podemos considerar a capacidade de acesso, evitando que se tenha que abrir acessos na infraestrutura interna, e também a redução de custo de manutenção da infraestrutura, considerando que o ambiente pode ser compartilhado com outros usuários e consumido sob demanda.

Para mais detalhes sobre *cloud* computing, leia também o livro *Jornada Cloud Native*, da coleção Jornada Colaborativa.

# 62. *Big data* – A grande revolução dos dados

***Bruno Leonardo Rosa***
***Carlos Alberto Rosa Junior***
***Marcio Luiz Reis e Pimenta***

Você sabe o que é *big data* ou consegue perceber o impacto dessa tecnologia em nossas vidas? Pois é, talvez nem nós mesmos. Isso porque as fronteiras do *big data* ainda não foram bem definidas, sendo assim, mesmo os mais reconhecidos especialistas na área ainda não conseguem dimensionar o real impacto dessa tecnologia no dia a dia das pessoas.

Existem diversas definições para *big data*, e aqui vamos considerar uma das mais aceitas e que foi apresentada pela *Gartner* (s.d.):

> *Big data são dados com maior variedade que chegam em volumes crescentes e com velocidade cada vez maior.*

A definição é simples e alguns conceitos como o de velocidade não carecem de muita explicação. Contudo, vale fazer uma pausa ou até mesmo dar um passo atrás e revisitarmos dois conceitos por trás dos 3Vs (variedade, volume e velocidade), para explorarmos melhor o entendimento do que são dados e de como se forma o conhecimento.

Segundo o dicionário Novo Aurélio (1999), dado é o "princípio em que se assenta uma discussão". Segundo o Houaiss (2001), o "elemento ou base para a formação de um juízo".

Ambas as definições trazem uma percepção clara da relevância e importância dos dados em uma sociedade baseada em informação. Contudo, a percepção de como dado e informação se conectam talvez ainda não esteja clara a todos. Para isso, utilizaremos a definição de Miranda (1999), que diz que a informação é "um conjunto de registros qualitativos ou quantitativos conhecido, organizado, agrupado, categorizado e padronizado".

Isso posto, falta-nos apresentar apenas um último conceito, o de conhecimento, e para isso iremos recorrer ao dicionário Houaiss (2001), que o define como "o somatório do que se sabe; o conjunto das informações e princípios armazenados pela humanidade".

Agora que você já compreendeu o que é dado e como ele se transforma em conhecimento, imagine uma realidade onde você tem acesso a todos os dados do seu marido, da sua mulher, filhos ou amigos. Imagine-se com o conhecimento integral de suas localizações, compras, pesquisas na internet, conversas em aplicativos de mensagens e afins. Tentador? Preocupante? Poderoso?

Agora extrapole esse conhecimento não apenas para os seus parentes e amigos, mas para as informações contidas em mais de 20 bilhões de equipamentos atualmente conectados à internet. Sim, algumas estimativas dizem que atualmente existem mais de 20 bilhões de equipamentos conectados à internet, somando-se aí computadores, *smartphones*, *notebooks*, *laptops*, *tablets* e até geladeiras. Pois bem, esse é o volume de dados do qual tratamos há pouco.

Algumas estimativas apontam que em 2019 foram gerados cerca de 2,5 quintilhões de *bytes* por dia! Para se ter uma ideia, seriam necessários aproximadamente 531.914.892 DVDs (com capacidade de 4,7 GB cada) para armazenar todos esses dados.

Nosso leitor mais reticente pode pensar que dados sempre foram gerados e manipulados – e ele não estará equivocado. O universo estatístico existe há muitos anos e seus fundamentos matemáticos foram postos no século XVII com o desenvolvimento da teoria das probabilidades por Pascal e Fermat, que forneceu as bases para o método dos mínimos quadrados descrito pela primeira vez por Carl Friedrich Gauss por volta de 1794. A grande diferença na atualidade é que não estamos mais falando de jogos de azar ou pequenos estudos populacionais. Estamos falando em análises em tempo real da ordem de *petabytes* ou 1.000.000.000.000.000 de *bytes*.

As informações são variadas: financeiras, de consumo, de localização, de foro íntimo e pessoal etc., todas sendo transmitidas e analisadas em tempo real e em escala global!

Agora que existe toda essa informação e possibilidade real de processá-la, é provável que você já consiga visualizar os impactos positivos e negativos do *big data*. A capacidade de identificar tendências de consumo, apoiar políticas governamentais, identificar epidemias e pandemias ainda em estágios iniciais, subsidiar estruturas de negócios e identificar necessidades e expectativas de eleitores é enorme!

É justamente pela aplicabilidade nos mais variados campos do saber que falamos que as fronteiras do *big data* ainda estão difusas. É também por isso que diversos países e entidades civis estão propondo e estabelecendo leis e práticas mais transparentes, éticas e morais, para a utilização, distribuição e publicação desses dados e informações.

No Brasil, diversas iniciativas já foram implementadas ou estão em curso, como a Lei nº 12.737/2012, que altera o Código Penal e tipifica os crimes cibernéticos, e a Lei nº 13.709/2018 (Lei Geral de Proteção de Dados).

Espera-se que tais leis regulamentem a prática de gestão de dados e consequentemente o *big data*, de forma a maximizar as iniciativas positivas, morais e éticas sobre o tema, sem deixar de coibir e punir ações que possam ferir pessoas, comunidades e organizações pela má utilização dessas informações.

# Referências bibliográficas


3BE. **Futuro da impressão 3D 2024:** previsões para os próximos dez anos. Disponível em: <https://3be.com.br/blog/o-futuro-das-impressoes-3d>. Acesso em: 18 jun. 2024.

3DX. **3D Printing in Automotive: Driving Innovation and Transformation in the Industry**. July 27, 2023. Disponível em: <https://3dx.ae/blogs/2023/07/3d-printing-in-automotive-industry/>. Acesso em: 18 jun. 2023.

ABDI. **Indústria 4.0 pode economizar R$ 73 bilhões ao ano para o Brasil.** 20 dez. 2017. Disponível em: <https://www.abdi.com.br/industria-4-0-pode-economizar-r-73-bilhoes-ao-ano-para-o-brasil/>. Acesso em: 15 jul. 2024.

ABPMP BRASIL. **BPM CBOK.** Versão 3.0. Association of Business Process Management Professionals, 2013.

ABRANTES, M. L. A **Teoria dos jogos e os oligopólios.** Luanda: Faculdade de Direito de Luanda/Universidade Agostinho Neto, 2004. 120p.

ABRAS, C.; MALONEY-KRICHMAR, D.; PREECE, J. User-Centered Design. *In*: BAINBRIDGE, W. **Encyclopedia of Human-Computer Interaction.** Thousand Oaks: Sage Publications. Disponível em: <https://aim.johnkeston.com/wp-content/uploads/2012/01/User-centered_design_encyclopedia_chapter.pdf>. Acesso em: 19 jun. 2024.

ABREU, P. R. M.; CAMPOS, N. M. **O Panorama das Aceleradoras de Startups no Brasil.** Rio de Janeiro: FGV, 2016.

ABSTARTUPS; DELOITTE. **Mapeamento HealthTech 2022.** Disponível em: <https://abstartups.com.br/wp-content/uploads/2022/05/MAPEAMENTO-HEALTHTECH.pdf>. Acesso em: 15 jul. 2024.

ABVCAP. **Investimentos de venture capital e private equity somaram R$ 23,6 bilhões.** 04 fev. 2021. Disponível em: <https://www.abvcap.com.br/sala-de-imprensa/noticias-abvcap.aspx?c=pt-BR&id=4900>. Acesso em: 15 jul. 2024.

ACCENTURE. **Accenture @ ADIPEC 2019.** Nov. 2019. Disponível em: <https://www.accenture.com/za-en/about/events/adipec-2019>. Acesso em: 13 jun. 2024.

AERONAVES HORUS. **Aerofotogrametria com drones:** conceitos básicos. Florianópolis: Horus Aeronaves Ltda., out. 2016.

AGÊNCIA NACIONAL DO PETRÓLEO, GÁS NATURAL E BIOCOMBUSTÍVEIS. **Dados Abertos – Pesquisa, Desenvolvimento e Inovação (PD&I).** 21 jul. 2021. Atualizado em 17 maio 2024. Disponível em: <https://www.gov.br/anp/pt-br/centrais-de-conteudo/dados-abertos/dados-abertos-pesquisa-e-desenvolvimento-e-inovacao-pd-i>. Acesso em: 15 jul. 2024.

AKABANE, G. K.; POZO, H. **Inovação, tecnologia e sustentabilidade:** histórico, conceitos e aplicações. São Paulo: Saraiva Educação, 2019.

ANDERSON., D. J. **Kanban:** mudança evolucionária de sucesso para seu negócio de tecnologia. [S.l.]: Blue Hole Press, 2011.

ANTONCIC, B; HISRICH, R. D. Clarifying the intrapreneurship concept. **Journal of Small Business and Entreprise Development**, vol. 10, n 1, p. 7-24, 2003. Disponível em: <https://doi.org/10.1108/14626000310461187>. Acesso em: 17 jun. 2024.

ANTONELLO, C. S.; BOFF, L. H. **Os novos horizontes da gestão:** aprendizagem organizacional e competências. Porto Alegre: Bookman, 2005.

ARAKI, M. Polymathic Leadership: theoretical foundation and construct development. **SSRN**, Apr. 15, 2015. Disponível em: <https://ssrn.com/abstract=3166622>. Acesso em: 17 jun. 2024.

ARANHA, C. A Difícil Transição. **Exame CEO**, ed. 34, dez. 2019.

ARCELORMITTAL. **AcelorMittal se une a startups para otimizar aproveitamento do carvão vegetal.** 05 nov. 2019. Disponível em: <https://brasil.arcelormittal.com/sala-imprensa/noticias/brasil/arcelormittal-se-une-a-startups-para-otimizar-aproveitamento-do-carvao-vegetal>. Acesso em: 19 jun. 2024.

ASHTON, K. That 'Internet of Things' Thing. **RFID Journal**, June 22, 2009. Disponível em: <http://www.rfidjournal.com/articles/view?4986>. Acesso em: 15 jul. 2024.

ASIMOV, I. **Eu, Robô.** São Paulo: Aleph, 2014.

ASTRO TELLER. Site. Disponível em: <https://www.astroteller.net/>. Acesso em: 19 jun. 2024.

ATKOČIŪNIENĖ, Z.O.; GRIBOVSKIS, J.; RAUDELIŪNIENĖ, J. Influence of Knowledge Management on Business Processes: Value-Added and Sustainability Perspectives. **Sustainability 2023**, vol. 15, n. 68, Dec. 2022. Disponível em: <https://doi.org/10.3390/su15010068>. Acesso em: 17 jun. 2024.

AZIZ, I. What is a Technology Scaleup? We Explain. **Vulcan Post**, Feb. 07, 2018. Disponível em: <https://vulcanpost.com/632696/meaning-of-a-scaleup-differences-with-startup/>. Acesso em: 15 jul. 2024.

BAITZ, T. Inovações na agricultura de precisão. **FZEA-USP**, 12 dez. 2017. Disponível em: <http://www.usp.br/portalbiossistemas/?p=7647>. Acesso em: 19 jun. 2024.

BARBIERI, J. C.; ÁLVARES, A. C. T.; CAJAZEIRA, J. E. R. **Gestão de ideias para inovação contínua.** Porto Alegre: Bookman, 2009.

BARBOSA, C.; LOPES, S. **Sustentabilidade:** gestão estratégica na prática. Rio de Janeiro: Brasport, 2018.

BENVENUTTI, M. **Incansáveis:** como empreendedores de garagem engolem tradicionais corporações e criam oportunidades transformadoras. São Paulo: Gente, 2016.

BIGNETTI, L. P. O processo de inovação em empresas intensivas em conhecimento. **Rev. adm. contemp.**, vol. 6, n. 3, p. 33-53, dez. 2002. Disponível em: <http://dx.doi.org/10.1590/S1415-65552002000300003>. Acesso em: 14 jun. 2024.

BLANK, S. **Lean Innovation Management – Making Corporate Innovation Work**. June 26, 2015. Disponível em: <https://steveblank.com/2015/06/26/lean-innovation-management-making-corporate-innovation-work/>. Acesso em: 13 jun. 2024.

BLANK, S. **The four steps to the epiphany:** successful strategies for products that win. Pescadero, CA: K&S Ranch, 2013.

BLOSCH, M.; BRAND, S.; OSMOND, N. Enterprise Architects Combine Design Thinking, Lean Startup and Agile to Drive Digital Innovation. **Gartner**, June 25, 2019. Disponível em: <https://www.gartner.com/en/documents/3941917>. Acesso em: 15 jul. 2024.

BLOSCH, M; FENN, J. Understanding Gartner's Hype Cycles. **Gartner**, Aug. 20, 2018. Disponível em: <https://www.gartner.com/en/documents/3887767>. Acesso em: 13 jun. 2024.

BOAVIDA, A. M.; PONTE, J. P. da. Investigação colaborativa: potencialidades e problemas. *In*: GTI (org.). **Reflectir e investigar sobre a prática profissional**. Lisboa: APM, 2002, p. 43-55.

BOEIRA, J. P. D. Como fazer programas de inovação mais eficazes. **Época Negócios**, 07 ago. 2019. Disponível em: <https://epocanegocios.globo.com/amp/colunas/noticia/2019/08/como-fazer-programas-de-inovacao-mais-eficazes.html>. Acesso em: 19 jun. 2024.

BONAZZI, F. L. Z.; ZILBER, M. A. Inovação e Modelo de Negócio: um estudo de caso sobre a integração do Funil de Inovação e o Modelo Canvas. **Rev. bras. gest. neg.**, vol. 6, n. 53, dez. 2014. Disponível em: <http://www.scielo.br/scielo.php?script=sci_arttext&pid=S1806-48922014000400616&lng=en&nrm=iso>. Acesso em: 19 jun. 2024.

BORGES, G. O que significa hackathon? **AUSPIN**, 04 jun. 2019. Disponível em: <https://www.inovacao.usp.br/o-que-significa-hackathon/>. Acesso em: 19 jun. 2024.

BORIN, F.; FIENO, P.; SAMPAIO, B. Diversidade: inclusão ou estratégia? **Harvard Business Review**, out. 2015, p. 86-90.

BORNELI, J.; KRUEL, C.; FRANCESCHI, P. **Organizações Infinitas:** o segredo por detrás das empresas que vivem para sempre. São Paulo: Gente, 2021.

BOURKE, E. et al. Diversity and inclusion: The reality gap. *In*: **Rewriting the rules for the digital age:** 2017 Deloitte Global Human Capital Trends. Deloitte University Press, p. 107-127, 2017. Disponível em: <https://www2.deloitte.com/content/dam/Deloitte/global/Documents/About-Deloitte/central-europe/ce-global-human-capital-trends.pdf>. Acesso em: 17 jun. 2024.

BOURKE, J. **Which Two Heads Are Better Than One?:** how diverse teams create breakthrough ideas and make smarter decisions. 2nd.ed. Sydney: Australian Institute of Company Directors, 2021.

BOURKE, J.; DILLON; B. The diversity and inclusion revolution: eight powerful truths. **Delloite Review**, n. 22, Jan. 2018, p. 81-85. Disponível em: <https://www2.deloitte.com/content/dam/insights/us/articles/4209_Diversity-and-inclusion-revolution/DI_Diversity-and-inclusion-revolution.pdf>. Acesso em: 17 jun. 2024.

BRASIL. **ANP aprova revisão do regulamento da Cláusula de PD&I.** 29 ago. 2019. Atualizado em 31 out. 2022. Disponível em: <https://www.gov.br/anp/pt-br/canais_atendimento/imprensa/noticias-comunicados/anp-aprova-revisao-do-regulamento-da-clausula-de-pd-i>. Acesso em: 19 jun. 2024.

BRASIL. **Lei nº 12.737, de 30 de novembro de 2012**. Dispõe sobre a tipificação criminal de delitos informáticos; altera o Decreto-Lei nº 2.848, de 7 de dezembro de 1940 – Código Penal; e dá outras providências. Disponível em: <http://www.planalto.gov.br/ccivil_03/_ato2011-2014/2012/lei/l12737.htm>. Acesso em: 19 jun. 2024.

BRASIL. **Lei nº 13.709, de 14 de agosto de 2018.** Lei Geral de Proteção de Dados Pessoais (LGPD). Disponível em: <https://www.planalto.gov.br/ccivil_03/_ato2015-2018/2018/lei/L13709.htm>. Acesso em: 19 jun. 2024.

BRASIL. **Recursos Financeiros das Cláusulas de Investimentos em PD&I.** 29 jul. 2020. Atualizado em 28 maio 2024. Disponível em: <https://www.gov.br/anp/pt-br/assuntos/tecnologia-meio-ambiente/pesquisa-desenvolvimento-inovacao/investimentos-em-pd-i/recursos-financeiros-das-clausulas-de-investimentos-em-pd-i>. Acesso em: 19 jun. 2024.

BRITTO, F. **Empreendedores brasileiros**: vivendo e aprendendo com grandes nomes. Rio de Janeiro: Campus, 2003. 246p.

BROWN, T. **Design Thinking.** Rio de Janeiro: Elsevier, 2010.

CAGAN, M. **Inspired:** how to create products customers love. Hoboken, NJ: Wiley, 2017.

CAGAN, M. **Product Discovery.** SVPG, Sep. 24, 2007. Disponível em: <https://svpg.com/product-discovery/>. Acesso em: 19 jun. 2024.

CAMPOS, F. C. A. et al. **Cooperação e aprendizagem on-line.** (Coleção Educação a Distância) Rio de Janeiro: DP&A, 2003.

CAMPOS, F. C. A.; SANTORO, F. M.; BORGES, M. R. S. **Cooperação e aprendizagem on-line.** Rio de Janeiro: DP&A, 2003.

CAMPOS, N. M. **The Myth of the Idea and the Upsidedown Startup:** how assumption-based entrepreneurship has lost ground to resource-based entrepreneurship. 2nd.ed. Kindle Edition, 2020.

CANDIDO, R. et al. **Gerenciamento de projetos.** Curitiba. Aymará, 2012.

CARNEIRO, M. S. **Liderança coletiva para ensinar inovação disruptiva. LinkedIn**, 07 jun. 2023. Disponível em: <https://www.linkedin.com/pulse/lideran%25C3%25A7a-coletiva-para-ensinar-inova%25C3%25A7%25C3%25A3o-disruptiva-mara/>. Acesso em: 19 jun. 2024.

CAROLI, P. **Lean Inception:** como alinhar pessoas e construir o produto certo. São Paulo: Editora Caroli, 2018.

CARRILO, A. F. Fases de uma startup: saiba tudo sobre cada etapa. **ABStartups**, s.d. Disponível em: <https://abstartups.com.br/fases-de-uma-startup-saiba-tudo-sobre-cada-etapa/>. Acesso em: 18 jun. 2024.

CARVALHO, H. G. de; REIS, D. R. dos; CAVALCANTE, M. B. **Gestão da inovação.** Curitiba: Aymará, 2011.

CARVALHO, L. F. 7 passos para implantar um programa de ideias na empresa. **AEVO**, 10 abr. 2017. Atualizado em 12 jun. 2023. Disponível em: <https://blog.aevo.com.br/7-passos-para-implantar-um-programa-de-ideias-de-inovacao/>. Acesso em: 19 jun. 2024.

CARVALHO, L. F. Horizontes de Inovação da McKinsey: o que são e como aplicar. **AEVO**, 06 out. 2022. Disponível em: <https://blog.aevo.com.br/horizontes-de-inovacao/>. Acesso em: 19 jun. 2024.

CASTRO, F. **OKR vs KPIs, What is the Difference?** Jan. 27, 2019. Disponível em: <https://members.outcomeedge.com/p/okr-vs-kpis>. Acesso em: 18 jun. 2024.

CATARINO, C. M. et al. Incorporation of hair follicles in 3D bioprinted models of human skin. **Science Advances**, vol. 9, n. 41, Oct. 2023.

CERON, C.; SCHÜTZ, S. M. Sistema Especialista de Apoio para Controle de Pragas e Doenças no Cultivo da Maçã. *In*: **II Workshop de Tecnologia da Informação aplicada ao Meio Ambiente – CBComp**, 2004.

CHANG, F. et al. Bigtable: A Distributed Storage System for Structured Data. *In*: **7th USENIX Symposium on Operating Systems Design and Implementation**

**(OSDI)**, 7., 2006, p. 205-218. Disponível em: <https://research.google/pubs/pub27898/>. Acesso em: 19 jun. 2024.

CHECKITOUTMUSIC. Guy dancing on the hill at Sasquatch! Full Version! Santogold Unstoppable. **YouTube,** 09 jun. 2009. Disponível em: <https://www.youtube.com/watch?v=nU7dxkIz1Vs&ab_channel=checkitoutmusic>. Acesso em: 14 jun. 2024.

CHESBROUGH, H. **Open Innovation:** the new imperative for creating and profiting from technology. Boston, MA: Harvard Business Review Press, 2003.

CHESBROUGH, H., VANHAVERBEKE, W., WEST, J. **Open Innovation:** researching a new paradigm. Oxford, UK: Oxford University Press, 2008.

CHIAVENATO, I. **Gestão de Pessoas.** Rio de Janeiro: Elsevier, 2008.

CHIAVENATO, I. **Iniciação a Sistemas, Organização e Métodos – SO&M.** São Paulo: Manole, 2010.

CHITOLINA, R. F.; NORONHA, F. P. T.; BACKES, L. A Robótica Educacional como tecnologia potencializadora da aprendizagem: das ciências da natureza às ciências da computação. **Educação, Formação & Tecnologias**, vol. 9, n. 2, jul.-dez. 2016, p. 56-65. Disponível em: <https://dialnet.unirioja.es/descarga/articulo/6119343.pdf>. Acesso em: 15 jul. 2024.

CHRISTENSEN, C. M. **O Dilema da Inovação.** São Paulo: M.Books, 2011.

CLOUDFARE. **O que é a nuvem? | Definição de nuvem.** Disponível em: <https://www.cloudflare.com/pt-br/learning/cloud/what-is-the-cloud/>. Acesso em: 19 jun. 2024.

COMANDO DA AERONÁUTICA. **Instrução Normativa Nº 015/COMDABRA, de 25 de novembro de 1996**. Brasília, DF: COMDABRA, 1996.

CONBOY, K.; MORGAN, L. Beyond the customer: opening the agile systems development process. **Information and Software Technology**, vol. 53, n. 5, May 2011, p. 535-542. Disponível em: <https://www.sciencedirect.com/science/article/abs/pii/S0950584910001928>. Acesso em: 13 jun. 2024.

CONLEY, C. Chip Conley on SURFING DISRUPTION. **YouTube**, 19 de jun. 2018. Disponível em: <https://www.youtube.com/watch?v=8Gz8bWu9EKM>> Acesso em: 14 jun. 2024.

COOPER, B. The Importance of Aligning Innovation Strategy with Business Goals. **Moves The Needle**, Jan. 21, 2019. Disponível em: <https://www.movestheneedle.com/all-blog/2019/1/21/the-importance-of-aligning-innovation-strategy-with-business-goals>. Acesso em: 19 jun. 2024.

COOPER, R. G. **Winning at New Products:** accelerating the process from idea to launch. 3rd.ed. Reading, MA: Addison-Wesley, 2001.

CORTELLA, M. **Qual é a tua obra?:** inquietações propositivas sobre gestão, liderança e ética. Petrópolis: Vozes, 2012.

CRIPTOFÁCIL. **Quais as diferenças entre blockchain pública e blockchain privada?** 13 dez. 2023. Disponível em: <https://www.criptofacil.com/quais-as-diferencas-entre-blockchain-publica-e-blockchain-privada/>. Acesso em: 19 jun. 2024.

CRUMP, S. Fused deposition modeling (FDM): putting rapid back in prototyping. *In*: **2nd Int. Conf. Rapid Prototyping**, 2., Dayton, OH, 23-26 June, 1991, p. 358-361.

CURY, A. **Organização e Métodos:** uma visão holística. 7.ed. São Paulo: Atlas, 2000.

DANTAS, J. **Inovação e marketing em serviços.** Lisboa: LIDEL, 2013.

DATTANI, S. et al. Life Expectancy. **Our World in Data**, s.d. Disponível em: <https://ourworldindata.org/life-expectancy>. Acesso em: 19 jun. 2024.

DAVENPORT, T. H.; PRUSAK, L. **Working Knowledge: how organizations manage what they know.** Boston: Havard Business School Press, 1998.

DE MOURA, L. F. et al. **A história das redes sociais e seus impactos.** Ciências Humanas, vol. 28, n. 131, fev. 2024. Disponível em: <https://revistaft.com.br/a-historia-das-redes-sociais-e-seus-impactos/>. Acesso em: 17 jun. 2024.

DEAN, J.; GHEMAWAT, S. MapReduce: Simplified Data Processing on Large Clusters. *In*: **Sixth Symposium on Operating System Design and Implementation (ODSI'04)**, 6., 2004, San Francisco, CA, p. 137-150. Disponível em: <https://research.google/pubs/pub62/>. Acesso em: 19 jun. 2024.

DESCHAMPS, J.-P. The nine models of innovation governance. **Forbes India**, Sep. 28, 2012. Disponível em: <https://www.forbesindia.com/article/imd/the-nine-models-of-innovation-governance/33801/1>. Acesso em: 15 jul. 2024.

DIAMANDIS, P. H.; KOTLER, S. **Bold:** oportunidades exponenciais. Rio de Janeiro: Alta Books, 2018.

DIAMANDIS; P. H.; KOTLER, S. **Abundance:** the future is better than you think. New York, NY: Free Press, 2012.

DIZON, J. R. C. et al. Mechanical characterization of 3D-printed polymers. **Additive Manufacturing**, vol. 20, p. 44-67, 2018.

DORNELAS, J. C. A. **Empreendedorismo Corporativo:** como ser empreendedor, inovar e se diferenciar em organizações estabelecidas. Rio de Janeiro: Elsevier, 2003.

DORNELAS, J. C. A. **Empreendedorismo:** transformando ideias em negócios. 2.ed. Rio de Janeiro: Elsevier, 2005.

DRUMMOND, R. **Fazendo a Inovação Acontecer:** um guia prático para você liderar o crescimento sustentável da organização. São Paulo: Planeta, 2018.

DWECK, C. **Mindset:** a nova psicologia do sucesso. Rio de Janeiro: Objetiva, 2017.

DYER, J.; FURR, N. **The Innovator's Method:** bringing the lean startup into your organization. Boston, MA: Harvard Business Review Press, 2014.

DYER, J.; GREGERSEN, H.; CHRISTENSEN, C. M. **DNA do Inovador:** dominando as 5 habilidades dos inovadores de ruptura. Trad. Esníder Pizzo e Mário Fernandes. Rio de Janeiro: Alta Books, 2018.

ECONOMIST INTELLIGENCE UNIT. **The Deciding Factor:** big data & decision making. Capgemini, 2012. Disponível em: <https://www.capgemini.com/wp-content/uploads/2017/07/The_Deciding_Factor__Big_Data__Decision_Making.pdf>. Acesso em: 15 jul. 2024.

EDMONDSON, A. Creating Psychological Safety in the Workplace. **HBR IdeaCast**, Episode 666, Jan. 22 2019. Disponível em: <https://hbr.org/podcast/2019/01/creating-psychological-safety-in-the-workplace>. Acesso em: 17 jun. 2024.

EDX. **HKUx:** Blockchain and FinTech: Basics, Applications, and Limitations. Disponível em: <https://www.edx.org/course/blockchain-and-fintech-basics-applications-and-lim>. Acesso em: 19 jun. 2024.

ENDEAVOR. **Linhas de crédito.** Disponível em: <https://capital.endeavor.org.br/linhas-de-credito/>. Acesso em: 19 jun. 2024.

EQUIPE TD. O futuro já é presente: novas tecnologias que estão mudando o mundo. **TD**, 28 jun. 2018. Disponível em: <https://transformacaodigital.com/tecnologia/o-futuro-ja-e-presente-novas-tecnologias-que-estao-mudando-o-mundo/>. Acesso em: 20 jun. 2024.

ESCALFONI, R.; BRAGANHOLO, V.; BORGES, M. R. S. A method for capturing innovation features using group storytelling. **Expert Systems with Applications**, vol. 38, n. 2, Feb. 2011, p. 1148-1159.

ETZKOWITZ, H.; ZHOU, C. Hélice Tríplice: inovação e empreendedorismo universidade-indústria-governo. **Estud. av.**, vol. 31, n. 90, p. 23-48, May-Aug. 2017. Disponível em: <http://www.scielo.br/scielo.php?script=sci_arttext&pid=S0103-40142017000200023&lng=en&nrm=iso>. Acesso em: 18 jun. 2024.

EUROPEAN COMMISSION. **Horizon 2020 – Work Programme 2018-2020.** General Annexes. July 2nd, 2019. Disponível em: <https://ec.europa.eu/research/participants/data/ref/h2020/other/wp/2018-2020/annexes/h2020-wp1820-annex-ga_en.pdf>. Acesso em: 15 jul. 2024.

EY. **What's after what's next? – The upside of disruption:** megatrends shaping 2018 and beyond. EYGM, 2018. Disponível em: <https://staging-area.info/EY/ey_report_v14_v04E_INTERACTIVE.pdf>.

FABRIS, S. R. et al. **Cidades Inteligentes e Inovadoras:** pensando o futuro. Aracaju: Associação Acadêmica de Propriedade Intelectual, 2018, p. 15-22.

FAO. **How to Feed the World in 2050.** 2009. Disponível em: <https://www.fao.org/fileadmin/templates/wsfs/docs/expert_paper/How_to_Feed_the_World_in_2050.pdf>. Acesso em: 18 jun. 2024.

FERNANDES, F. Biologia, ciências sociais e teoria dos jogos. **Revista Estudos de Sociologia**, n. 2, 1995.

FERNANDES, R. **O ensino de robótica educacional por meio de metodologias ativas:** um estudo fenomenológico sobre os desafios e possibilidades na prática pedagógica do professor. 2019. 161f. Dissertação (Mestrado em Cognição Tecnologias e Instituições) – Universidade Federal Rural do Semi-Árido, Mossoró, 2019. Disponível em: <https://repositorio.ufersa.edu.br/server/api/core/bitstreams/718474dd-b92c-413d-b051-ec10e171bb2e/content>. Acesso em: 15 jul. 2024.

FERREIRA, A. B. H.; ANJOS, M.; FERREIRA, M. B. **Novo Aurélio Século XXI:** o dicionário da língua portuguesa. 3.ed. Rio de Janeiro: Nova Fronteira, 1999. 2128p.

FERREIRA, A. C. de S. M. **Usabilidade e acessibilidade no design para a Web.** 2008. Dissertação (Mestrado em Belas Artes) – Universidade do Porto, Porto, 2008. Disponível em: <https://hdl.handle.net/10216/67707>. Acesso em: 19 jun. 2024.

FERREIRA, V. B. A prática colaborativa: tradição e contemporaneidade. *In*: **E-science e políticas públicas para ciência, tecnologia e inovação no Brasil** [online]. Salvador: EDUFBA, 2018, p. 57-75. Disponível em: <http://books.scielo.org/id/bc84k/pdf/ferreira-9788523218652-05.pdf>. Acesso em: 14 jun. 2024.

FINEP. **O que apoiamos.** Disponível em: <http://www.finep.gov.br/apoio-e-financiamento-externa/o-que-apoiamos>. Acesso em: 19 jun. 2024.

FINEP. **Sobre as fontes de recurso.** Disponível em: <http://www.finep.gov.br/a-finep-externo/fontes-de-recurso/sobre-as-fontes-de-recurso>. Acesso em: 19 jun. 2024.

FORTUNE BUSINESS INSIGHTS. **Augmented Reality (AR) Market Size, Share & Industry Analysis, By Industry, (Gaming, Media, Automotive, Retail, Healthcare, Education, Manufacturing, Real Estate, Defense & Aerospace, Law Enforcement, and Others), By Application (Interactive Showroom, Driving Experience, Virtual Fitting Room, Brand Engagement, Space Visualization, and Virtual Tours, Augmented Surgeries, eLearning Apps, Professional Training, Developing & Designing, Quality Control, Virtual Walkthrough and Others), and Regional Forecast, 2024-2032.** Last updated: June 03, 2024. ReportID: FBI102553. Disponível em: <https://www.fortunebusinessinsights.com/augmented-reality-ar-market-102553>. Acesso em: 19 jun. 2024.

FRANCISCHETO, L. L.; NEIVA, E. R. Innovation in Companies and Cultural Orientation to Innovation: a multilevel study. **RAM, Rev. Adm. Mackenzie**, vol. 20, n. 3, eRAMG190135, 2019. Disponível em: <http://dx.doi.org/10.1590/1678-6971/eramg190135>. Acesso em: 14 jun. 2024.

FREY, C. How do you connect innovation to business strategy? **Innovation Management**, Mar. 19, 2008. Disponível em: <https://innovationmanagement.se/imtool-articles/how-do-you-connect-innovation-to-business-strategy/>. Acesso em: 19 jun. 2024.

FREY, C. How do you measure innovation results and outcomes? **Innovation Management**, Dec. 8th, 2008. Disponível em: <https://innovationmanagement.se/2008/12/12/how-do-you-measure-innovation-results-and-outcomes/>. Acesso em: 18 jun. 2024.

FUKS, H. et al. Applying the 3C Model to Groupware Development. **International Journal of Cooperative Information Systems (IJCIS)**, vol. 14, n. 2-3, World Scientific, June-Sep. 2005, p. 299-328.

GABBAI, A. Kevin Ashton describes the 'Internet of Things'. **Smithsonian Magazine**, Jan. 2015. Disponível em: <https://www.smithsonianmag.com/innovation/kevin-ashton-describes-the-internet-of-things-180953749/>. Acesso em: 14 jun. 2024.

GARCÍA, I. G. **Estudio sobre vehículos aéreos no tripulados y sus aplicaciones**. 2017. 196f. Trabalho de Conclusão de Curso (Grado en Ingeniería Eléctrica) – Escuela de Ingenierias Industriales, Universidad de Valladolid, Vallalolid, 2017.

GARDNER, R.; OSTROM, E.; WALKER, J. M. (1990). The nature of common-pool resource problems. **Rationality and Society**, vol. 2, n. 3, p. 335-358, July 1990. Disponível em: <https://ideas.repec.org/a/sae/ratsoc/v2y1990i3p335-358.html>. Acesso em: 13 jun. 2024.

GARTNER GLOSSARY. **Big Data.** Disponível em: <https://www.gartner.com/en/information-technology/glossary/big-data>. Acesso em: 15 jul. 2024.

GARTNER. **Top Strategic Technology Trends for 2022.** 2022. Disponível em: <https://www.gartner.com/en/information-technology/trends/2021-top-strategic-technology-trends-gb-pd>. Acesso em: 13 jun. 2024.

GASSMANN, O.; ENKEL, E. Towards a theory of open innovation: Three core process archetypes. **University of St. Gallen**, vol. 6, 2004. Disponível em: <https://www.researchgate.net/publication/36384702_Towards_a_Theory_of_Open_Innovation_Three_Core_Process_Archetypes>. Acesso em: 13 jun. 2024.

GEREFFI, G.; HUMPHREY, J.; STURGEON, T. The governance of global value chains. **Review of International Political Economy**, vol. 12, n. 1, p. 78-104, 2005.

GHEMAWAT, S.; GOBIOFF, H.; LEUNG, S.-t. The Google File System. *In*: 19th ACM Symposium on Operating Systems Principles, 19., 2003, Bolton Landing, NY. **Proceedings...** Bolton Landing, NY: ACM, 2003, p. 20-43. Disponível em: <https://research.google/pubs/pub51/>. Acesso em: 19 jun. 2024.

GLEB, B.; DMITRIY, G. Choosing the Right Cloud Service: IaaS, PaaS, or SaaS. **RubyGarage**, Jan, 08, 2020. Disponível em: <https://rubygarage.org/blog/iaas-vs-paas-vs-saas>. Acesso em: 19 jun. 2024.

GOMES, C. M.; KRUGLIANSKAS, I.; SCHERER, F. L. Gestão das fontes externas de informação: uma análise dos fatores que influenciam o desempenho inovador. **Gest. Prod.**, vol. 18, n. 4, p. 897-910, 2011.

GOMES, E. Curva J da Mudança: conceito e como realizar uma mudança evolutiva. **Koru**, 07 mar. 2024. Disponível em: <https://escolakoru.com.br/blog/curva-j-da-mudanca/>. Acesso em: 14 jun. 2024.

GOOGLE WORKSPACE. Moonshot Thinking from Astro Teller. **YouTube**, 13 nov. 2013. Disponível em: <https://www.youtube.com/watch?v=cA_8IO3vbFs>. Acesso em: 19 jun. 2024.

GRANT, R. M. Towards a knowledge-based theory of the firm. **Strategic Management 69 Journal**, vol. 17, n. 10, p. 109-122, 1996.

HARARI, Y. N. **21 lições para o século 21**. São Paulo: Companhia de Letras, 2018.

HARDIN, G. The tragedy of the commons. **Science**, Dec. 1968. Disponível em: <https://math.uchicago.edu/~shmuel/Modeling/Hardin,%20Tragedy%20of%20the%20Commons.pdf>. Acesso em: 13 jun. 2024.

HASHIMOTO, M. **Espírito empreendedor nas organizações:** aumentando a competitividade através do intraempreendedorismo. São Paulo: Saraiva, 2006.

HOFSTEDE, G. **Culture and Organizations:** software of the mind. London: McGraw-Hill,1991.

HOUAISS, A.; VILLAR, M.; FRANCO, F. M. M. **Dicionário Houaiss da língua portuguesa.** Rio de Janeiro: Objetiva, 2001. 2922p.

HSU, C.-W. Tendências e inovações em impressão 3D em biomedicina. **CAS**, 10 fev. 2023. Disponível em: <https://www.cas.org/pt-br/resources/cas-insights/biotechnology/biomedical-3d-printing> Acesso em: 18 jun. 2024.

HUANG, Y. et al. Additive manufacturing: current state, future potential, gaps and needs, and recommendations. **Journal of Manufacturing Science and Engineering**, vol. 137, n. 1, 2015.

HUMBLE, J.; MOLESKY, J.; O'REILLY, B. **Lean Enterprise:** how high performance organizations innovate at scale. Sebastopol, CA: O'Reilly Media, 2015.

HUNT, V. et al. A diversidade como alavanca de performance. **McKinsey & Company**, 18 jan. 2018. Disponível em: <https://www.mckinsey.com/business-functions/organization/our-insights/delivering-through-diversity/pt-br>. Acesso em: 14 jun. 2024.

IBERDROLA. **Por que eu deveria comprar um carro elétrico?** Disponível em: <https://www.iberdrola.com/sustentabilidade/vantagens-carro-eletrico>. Acesso em: 15 jul. 2024.

IBM. **USP é universidade selecionada por IBM e FAPESP para sediar o mais avançado Centro de IA do Brasil**. 07 out. 2019. Disponível em: <https://www.ibm.com/blogs/ibm-comunica/usp-e-universidade-selecionada-por-ibm-e-fapesp-para-sediar-o-mais-avancado-centro-de-ia-do-brasil/>. Acesso em: 19 jun. 2024.

IFMT. **ATIVA Incubadora de Empresas do IFMT.** Disponível em: <http://proex.ifmt.edu.br/conteudo/pagina/ativa-incubadora-de-empresas-do-ifmt/>. Acesso em: 18 jun. 2024.

INSTITUTO ETHOS. **A maioria das empresas não possui programas de diversidade, revela pesquisa.** 20 jun. 2018. Disponível em: <https://www.ethos.org.br/cedoc/a-maioria-das-empresas-nao-possui-programas-de-diversidade-e-nao-esta-totalmente-preparada-para-lidar-com-o-assunto-revela-pesquisa/>. Acesso em: 17 jun. 2024.

ISMAIL, S.; MALONE, M. S.; VAN GEEST, Y. **Organizações exponenciais:** por que elas são 10 vezes melhores, mais rápidas e mais baratas que a sua (e o que fazer a respeito). Rio de Janeiro: Alta Books, 2019.

JOHNSON, S. **De onde vêm as boas ideias:** uma história natural da inovação. Trad. Maria Luiza X. de A. Borges. Rio de Janeiro: Zahar, 2011.

JUSTIÇA DO TRABALHO. **Acidentes de trabalho no mundo.** Disponível em: <http://www.tst.jus.br/web/trabalhoseguro/acidentes-de-trabalho-no-mundo>. Acesso em: 20 jun. 2024.

KELLEY, T. **Confiança Criativa:** libere sua criatividade e implemente suas ideias. Trad. Cristina Yamagami. São Paulo: HSM do Brasil, 2014.

KELLEY, T.; LITTMAN, J. **As 10 faces da inovação.** Rio de Janeiro: Campus, 2007.

KIM, W. C.; MAUBORGNE, R. **A estratégia do oceano azul:** como criar novos mercados e tornar a concorrência irrelevante 2.ed. Rio de Janeiro: Sextante, 2019.

KIRSH-PINHEIRO, M.; LIMA, J.V. de; BORGES, M. R. S. A framework for awareness support in groupware systems. **Computers in Industry**, vol. 52, n. 1, Sep. 2003, p. 47-57.

KIRSNER, S. What Big Companies Get Wrong About Innovation Metrics. **Harvard Business Review**, May o6, 2015. Disponível em: <https://hbr.org/2015/05/what-big-companies-get-wrong-about-innovation-metrics>. Acesso em: 19 jun. 2024.

KLEINA, O. A diferença entre machine learning e deep learning. **Pós PUCPR Digital**, 13 set. 2023. Disponível em: <https://posdigital.pucpr.br/blog/machine-learning-deep-learning>. Acesso em: 18 jun. 2024.

KNAPP, J.; ZERATSKY, J.; KOWITZ, B. **Sprint:** how to solve big problems and test new ideas in just five days. New York, NY: Simon & Schuster, 2016.

KOTTER, J. P. **Liderando mudanças:** transformando empresas com a força das emoções. Rio de Janeiro: Alta Books, 2017.

KRONA. Automação industrial contribui para eficiência e redução de custos de produção. **Indústria 4.0**, 20 set. 2021. Disponível em: <https://www.industria40.ind.br/noticias/21661-automacao-industrial-contribui-eficiencia-reducao-custos-producao>. Acesso em: 18 jun. 2024.

KURZWEIL, R. **Singularidade está próxima:** quando os humanos transcendem a biologia. Trad. Ana Goldberger. São Paulo: Itaú Cultural; Iluminuras, 2018.

KYLLIÄINENN, J. The Importance of Innovation – What Does it Mean for Businesses and our Society?. **Viima**, Apr. 26, 2019. Disponível em: <https://www.viima.com/blog/importance-of-innovation>. Acesso em: 13 jun. 2024.

LANDSTRÖM, H.; LOHRKE, F. (eds.) **Historical foundations of entrepreneurship research**. Cheltenham, UK: Edward Elgar Publishing, 2010.

LE BOTERF, G. **Desenvolvendo a Competência dos Profissionais.** 3.ed. Porto Alegre: Artmed, 2003.

LEITÃO, R. et al. **Propriedade intelectual, tecnologias e inovação.** Aracaju: Associação Acadêmica de Propriedade Intelectual, 2018.

LOWDERMILK, T. **Design Centrado no Usuário.** São Paulo: Novatec, 2019.

MAGALDI, S.; SALIBI NETO, J. **Estratégia Adaptativa:** o novo tratado do pensamento estratégico. São Paulo: Gente, 2020.

MANDARINO, L. C. Inovação, RH ágil e Estratégico. **LinkedIn**, 27 out. 2021. Disponível em: <https://www.linkedin.com/pulse/inova%C3%A7%C3%A3o-rh-%C3%A1gil-e-estrat%C3%A9gico-luiz-claudio-mandarino-freire/>. Acesso em: 9 jun. 2024.

MARIOTTI, H. Complexidade e pensamento complexo: breve introdução e desafios actuais. **Revista Portuguesa de Medicina Geral e Familiar**, vol. 23, n. 6, p. 727-31, 2007.

MARTELLO, A. PIX: ferramenta registrou 200 milhões de transações na última sexta e bateu recorde, diz BC. **G1**, 08 abr. 2024. Disponível em: <https://g1.globo.com/economia/noticia/2024/04/08/transacoes-via-pix-superam-200-milhoes-e-batem-recorde-na-ultima-sexta-feira-informa-banco-central.ghtml>. Acesso em: 14 jun. 2024.

MATOS, A. OKR: o que é e como implementar a metodologia? **Rock Content**, 20 fev. 2019. Disponível em: <https://rockcontent.com/blog/okr/>. Acesso em: 18 jun. 2024.

MAURÍCIO, M. et al. Uso de drones em procedimentos criminais. **Revista de Doutrina e Jurisprudência**, n. 52, p. 89-100, 2016.

MAURYA, A. **Comece sua Startup Enxuta:** aprenda a aplicar a metodologia Lean em seu (novo) negócio. 2.ed. São Paulo: Benvirá, 2024.

MEDALHA, R. O que é a Teoria U e como ela pode dar um novo sentido a projetos de liderança e inovação. **Haze Shift**, 21 out. 2021. Disponível em: <https://hazeshift.com.br/teoria-u/>. Acesso em: 19 jun. 2024.

MICHAELIS. **Inovar.** Disponível em: <https://michaelis.uol.com.br/moderno-portugues/busca/portugues-brasileiro/inovar/>. Acesso em: 19 jun. 2024.

MINISTÉRIO DA DEFESA; COMANDO DA AERONÁUTICA. **Tráfego Aéreo:** ICA 100-40 – Sistema de Aeronaves Não Tripuladas e o Acesso ao Espaço Aéreo Brasileiro. 2023.

MIRANDA, R. C. da R. O uso da informação na formulação de ações estratégicas pelas empresas. **Ci. Inf.**, vol. 28, n. 3, dez. 1999. Disponível em: <https://www.scielo.br/j/ci/a/r7L9msHr6FfrYpJ5PKk8fsS/?lang=pt>. Acesso em: 15 jul. 2024.

MITSCHEIN, M. Why diversity and inclusion matters from an innovation perspective. **Medium**, Aug. 6, 2018. Disponível em: <https://medium.com/sap-innovation-spotlight/why-diversity-and-inclusion-matters-from-an-innovation-perspective-ffbe3d0c035f>. Acesso em: 17 jun. 2024.

MOORE, G. A. **Crossing the Chasm.** New York, NY: Harper Collins, 1991.

MOREIRA JUNIOR, D. O que é inovação? – Renata Castro. **Red Umbrella**, 19 out. 2021. Disponível em: <https://www.redumbrella.com.br/noticia/o-que-%C3%A9-inova%C3%A7%C3%A3o>. Acesso em: 12 jul. 2024.

MOREIRA, D. A.; QUEIROZ, A. C. S. (coord.). **Inovação Organizacional e Tecnológica.** São Paulo: Thomson Learning, 2007.

MORIANO, J. A. et al. Identificácion organizacional y conducta "intraemprendedora". **Anales de Psicología**, Murcia (Espanha), vol. 25, n. 2, p. 277- 287, Dec. 2009.

MORREE, P. de, 2017. How Lars Kolind Created Immense Success by Abolishing Hierarchy (20 Times!). **Corporate Rebels**, Jan. 18. 2017. Disponível em: <https://www.corporate-rebels.com/blog/lars-kolind>. Acesso em: 14 jun. 2024.

MOURA, M. 5 tendências da tecnologia em 2020. **Época Negócios**, 04 jan. 2020. Disponível em: <https://epocanegocios.globo.com/Tecnologia/noticia/2020/01/5-tendencias-da-tecnologia-em-2020.html>. Acesso em: 19 jun. 2024.

MULDER, P. Analytic Hierarchy Process (AHP). **Toolshero**, July 17, 2017. Last update: June 12, 2023. Disponível em: <https://www.toolshero.com/decision-making/analytic-hierarchy-process/>. Acesso em: 19 jun. 2024.

MUNIZ, A. et al. **Jornada Ágil de Qualidade.** Rio de Janeiro: Brasport, 2019.

MUNIZ, A. et al. **Jornada da Liderança Exponencial:** construindo uma relação humanizada nas organizações com destaque para o papel executivo. Rio de Janeiro: Brasport, 2023.

MUNIZ, A. et al. **Jornada Officeless:** unindo experiências para potencializar resultados em times remotos, respeitando a saúde e a singularidade das pessoas. Rio de Janeiro: Brasport, 2024.

MUNIZ, A. et al. **Jornada OKR na prática:** unindo práticas e experiências que potencializam resultados. Rio de Janeiro: Brasport, 2022.

MUNIZ, A.; IRIGOYEN, A. (orgs.). **Jornada ágil e digital:** unindo práticas e frameworks que potencializam o mindset colaborativo e a experimentação. Rio de Janeiro: Brasport, 2019.

MURPHY, S. V.; ATALA, A. 3D Bioprinting of Tissues and Organs. **Nature Biotechnology**, n. 32, p. 773-785, 2014. Disponível em: <http://dx.doi.org/10.1038/nbt.2958>. Acesso em: 15 jul. 2024.

NAKAGAWA, M. **Ferramenta:** 4Ps da Gestão da Inovação para PMEs. Disponível em: <https://blogclosetome.wordpress.com/wp-content/uploads/2017/03/me_4ps-gestao-inovacao.pdf>. Acesso em: 19 jun. 2024.

NAMBISAN, S.; BARON, R. A. Entrepreneurship in innovation ecosystems: entrepreneurs' self-regulatory processes and their implications for new venture success. **Entrepreneurship: Theory and Practice**, vol. 37, n. 5, p. 1071-1097, 2013.

NASA. **Technology Readiness Levels Introduction.** Oct. 21, 2004. Disponível em: <https://web.archive.org/web/20051206035043/http://as.nasa.gov/aboutus/trl-introduction.html>. Acesso em: 13 jun. 2024.

NESTLÉ. **Nestlé e Veolia se unem para desenvolver sistemas de reciclagem de materiais plásticos.** 18 mar. 2019. Disponível em: <https://www.nestle.com.br/media/pressreleases/nestle-e-veolia-se-unem-para-desenvolver-sistemas-de-reciclagem-de-materiais-plasticos>. Acesso em: 15 jul. 2024.

NETO, J. S.; SANTOS, D. L. N. dos; ORLANDI, T. R. C. **Inovação:** estratégia, gestão e cultura. Kindle edition, 2014.

NG, A. **AI Transformation Playbook:** how to lead your company into the AI era. Landing AI, s.d. Disponível em: <https://landing.ai/case-studies/ai-transformation-playbook/>. Acesso em: 19 jun. 2024.

NONAKA, I.; KONNO, N. The Concept of "Ba": building a foundation for knowledge creation. **California Management Review**, vol. 40, n. 3, p. 40-54, 1998.

NONAKA, I.; TAKEUCHI, H. **Criação de conhecimento na empresa:** como as empresas japonesas geram a dinâmica da inovação. 13.ed. Rio de Janeiro: Elsevier,1997.

NORMAN, D. A. **O design do dia a dia.** São Paulo: Anfiteatro, 2006.

NVIDIA. **What is Generative AI?** Disponível em: <https://www.nvidia.com/en-us/glossary/generative-ai/>. Acesso em: 18 jun. 2024.

O'BRIEN, J. A. **Sistemas de informação e as decisões gerenciais na era da internet**. São Paulo: Saraiva, 2002. 436p.

O'REILLY, C. A. III; TUSHMAN, M. L. Organizational ambidexterity in action: how managers explore and exploit. **California Management Review**, vol. 53, n. 4, p. 5-22, Aug. 2011. Disponível em: <https://doi.org/10.1525/cmr.2011.53.4.5>. Acesso em: 15 jul. 2024.

O'REILLY, C. A. III; TUSHMAN, M. L. Organizational ambidexterity: past, present, and future. **The Academy of Management Perspectives**, vol. 27, n. 4, p. 324-338, 2013. Disponível em: <https://doi.org/10.5465/amp.2013.0025>. Acesso em: 15 jul. 2024.

OECD. **Oslo Manual 2018:** Guidelines for collecting, reporting and using data on innovation. 4th.ed. Organisation for Economic Cooperation and Development, Oct. 22, 2018. Disponível em: <https://www.oecd.org/science/oslo-manual-2018-9789264304604-en.htm>. Acesso em: 12 jun. 2024.

OECD. **Oslo Manual:** guidelines for collecting and interpreting innovation data. 3rd.ed. Organisation for Economic Cooperation and Development, 2005.

OHNO, T. **Toyota Production System:** beyond large-scale production. Boca Raton, FL: Taylor & Francis, 1988.

OLGA, J. Inovação: 83% das empresas querem inovar, mas só 3% se dizem prontas, aponta estudo do BCG. **Época Negócios**, 04 jul. 2024. Disponível em: <https://epocanegocios.globo.com/empresas/noticia/2024/07/inovacao-83percent-das-empresas-querem-inovar-mas-so-3percent-se-dizem-prontas-aponta-estudo-do-bcg.ghtml>. Acesso em: 18 jul. 2024.

OLIVEIRA, D. de P. R. **Sistemas, Organização e Métodos:** uma abordagem gerencial. 19.ed. São Paulo: Atlas, 2010.

OSTERWALDER, A.; PIGNEUR, Y. **Business Model Generation:** inovação em modelos de negócios. Rio de Janeiro: Alta Books, 2011.

OSTROM, E. et al. Revisiting the commons: Local lesson, Global challenges. **Science**, vol. 284, Apr. 9, 1999. Disponível em: <https://www.laits.utexas.edu/~mbs31415/Ostrom_etal.pdf>. Acesso em: 19 jun. 2024.

OZAN VAROL. Site. Disponível em: <https://ozanvarol.com/>. Acesso em: 20 jun. 2024.

PAGNAN, A. S. et al. Design centrado no usuário e seus princípios éticos norteadores no ensino do design. **Estudos em Design**, vol. 27, n. 1, 2019, p.131-146. Disponível em: <https://estudosemdesign.emnuvens.com.br/design/article/viewFile/680/368>. Acesso em: 19 jun. 2024.

PALAO, F.; LAPIERRE, M.; ISMAIL, S. **Exponential Transformation:** the ExO sprint playbook to evolve your organization to navigate industry disruption and change the world. [S.l.]: Diversion Books, 2018.

PALMA, M. N. **O intraempreendedorismo como forma de alinhamento dos colaboradores com a missão da organização.** 2019. 46f. Trabalho de Conclusão de Curso (Bacharelado em Administração) – Universidade Federal de Santa Catarina, Florianópolis, 2019. Disponível em: <https://repositorio.ufsc.br/handle/123456789/202214>. Acesso em: 17 jun. 2024.

PANETTA, K. 5 Trends Appear on the Gartner Hype Cycle for Emerging Technologies. **Gartner**, Aug. 29, 2019. Disponível em: <https://www.gartner.com/smarterwithgartner/5-trends-appear-on-the-gartner-hype-cycle-for-emerging-technologies-2019/>. Acesso em: 13 jun. 2024.

PAPAGIANNIS, H. **Augmented Human:** how technology is shaping the new reality. Sebastopol, CA: O'Reilly Media, 2017.

PAROLA, D. Entendendo o Modelo CYNEFIN. Dá pra usar em qualquer empresa, inclusive na Caixa! **Medium**, 09 out. 2018. Disponível em: <https://medium.com/@daviparola/entendendo-o-modelo-cynefin-d%C3%A1-pra-usar-em-qualquer-empresa-inclusive-na-caixa-446ac095ffff>. Acesso em: 13 jun. 2024.

PATEL, N. **Machine Learning:** o que é e como funciona. Disponível em: <https://neilpatel.com/br/blog/machine-learning/>. Acesso em: 18 jun. 2024.

PERGENTINO, C. As melhores empresas do país em diversidade, equidade e inclusão, segundo o GPTW. **Época Negócios**, 23 mar. 2023. Disponível em: <https://epocanegocios.globo.com/futuro-do-trabalho/noticia/2023/03/great-place-to-work-anuncia-vencedores-em-6-categorias-ligadas-a-diversidade-equidade-e-inclusao.ghtml>. Acesso em: 17 jun. 2024.

PERRI, L. What's new in the 2023 Gartner Hype Cycle for Emerging Technologies. **Gartner**, Aug. 23, 2023. Disponível em: <https://www.gartner.com/en/articles/what-s-new-in-the-2023-gartner-hype-cycle-for-emerging-technologies>. Acesso em: 12 jul. 2024.

PETER, T. **Pequenas Grandes Coisas:** 163 maneiras para buscar a excelência. Rio de Janeiro: Agir, 2011.

PIANIGIANI, O. **Vocabolario etimologico della lingua italiana.** Disponível em: <https://www.etimo.it/>. Acesso em: 14 jun. 2024.

PIAZZA, C. Transformação Digital, complexidade, pessoas e futuro. **Coaching Brasil**, n. 92, jan. 2021. Disponível em: <https://revistacoachingbrasil.com.br/edicao/92/1225_transformacao-digital-complexidade-pessoas-e-futuro>. Acesso em 17 jun. 2024.

PICCHI, F. A. Cadeia de ajuda estrutura "pirâmide invertida" com cliente no topo. **Lean Institute Brasil**, 17 mar. 2021. Disponível em: <https://www.lean.org.br/artigos/1268/cadeia-de-ajuda-estrutura-piramide-invertida-com-cliente-no-topo.aspx>. Acesso em: 14 jun. 2024.

PINCHOT G., **Intrapreneuring:** why you don't have to leave the corporation to become an entrepreneur. New York: Harper & Row Publishers, 1985.

PINHEIRO, A. C. O. da S. **Resiliência e Liderança Empreendedora, um estudo exploratório da relação entre a competência "resiliência" e fatores de sucesso empresarial.** 2012, 12f. Dissertação (Mestrado em Administração de Empresas) – Pontifícia Universidade Católica do Rio de Janeiro, Rio de Janeiro, 2012. Disponível em: <https://www.maxwell.vrac.puc-rio.br/21288/21288_1.PDF>. Acesso em: 19 jun. 2024.

PIO, J. L., CASTRO, T. H. C. de; CASTRO JUNIOR, A. N. de. **A Robótica Móvel como Instrumento de Apoio à Aprendizagem de Computação.** *In*: XVII Simpósio Brasileiro de Informática na Educação, 17., 2006, Brasília, UNB/UCB. Disponível em: <http://milanesa.ime.usp.br/rbie/index.php/sbie/article/download/510/496>. Acesso em: 15 jul. 2024.

PISANO, G. P. You Need an Innovation Strategy. **Harvard Business Review**, June 2015. Disponível em: <https://hbr.org/2015/06/you-need-an-innovation-strategy>. Acesso em: 13 jun. 2024.

POSSI, M.; CORREIA, N. **Gerenciamento de Projetos Guia do Profissional:** aspectos humanos e interpessoais. Vol. 2. Rio de Janeiro: Brasport, 2006.

PRAXIS FRAMEWORK. **Stacey Matrix.** Disponível em: <https://www.praxisframework.org/en/library/stacey-matrix>. Acesso em: 13 jun. 2024.

PRESENCING INSTITUTE. **About Us.** Disponível em: <https://presencinginstitute.org/about/>. Acesso em: 19 jun. 2024.

RADENKOVIC, D.; SOLOUK, A.; SEIFALIAN, A. Personalized development of human organs using 3D printing technology. **Med. hypotheses**, vol. 87, p. 30-33, 2016.

REDAÇÃO PENSAMENTO VERDE. Um exemplo de sustentabilidade: Conheça a "Teoria U". **Pensamento Verde**, 11 dez. 2013. Disponível em: <https://www.pensamentoverde.com.br/sustentabilidade/exemplo-sustentabilidade-conheca-teoria-u/>. Acesso em: 19 jun. 2024.

REDAÇÃO VINDI. EdTechs: o que são e tudo sobre o mercado EdTech Brasil. **Vindi**, 06 nov. 2019. Disponível em: <https://blog.vindi.com.br/edtechs-e-a-nova-era-da-educacao-no-brasil/>. Acesso em: 19 jun. 2024.

REYNOLDS, E. B.; SCHNEIDER, B. R.; ZYLBERBERG, E. (eds.). **Innovation in Brazil:** advancing development in the 21st century. (Routledge Studies in Innovation, Organizations, and Technology). London, UK: Routledge, 2019.

RICH, E.; KNIGHT, K. **Inteligência Artificial.** São Paulo: M.Books, 1993.

RIES, E. **A startup enxuta:** como usar a inovação contínua para criar negócios radicalmente bem-sucedidos. Rio de Janeiro: Sextante, 2019.

RISE8. Prodacity: Corporate Rebels – Make Work More Fun. **YouTube**, 31 jan. 2024. Disponível em: <https://www.youtube.com/watch?v=-Z_jkGrqGMI>. Acesso em: 14 jun. 2024.

ROBBINS, S. **Comportamento Organizacional.** São Paulo: Pearson Prentice Hall, 2005. Disponível em: <https://admdotunisa.wordpress.com/wp-content/uploads/2019/03/robbins_2009_livro_comportamento_organiz.pdf>. Acesso em: 19 jun. 2024.

ROBBINS, S. P.; JUDGE, T.; SOBRAL, F. **Comportamento Organizacional.** São Paulo: Pearson, 2010.

ROGERS, D. L. **Transformação Digital:** repensando o seu negócio para a era digital. São Paulo: Autêntica Business, 2017.

ROGERS, E. **Diffusion of Innovations** 5th.ed. New York, NY: Free Press, 2003.

ROTTA, M. Você conhece algumas das maneiras que a inteligência artificial afeta nossa vida diária? **LinkedIn**, 19 out. 2019. Disponível em: <https://www.linkedin.com/pulse/voc%C3%AA-conhece-algumas-das-maneiras-que-intelig%C3%AAncia-artificial-rotta/>. Acesso em: 18 jun. 2024.

RUBIN, R. Generative AI just might save Siri and Alexa from oblivion. **Fast Company**, Sep. 1st, 2023. Disponível em: <https://www.fastcompany.com/90935620/generative-ai-just-might-save-siri-and-alexa-from-oblivion>. Acesso em: 18 jun. 2024.

SAATY, T. L. **Theory and applications of the Analytic Network Process:** decision making with benefits, opportunities, costs, and risks. Pittsburgh, PA: RWS, 2005.

SALERNO, M. S.; GOMES, A. de V. **Gestão da inovação (mais) radical.** São Paulo: Atlas, 2018.

SANTOS, L.; MOTTA, N. "Como Uma Onda". Música. 1983. Disponível em: <https://analisedeletras.com.br/lulu-santos/como-uma-onda/>. Acesso em: 19 jun. 2024.

SARASVATHY, S. D. **Effectuation:** elements of entrepreneurial expertise. Cheltenham, UK: Edward Elgar, 2008.

SARDAR, Z. (ed.). **The postnormal times reader.** United Kingdom: International Institute of Islamic Thought (IIIT); Centre for Postnormal Policy & Future Studies, 2017.

SAYEGH, E. Cloud Computing in 2024: Unveiling Transformations and Opportunities. **Forbes**, Jan. 2nd, 2024 Disponível em: <https://www.forbes.com/sites/emilsayegh/2024/01/02/cloud-computing-in-2024-unveiling-transformations-and-opportunities/?sh=53a77fad8e77>. Acesso em: 19 jun. 2024.

SCHARMER, C. O. **Teoria U:** como liderar pela percepção e realização do futuro emergente. Trad. Edson Furmankiewicz. Rio de Janeiro: Alta Books, 2019.

SCHONS, C.; PRIMAZ, E.; WIRTH, G. A. P. Introdução a Robótica Educativa na Instituição Escolar para Alunos do Ensino Fundamental da Disciplina de Língua Espanhola através das Novas Tecnologias de Aprendizagem. *In*: I Workshop de Computação da Região Sul, 1., 2004. **Anais...** [s.l], 2004.

SCHUMPETER, J. A. **Teoria do desenvolvimento econômico**. (Coleção Os Economistas) São Paulo: Abril; Nova Cultural, 1997.

SCHUMPETER, J. A. **Teoria do desenvolvimento econômico.** São Paulo: Nova Cultura, 1988.

SCHUMPETER, J. **Capitalismo, Socialismo e Democracia.** São Paulo: Unesp, 2017.

SCHWABER, K.; SUTHERLAND, J. **The Scrum Guide:** the definitive guide to Scrum – the rules of the game. Nov. 2017. Disponível em: <https://scrumguides.org/docs/scrumguide/v2017/2017-Scrum-Guide-US.pdf>. Acesso em: 19 jun. 2024.

SEBRAE. **Empresa Júnior – o que é? E como funciona?** 10 mar. 2020. Disponível em: <https://www.sebrae.com.br/sites/PortalSebrae/ufs/ap/artigos/empresa-junior-o-que-e-e-como-funciona,e3a048ae422fe510VgnVCM1000004c00210aRCRD>. Acesso em: 18 jun. 2024.

SENGE, P. **A Quinta disciplina.** Rio de Janeiro: Best Seller, 2013.

SHOTHEESH C. Diffusion of Innovation Everett Rogers. **SlideShare**, 28 maio 2016. Disponível em: <https://pt.slideshare.net/shotheeshc/diffusion-of-innovation-everett-rogers>. Acesso em: 14 jun. 2024.

SIEMENS. **Prêmios, reconhecimentos e compromissos.** Disponível em: <https://www.siemens.com/br/pt/empresa/premios-e-reconhecimentos.html>. Acesso em: 19 jun. 2024.

SIGAHI, C. Y. O. **Plano de negócio de uma aceleradora de startups para empresas maduras**. 2015. 132f. Trabalho de conclusão de curso (Graduação em Engenharia de Produção) – Escola Politécnica da Universidade de São Paulo, Departamento de Engenharia de Produção, São Paulo, 2015.

SILVA, L. S.; OLIVEIRA, R. N. **Robótica Educacional:** perspectivas e desafios no ensino de Ciências e Matemática. 2022. 56f. Trabalho de conclusão de curso (Bacharelado em Engenharia Elétrica) – Instituto Federal de Educação, Ciência e Tecnologia de Goiás, Jataí, 2022. Disponível em: <https://repositorio.ifg.edu.br/bitstream/prefix/1282/1/tcc_lucas_santos_silva_e_raquel_nascimento_oliveira.pdf>. Acesso em: 15 jul. 2024.

SILVA, R. V. A. da. Teoria da Complexidade e Pós-Modernismo: contribuições da epistemologia complexa para os estudos organizacionais. *In*: Encontro de Estudos Organizacionais, Curitiba. **Anais...** Rio de Janeiro: ANPAD, 2000.

SILVA, W. de V. R.; RUSSO, S. L. **Aspectos Gerais do Sistema de Propriedade Intelectual no Brasil**. Aracaju: Associação Acadêmica de Propriedade Intelectual, 2018

SINEK, S. How great leaders inspire action. **TED**, Sep. 2009. Disponível em: <https://www.ted.com/talks/simon_sinek_how_great_leaders_inspire_action?language=pt>. Acesso em: 14 jun. 2024.

SINGULARITY UNIVERSITY. **Countdown to the singularity 2013-2038.** 2013. Disponível em: <https://cdn2.hubspot.net/hubfs/2973685/Countdown%20to%20the%20Singularity_final.pdf> Acesso em: 13 jun. 2024.

SIVERS, D. First Follower: leadership lessons from Dancing Guy. **YouTube**, 11 fev. 2010. Disponível em: <https://www.youtube.com/watch?v=fW8amMCVAJQ&ab_channel=DerekSivers>. Acesso em: 14 jun. 2024.

SOARES, F. OKRs: da origem à definição. **DTI**, 12 maio 2021. Disponível em: <https://www.cms.dtidigital.com.br/blog/okrs-definicao/>. Acesso em: 18 jun. 2024.

SPOLADOR, M. A. Crescimento populacional, ordem espontânea e superdiversidade de interesses – e o que isso tudo tem a ver com você. **Medium**, 13 nov. 2019. Disponível em: <http://bit.ly/Superdiversidade>. Acesso em: 19 jun. 2024.

SRIVASTAVA, A. et al. Recognizing human violent action using drone surveillance within real-time proximity. **Journal of Real-Time Image Processing**, vol. 18, p. 1851-1863, 2021. Disponível em: <https://doi.org/10.1007/s11554-021-01171-2>. Acesso em: 18 jun. 2024.

STACEY, R. D. **Strategic Management and Organisational Dynamics:** the challenge of complexity. 5th.ed. Harlow, Eng.: FT Prentice Hall, 2007. Disponível em: <https://www.advisory21.com.mt/wp-content/uploads/2023/04/Strategic-Management-and-Organisational-Dynamics-Ralph-D.-Stacey-PDFDrive-.pdf>. Acesso em: 15 jul. 2024.

STARTSE. **Ame Digital, fintech da Americanas, promove digitalização financeira exclusiva.** 2020. Disponível em: <https://www.startse.com/artigos/ame-digital-fintech-americanas/>. Acesso em: 18 jun. 2024.

STEELE, R.; DERVEN, M. Diversity & Inclusion and innovation: a virtuous cycle. **Industrial and commercial training.** vol. 47, n. 1, p. 1-7, 2015.

STOCK, R.; SIX, B.; and ZACHARIAS, N. Linking multiple layers of innovation-oriented corporate culture, product program innovativeness, and business performance: A contingency approach. **Journal of the Academy of Marketing Science**, vol. 41, n. 3, p. 283-299, 2013.

STRATEGYZER. **The Business Model Canvas.** Apr. 9, 2024. Disponível em: <https://www.strategyzer.com/library/the-business-model-canvas>. Acesso em: 13 jun. 2024.

TAKEY, S. M. **Fuzzy Front End de inovações sistêmicas:** quadro conceitual e estudo de casos. 2016. Dissertação (Mestrado em Engenharia de Produção) – Escola Politécnica da Universidade de São Paulo, São Paulo, 2016. Disponível em: <https://www.teses.usp.br/teses/disponiveis/3/3136/tde-18082016-090119/pt-br.php>. Acesso em: 19 jun. 2024.

TALEB, N. **A Lógica do Cisne Negro.** Ed. rev. e ampl. Rio de Janeiro: Objetiva, 2021.

TAPSCOTT, D. **Blockchain Revolution:** como a tecnologia por trás do bitcoin está mudando o dinheiro, os negócios e o mundo. São Paulo: SENAI SP, 2016.

TAURION, C. Quatro livros que você precisa ler sobre inteligência artificial. **NeoFeed**, 28 ago. 2019. Disponível em: <https://neofeed.com.br/blog/home/quatro-livros-que-voce-precisa-ler-sobre-inteligencia-artificial/>. Acesso em: 18 jun. 2024.

TAYLOR, W. Derek Sivers' TED Talk 'How to start a movement'. **YouTube**, 02 nov. 2015. Disponível em: <https://www.youtube.com/watch?v=gxFt1BZiMTw&ab_channel=WillTaylor>. Acesso em: 14 jun. 2024.

TEDX TALKS. Theory U – Learning from the future as it emerges | Otto Scharmer | TEDxTUHH. **YouTube**, 26 out. 2016. Disponível em: <https://www.youtube.com/watch?app=desktop&v=GMJefS7s3lc>. Acesso em: 17 jun. 2024.

TEIXEIRA, F. Google Design Sprint: como funciona e como aplicar no seu projeto. **Medium**, 01 set. 2015. Disponível em: <https://brasil.uxdesign.cc/google-design-sprint-como-funciona-e-como-aplicar-no-seu-projeto-279107363659>. Acesso em: 20 jun. 2024.

TOFFLER, A. **O Choque Do Futuro.** Rio de Janeiro: Record, 1998.

TRANCHARD, S.; ROJAS, V. Manufacturing our 3D future. **International Organization for Standards**, vol. 5, 2015.

TRENTIM, M. H. Hiper Agilidade e PMI Citizen Development, entenda os conceitos para estender suas capacidades. **LinkedIn**, 11 jan. 2023. Disponível em: <https://www.linkedin.com/pulse/hiper-agilidade-e-citizen-development-entenda-os-para-mario-h/>. Acesso em: 17 jun. 2024.

TURCHIELO, R. de G.; OLIVEIRA, L.; DALONGARO, R. C. Formação Empreendedora: percepção do perfil empreendedor dos estudantes do Ensino Médio. **Vivências**, vol. 15, n. 28, p. 255-267, 2019. Disponível em: <https://www.researchgate.net/publication/333810814_FORMACAO_EMPREENDEDORA_PERCEPCAO_DO_PERFIL_EMPREENDEDOR_DOS_ESTUDANTES_DO_ENSINO_MEDIO>. Acesso em: 18 jun. 2024.

VAROL, O. **Think like a rocket scientist:** simple strategies you can use to make giant leaps in work and life. New York: PublicAffairs, 2020.

VEDSMAND, T. Ideação como Parte da "Máquina de Projeto de Inovação". **Innovation Management**, Sep. 30, 2014. Trad. Filipe Costa. Disponível em: <https://innovationmanagement.se/2014/09/30/ideacao-como-parte-da-maquina-de-projeto-de-inovacao/>. Acesso em: 20 jun. 2024.

VERRE, C. Moonshot Thinking: conheça essa estratégia e veja como aplicá-la na empresa. **Singularity U Brasil**, s.d. Disponível em: <https://blog.singularityubrazil.com/blog/moonshot-thinking/>. Acesso em: 20 jun. 2024.

VIEIRA, C. D. K. **Intraempreendedorismo na L'Oréal Do Brasil:** um estudo de caso. 2014. 95f. Dissertação (Pós-graduação em Administração) – Universidade Federal Fluminense, Niterói, 2014. Disponível em: <https://app.uff.br/riuff/bitstream/1/2030/1/Carla%20Komora.pdf>. Acesso em: 17 jun. 2024.

VIEIRA, E. J. et al. Teoria da complexidade sob a perspectiva da gestão. **Cadernos UniFOA**, vol. 10, n. 28, p. 51-66, 2015.

VIGNA, C. M.; NASCIMENTO, P. T.; SIN OIH YU, A. Capacitação em Gestão do Fuzzy Front End em uma empresa de Serviços de Alta Tecnologia. **Produto & Produção**, vol. 17, n. 1, p. 13-31, mar. 2016. Disponível em: <https://seer.ufrgs.br/ProdutoProducao/article/view/56353/37570>. Acesso em: 20 jun. 2024.

VIKI, T. Why Companies Must Align Innovation Strategy With Business Strategy. **Medium**, Apr. 30, 2018. Disponível em: <https://medium.com/the-corporate-startup/why-companies-must-align-innovation-strategy-with-business-strategy-e132b9988f1b>. Acesso em: 20 jun. 2024.

VLADOS, C. Change Management and Innovation in the "Living Organization": The Stra.Tech.Man Approach. **Management Dynamics in the Knowledge Economy**, vol. 7, n. 2, p. 229-256, June 2019. DOI: 10.25019/MDKE/7.2.06.

WAENGERTNER, P. **A Estratégia da Inovação Radical:** como qualquer empresa pode crescer e lucrar aplicando os princípios das organizações de ponta do Vale do Silício. São Paulo: Gente, 2018.

WALSH, R.; VAUGHAN, F. **Além do Ego:** dimensões transpessoais em psicologia. São Paulo: Cultrix, 1997.

WEF. **The Future of Jobs Report 2023.** World Economic Forum, Apr. 30, 2023. Disponível em: <https://www.weforum.org/publications/the-future-of-jobs-report-2023/>. Acesso em: 13 jun. 2024.

WEST, J., GALLAGHER, S. Challenges of open innovation: the paradox of firm investment in open-source software. **Journal of R&D Management**, vol. 36, n. 3, June 2006.

WHITING, K. These are the top 10 job skills of tomorrow – and how long it takes to learn them. **World Economic Forum**, Oct. 21, 2020. Disponível em: <https://www.weforum.org/agenda/2020/10/top-10-work-skills-of-tomorrow-how-long-it-takes-to-learn-them/>. Acesso em: 17 jun. 2024.

WIKIPÉDIA. **Analytic Hierarchy Process.** Disponível em: <https://pt.wikipedia.org/wiki/Analytic_Hierarchy_Process>. Acesso em: 20 jun. 2024.

WIKIPEDIA. **Astro Teller.** Disponível em: <https://en.wikipedia.org/wiki/Astro_Teller>. Acesso em: 19 jun. 2024.

WIKIPÉDIA. **CA Technologies.** Disponível em: <https://en.wikipedia.org/wiki/CA_Technologies#cite_note-Broadcom_acquisition_closing-6>. Acesso em: 14 jun.2024.

WIKIPEDIA. **Cloud Computing.** Disponível em: <https://en.wikipedia.org/wiki/Cloud_computing>. Acesso em: 20 jun. 2024.

WIKIPÉDIA. **Lei da difusão da inovação.** Disponível em: <https://pt.wikipedia.org/wiki/Lei_da_difus%C3%A3o_da_inova%C3%A7%C3%A3o>. Acesso em: 20 jun. 2024.

WIPO. **Índice Global de Inovação 2023.** Resumo Executivo. Disponível em: <https://www.wipo.int/edocs/pubdocs/pt/wipo-pub-2000-2023-exec-pt-global-innovation-index-2023.pdf>. Acesso em: 17 jun. 2024.

WORLD BANK GROUP. **Brazil Poverty and Equity Assessment:** looking ahead of two crises. Washington, DC: The World Bank, 2022. Disponível em: <https://openknowledge.worldbank.org/server/api/core/bitstreams/19298bfa-067d-504c-8e34-00b20e3139d2/content>.

X COMPANY. Site. Disponível em: <https://x.company/>. Acesso em: 20 jun. 2024.

YANG, H.; TATE, M. A Descriptive Literature Review and Classification of Cloud Computing Research. **Communications of the Association for Information Systems**, vol. 31, 2012. Disponível em: <https://doi.org/10.17705/1CAIS.03102>. Acesso em: 19 jun. 2024.

ZACK, M. Developing a knowledge strategy. **California Management Review**, vol. 41, n. 3, p. 125-145, 1999.

ZAMAN, R. Incremental Innovation vs Disruptive Innovation. **The Waves**, July 17, 2020. Last updated: Jan. 28, 2022. Disponível em: <https://www.the-waves.org/2020/07/17/incremental-innovation-vs-disruptive-innovation/>. Acesso em: 12 jul. 2024.

ZANANDREA, G. et al. **Prospecção Tecnológica Sobre Agricultura no Brasil.** Aracaju: Associação Acadêmica de Propriedade Intelectual, 2018.

ZEWE, A. Explained: Generative AI. **MIT News**, Nov. 09, 2023. Disponível em: <https://news.mit.edu/2023/explained-generative-ai-1109>. Acesso em: 18 jun. 2024.

ZHU, P. **Five Principles of Innovation Measurement.** Innovation Management, Jan. 23, 2020. Disponível em: <https://innovationmanagement.se/2020/01/23/five-principles-of-innovation-measurement/>. Acesso em: 18 jun. 2024.

# Dedicatória e agradecimentos

Foram mais de quatro anos de muito envolvimento, esforço e dedicação de muitos apaixonados por inovação, com a geração de muita expectativa. A realização desse sonho é simplesmente surreal e nos deixa sem palavras! Temos que agradecer muito pela paciência e apoio de todos os coautores que atuaram com muita inovação e colaboração para alcançar esse fantástico objetivo, que seguramente irá gerar impacto na vida de muitas pessoas. Destaco os agradecimentos ao Antonio Muniz pela confiança, ao Luiz Mandarino pelo espaço aberto para que fosse possível completar essa longa maratona e pelos maravilhosos curadores que apoiaram no *Sprint* final, Bárbara Cabral da Conceição, Carlos Alberto (Zeca), Marcelle Cury e Marcos Antonio Rodrigues Junior. Assim, agradecemos de coração a vocês, aos coautores, familiares e a todos os demais envolvidos que ajudaram de várias formas possíveis nessa grande realização!

**Henrique C. Mariano**

Curador e coautor da Jornada de Inovação

"Jornada da Inovação" é mais que um livro para mim: é o fruto de uma colaboração sem precedentes, onde mais de 70 mentes brilhantes e únicas se uniram em meio a adversidades globais inimagináveis. Sobrevivendo a uma pandemia e a conflitos internacionais, nosso compromisso com a inovação se mostrou inabalável. Cada página deste livro reflete não apenas conhecimento, mas uma teia de confiança e colaboração que define o verdadeiro espírito da inovação. Dedico este trabalho a todos que acreditaram até o último momento na força da colaboração coletiva. Tudo pode ser superado com vontade, compromisso e persistência. Meu agradecimento mais que especial a todos os curadores que foram fundamentais em cada quilômetro percorrido e em especial ao Henrique Mariano, pela brilhante e serena atuação na coordenação final deste projeto. Desejo que cada leitor encontre muita inspiração e coragem para transformar seus desafios em oportunidades inovadoras. E que possam levar esses conceitos não apenas para suas empresas, mas também para o dia a dia das suas vidas.

**Luiz Mandarino**

Idealizador, organizador, curador e coautor da Jornada de Inovação

# Sobre os organizadores e coautores

**Alan Fernandes.** Profissional do mercado de tecnologia com mais de 15 anos de experiência em desenvolver e gerenciar pessoas, produtos e projetos digitais inovadores de alto impacto. <https://www.linkedin.com/in/alanfernandesti/>

**Alessandra Nascimento Pontes.** Professora | Palestrante | Empreendedora, Docente de enfermagem e doutoranda em distúrbios de desenvolvimento. <https://www.linkedin.com/in/al%C3%AApontes/>.

**Ana Carolina Clivatti Ferronato.** *Cofounder* e COO da NetWord Agro. Iniciou a jornada empreendedora em 2014 e possui experiência em cargos de liderança, gestão de processos e pessoas, e em *startups* de tecnologia no agronegócio. <https://www.linkedin.com/in/accferronato/>.

**Ana Carolina Gomes do Prado.** Experiência em empresas de software e consultoria (TOTVS, Falconi, Nérus, Softplan e NDD Tech), atuando em projetos, processos e gestão do conhecimento. Luta pela inclusão feminina no mundo *tech*. <https://www.linkedin.com/in/anacarolprado/>

**André Coelho.** CEO na Eloh, Mestre em Computação e inovação, mentor e conselheiro de *startups* no MIDITEC/ACATE e AbStartups. <https://www.linkedin.com/in/andrecoelhop/>.

**Antonio Muniz.** CEO e Fundador da Advisor 10X e da Jornada Colaborativa | Curador e Moderador de Eventos | Palestrante e Coordenador de MBAs | Autor e curador de 30 livros, colaborando com mais de 30 mil pessoas. <https://www.linkedin.com/in/antoniomunizoficial/>.

**Bárbara Cabral.** CEO da BC Qualidade Ágil, representante oficial do *Agile Testing Fellow* no Brasil e Portugal e professora de MBA em *DevOps* e *Agile Testing*. <https://www.linkedin.com/in/barbaracabral/>.

**Bruno Leonardo Rosa.** Mestre em Administração (UFF), especialista em Gerenciamento de Projetos (FGV), membro e relator da ABNT (CEE-93 e CB-25), professor, escritor e mais de 15 anos de mercado em gestão e inovação. <https://www.linkedin.com/in/brunoleonardorosa/>.

**Carlos Alberto (Zeca).** MBA em Administração (UFF). Pós-graduação em Análise de Sistemas (PUC-RJ). Agilista. Trinta anos de vida corporativa. Feliz na NTT DATA. Pai de Natasha e Vinicius. Marido de Sônia. Carioca. Flamenguista. <https://www.linkedin.com/in/carlosalbertocorreiadasilva/>.

**Carlos Alberto Rosa Junior.** Engenheiro Civil e de Segurança do Trabalho, Professor de Engenharia Efetivo do IFMT, do Ceprotec e da Unidep, Diretor Presidente da Fundação Unidep, ex-inspetor do CREA-MT e consultor. <https://www.linkedin.com/in/profcarlosrosa/>.

**Carlos Marcelo Faustino da Silva.** Contador pela UFMT, mestre em Engenharia e Gestão do Conhecimento pela UFSC. Mentor de *startups* e estrategista de ambientes de inovação. <https://www.linkedin.com/in/carlosmfaustino/>.

**Cristiane Costa Simons.** MBA em Arquitetura de Soluções na FIAP, Columbia Business School em Estratégias Digitais e na Escola de Liderança Criativa de Berlim em Liderança Criativa Unificada. *Tech Engineer Crypto* no Nubank. <https://www.linkedin.com/in/criscostasimons/>

**Eduardo Marques.** Formado em Análise e desenvolvimento de sistemas, pós-graduado em Gestão de Equipes e Viabilidade de Projetos, Governança em TI e com extensão em Gestão de Projetos e mais de 15 anos de experiência. <https://www.linkedin.com/in/eduardolam/>.

**Felipe Nascimento.** MBA em *Management* pela PUC-Rio. A tecnologia é sua base profissional, porém o foco atual é participar de projetos híbridos e inovadores. Assim, tornou-se um agilista e um agente de inovação. <https://www.linkedin.com/in/felipelsn>.

**Fernando Hannaka.** Engenheiro com sólida experiência em liderança de equipes. Entusiasta da cultura de inovação com propósito de transformação através da liderança empática e fluência analítica. <https://www.linkedin.com/in/fernandohannaka/>.

**Flavia Lins Garcia.** Especialista *lean agile* na B3. Mais de 20 anos em inovação. Formação em Tecnologia, Arquitetura, Fotografia e MBA em Negócios com ênfase em Pessoas. Pratico a colaboração para alcançar resultados. <https://www.linkedin.com/in/flaviaaglins>.

**Flavia Martins.** Pedagoga e mestre em linguística aplicada (UFRJ), desde 2000 atua na área de educação como pesquisadora, designer instrucional e consultora. Em 2010 fundou a Innovare Soluções Educacionais. <https://www.linkedin.com/in/flavia-martins>.

**Flávio França.** Mestre em SI e bacharel em Ciências da Computação. Fundador da Media Glass, *startup* de AR/VR. Também foi professor e palestrante em eventos de inovação, tanto no Brasil como no exterior. <https://www.linkedin.com/in/flavioalmadafranca/>.

**Gabriel Vaz.** Esposo há 18 anos, pai de seis, mentor de carreiras, palestrante e especialista em métodos ágeis no Sicoob. Há 16 anos desenvolvo software e pessoas. Em 1994 comprei meu primeiro computador vendendo picolé. <https://www.linkedin.com/in/g-vaz/>.

**Gean Pereira.** Especialista em Inovação na Saúde | Executivo | Estrategista em Negócios e Tecnologia Médica | Palestrante | *Advisor*. Profissional com mais de 16 anos de experiência em gestão de produtos e tecnologias. <https://www.linkedin.com/in/geanalexpereira/>.

**Giselle Santos.** *Top Voice* no LinkedIn, fundou a human:ia, focada em transformação digital e diversidade. Como embaixadora do *Women Techmakers* e *Google Innovator*, busca coconstruir futuros mais justos. <https://www.linkedin.com/in/giselle-santos-innovation/>.

**Guilherme A. do P. Campos.** Graduação e Mestrado em Engenharia Mecânica pela UFRJ. Atualmente é professor efetivo do CEFET/RJ e tem como linhas de pesquisas projetos de máquinas, energias renováveis e impressão 3D. <https://www.linkedin.com/in/guilherme-campos-babb04192/>.

**Guilherme Villanova.** Consultor de agilidade organizacional com mais de 20 anos de experiência, com atuação em diversos setores, governamentais e empresas privadas, com ampla experiência em transformação ágil. <https://www.linkedin.com/in/guilherme-villanova/>.

**Henrique C. Mariano.** Executivo de negócios em Inovação, Empreendedorismo, M&A e IA. Palestrante em mais de 30 cidades em 13 países, professor em nove países, incluindo Brasil, México e EUA, e líder comunidade TransformLatam. <https://www.linkedin.com/in/hcmariano>.

**Henrique Rego Monteiro da Hora.** Acredita que o empreendedorismo é a melhor forma de conectar a universidade à sociedade e crê que os ecossistemas de inovação são a germinação de uma nova matriz econômica. <https://www.linkedin.com/in/henrique-da-hora/>

**Ibson Cabral.** *Agile Coach* na Deloitte, CEO do *podcast* Pipoca Ágil, Diretor de Comunicação e Marketing do IIBA, autor e curador de livros da Jornada Colaborativa, *Head* do *podcast* JornadaCast e facilitador da Software Zen. <https://www.linkedin.com/in/ibson-cabral/>.

**Isabela de Jesus da Silva.** Gestora Pública do Estado do Rio de Janeiro. Lidera a área de Estratégia da Enap. Gradação em Relações Internacionais (PUC-Rio), com especialização em Políticas Públicas (UFRJ) e MBA em Gestão Estratégica de Pessoas (FGV-RJ). <https://www.linkedin.com/in/isabela-de-jesus-da-silva-430b4926/>.

**Jacqueline Viana.** *Agile Coach,* cofundadora e escritora no AgilePink.com e coautora de quatro livros de agilidade. Desde 2018 atuando como líder ágil (Agilista/*Agile Master*/*Agile Coach*/*Scum Master*/*Service Delivery Manager*). <https://www.linkedin.com/in/jacqueline-mba-e-pmp/>.

**Janaina Nolasco Gama.** Consultora, palestrante e professora de vieses inconscientes e de temas de diversidade, sustentabilidade e ESG. Mestra em Direitos Humanos. Coautora de livros e jogos sobre inclusão. <https://www.linkedin.com/in/janaina-nolasco-gama/>.

**José Ricardo Almeida.** Com mais de 20 anos de experiência no gerenciamento de projetos híbridos nas áreas de TI, óleo & gás, jurídico, educação e seguros. Certificações: PMP, PMO-CC, CSPO, CSM, OCEB2, POCC, PTMC. <https://www.linkedin.com/in/jricardoalmeida>.

**Julieta S. Dienstmann.** Em 20 anos de mercado, pude experimentar diferentes abordagens de gestão em diferentes indústrias, o que me ensinou a importância do aprendizado contínuo e a riqueza em compartilhar. <https://www.linkedin.com/in/julietascheidt/>.

**Júnior Rodrigues.** Diretor de Agilidade e Operações na iLAB, CEO da Gespro, Professor de MBA e Mestrado. Possui mais de 18 anos de experiência em consultorias e gestão. MSc. em Administração pela PUC-RJ e com diversas certificações. <https://www.linkedin.com/in/rodriguesjunior>.

**Laíny B. Moraes.** PM apaixonada por tecnologia e inovação, lidera por influência equipes no desenvolvimento de produtos inovadores. Voluntária na ONG Mulheres de Produto, busca apoiar outras mulheres na área da TI. <https://www.linkedin.com/in/lainybm/>.

**Leonardo Spolador.** Designer de UX/UI com extensa experiência, especializado em desenvolver estratégias de design inovadoras que elevam a experiência do usuário e aprimoram produtos em diversas indústrias. <https://www.linkedin.com/in/leonardospolador/>.

**Luciana Mourão Temporal.** Mais de 30 anos de experiência como consultora, executiva e empreendedora em empresas multinacionais e nacionais. Especialista em transformação digital, estratégia de negócios e inovação. <http://linkedin.com/in/luciana-temporal-pmp-mba-54b174>.

**Luiz Garcia.** *Head* de negócios e expansão de mercado, MBA em gestão empresarial. Possui 20 anos de experiência e atuação em grandes *players* de tecnologia como Microsoft, Oracle e Dell. <https://www.linkedin.com/in/luizgarcia-mba-cspo>.

**Luiz Mandarino.** Com 25 anos na área B2B (inovação e marketing), é sócio da Sai do Papel e *cofounder* do Energy Hub. Engenheiro Químico (UFRJ), com MBA (em marketing) e MSc (em Administração) no IBMEC/RJ. É idealizador de CVBs, investidor anjo e *ironman*. <https://www.linkedin.com/in/luizmandarino>.

**Marcelle Cury.** Mestre em Informática e Gestão pelo ISCTE em Lisboa, com ampla experiência em gestão da mudança e gestão híbrida de projetos. Carioca da gema, apaixonada por samba, feijoada e caipirinha. <https://www.linkedin.com/in/marcelle-cury>.

**Marcio Luiz Reis e Pimenta.** CEO da PMQuality Gestão de Projetos e consultor em Gestão de Projetos Tradicionais e Ágeis, com experiência na gestão de empreendimentos no segmento de energia renovável. <https://www.linkedin.com/in/pimentamlr/>.

**Marcos Rodrigues.** Líder experiente com atuação em multinacionais e nacionais. Especialista em gestão empresarial e transformação cultural, buscando resultados excepcionais com métodos ágeis e visão estratégica. <https://www.linkedin.com/in/Marcos-EstrategiaEmpresarial>.

**Mariana de Carvalho Werner Lima.** Apaixonada por tecnologia, com 15 anos de experiência. Carreira construída em desenvolvimento de software, análise de negócios, gerenciamento de produtos, inovação e liderança ágil de times. <https://www.linkedin.com/in/maridcarvalho/>.

**Matheus Antonio Ventura.** Estudante de graduação buscando experiências no mercado para si e outros alunos, presidente da Empresa Júnior em busca de projetos e parcerias na área de biotecnologia, química e gestão ambiental. <http://linkedin.com/in/matheus-antonio-8a6372182>.

**Mauricio Moreira da Silva.** Adepto de práticas ágeis, busca fortalecer os conceitos e práticas do Manifesto Ágil nas ações do dia a dia, pois precisamos estar preparados para acompanhar a agilidade dos negócios. <https://www.linkedin.com/in/mauricio-moreirasilva/>.

**Milene Amoriello Spolador.** *Senior Product Manager* com ampla experiência em liderança ágil e inovação, especializada em elevar o engajamento do usuário e aprimorar o desenvolvimento de produtos em contextos globais. <https://www.linkedin.com/in/milene-amoriello-spolador>.

**Monique Alves Padilha.** Especialista em Gestão de Saúde. Enfermeira exploradora da inovação em saúde, especialista em Atenção Primária com pesquisa e consultoria na área de design de serviços de saúde. <https://www.linkedin.com/in/moniquepadilha>.

**Nelson Siqueira Rangel Netto.** Mestre em Administração (UFES), MBA em Marketing (FGV), MBA em Gestão Empresarial (FGV), MBA em Marketing e Tecnologia da Informação (UFES), administrador, especialista em criatividade e inovação e *podcaster*. <https://www.linkedin.com/in/nelsonrangel/>.

**Núbia Correia.** Gerente de projetos certificada (*Stanford University*). Mestre em Administração. Professora da FGV/PUC-Rio. Coautora de livros. Palestrante. *Coach*/Mentora. Mediadora de Conflitos TJ/RJ. Consteladora familiar. <https://www.linkedin.com/in/nubia-correia/>.

**Patricia Horisawa.** Autora do livro *Análise de indicadores de governança em rankings de cidades inteligentes*. Mestra em Governança, Tecnologia e Inovação. Gerenciou projetos de óleo & gás, seguros, educação e saúde. <https://www.linkedin.com/in/patricia-horisawa-goulart-de-almeida-m-sc-7142731b>.

**Patricia Silva Corrêa.** Analista QA | Teste API | Teste Automação | *JavaScript* | Cypress | Acessibilidade | Usabilidade | Teste de *web*, funcionais e de performance | *Agile Testing*| Mentora QA| Jira| LGPD | *Robot Framework* |. <https://www.linkedin.com/in/patricia-silva-correa/>.

**Paulo Boccaletti.** Autor, palestrante e líder experiente em tecnologia que une desenvolvimento de software e de pessoas para formar equipes de alta performance. <https://www.linkedin.com/in/pauloboccaletti/>.

**Paulo Daniel Silveira de Souza.** Especialista em gestão de projetos e desenvolvimento de novos negócios | Engenheiro Mecânico | Especialização em Gestão Empresarial | MBA em Gerenciamento de Projetos | CSPO | CSM. <https://www.linkedin.com/in/pdanielssouza>.

**Phillip Lemos C. da Costa.** Economista, sócio da Arcani Investimentos e especializado em Captação de Recursos, Renda Fixa, Investimentos e Reestruturação de Dívida. <https://www.linkedin.com/in/phillip-lemos-3b4529b8/>

**Priscila Siqueira.** Química Industrial, mestre e doutora em Processos Químicos e Bioquímicos pela UFRJ. Atua como professora em disciplinas, programas e projetos ligados a processos químicos e meio ambiente. <https://www.linkedin.com/in/pr%C3%ADscila-marques-a3024a34/>.

**Rafael Auday.** Com mais de 15 anos de experiência em produtos digitais, contribuiu para a transformação digital de algumas empresas por onde passou e construiu produtos inovadores em diversos setores. <https://www.linkedin.com/in/rafaelauday/>.

**Raphael Boldrini.** Curioso, eterno aprendiz, coautor e organizador de livros, empreendedor, consultor de TI, avaliador e membro de instituições de apoio e desenvolvimento de negócios. Entusiasta da inovação. Vamos juntos! <https://br.linkedin.com/in/raphaelboldrini>.

**Regiane Moura Mendonça.** Administradora, atuou em gestão de RH em empresas de diversos segmentos e nacionalidades. Proprietária da Regiane Mendonça Consult & Training, instrutora de cursos, palestrante e *coach*. <https://www.linkedin.com/in/regianemendoncarh>.

**Renan Rufino.** *Product Owner* na TBG. Pós-graduando em MBA de gerenciamento de projetos, formado em Tecnologia da Informação, Eletrotécnico, com atuação no mercado como profissional CADista/projetista. <https://www.linkedin.com/in/renanrufino/>.

**Renata Castro.** Analista de Inovação do Departamento de Química, Metalurgia, Novos Materiais e Saneamento Ambiental | Inovação | FINEP | MCTI. <https://www.linkedin.com/in/renata-castro-a6909324/>.

**Ricardo Engelbert.** Professor, consultor e membro de conselho de administração, sempre trabalhando com os temas de inovação e transformação digital. <https://linkedin.com/in/engelbert>.

**Roberta Ferreira.** Atuação em equipes multidisciplinares em empresas nacionais e multinacionais. Acredita na transformação de cenários através da mudança cultural e comportamental. Sejamos pontes! <https://www.linkedin.com/in/roberta-ferreira-4b47024a/>.

**Sarah Lopes.** Carreira desenvolvida em TI (desenvolvimento de software/ gestão de projetos). Idealizadora da *startup* PassandoParaFrente, um projeto que incentiva a colaboração, o reúso, a troca e o compartilhamento. <https://www.linkedin.com/in/sarahlopesbsilva/>.

**Sérgio Murilo Schütz.** Formação em Computação, com especialização em IA, Mestrado em Ciência da Informação. Professor e Coordenador de ensino superior, Avaliador INEP-MEC, CEESC, Sinapse e Centelha SC. Presidente CPA. CTO Doutorize. Representante ANPPD Região Sul. <https://www.linkedin.com/in/sergioschutz/>.

**Simone Alves.** Doutora em Administração e Mestre em Engenharia Química. Professora do Instituto Federal de Educação, Ciência e Tecnologia do Rio de Janeiro (IFRJ) e Pesquisadora de Pós-doutorado na UFRJ. <https://www.linkedin.com/in/simonealvesrj/>.

**Sonia Lopes.** Consultora e professora em MBAs de Gerenciamento de Projetos. Titular na TIP Projetos. Doutora em Administração, PMP, *Scrum Master* e HCMP® 3G *Expert Professional*. Diversos livros publicados. <https://www.linkedin.com/in/sonialopesprojetos>.

**Stella Souto.** Especialista em *Product Operations*, trabalhando com tecnologia desde 2002. Leitora voraz, apaixonada por corridas e dança de salão. Também é instrutora na PM3, palestrante e mentora. <https://www.linkedin.com/in/stellasouto/>.

**Suzana Campos.** Mestre em Administração Pública, Doutoranda em Administração. Servidora Especialista em Políticas Públicas e Gestão Governamental e Gerente de Inovação na Procuradoria Geral do Estado do RJ. <https://www.linkedin.com/in/suzanacampos>.

**Thiago da Silva Pessanha.** Engenheiro de Controle e Automação com mestrado e experiência em robótica, manufatura digital, manufatura em nuvem, impressão e modelagem 3D, desenvolvimento de sistemas eletrônicos e mecatrônicos. <https://www.linkedin.com/in/thiago-da-silva-pessanha-622769112/>.

**Thiago Vial.** Gerente de Tecnologia de Produto na TechnipFMC e professor no IPETEC, é especialista em liderança de equipes e desenvolvimento de tecnologias inovadoras. <https://www.linkedin.com/in/thiagovial-engenharia-projetos>.

**Victor Gonçalves.** *Head* de Inovação e Agilidade da Verity, membro da WFSF, formado em *Design Thinking* pelo MIT, Gestão pela *Copenhagen Business SchoolMaster*, Neurociência pela UFF e professor na FGV e UNIFAA. <https://www.linkedin.com/in/victorgoncalves->.

**Viviane Laporti.** Cofundadora da Athena Informática e *Scrum Master*, é consultora em gestão do conhecimento. Experiência em *agile*, governança de TI, qualidade de software, indicadores e gestão do conhecimento. <https://www.linkedin.com/in/vivianelaporti/>

**Wagner Vieira.** Profissional especializado em gestão de serviços e metodologias ágeis, certificado internacionalmente. Escreve sobre gestão de negócios e governança e é entusiasta da transformação de pessoas e negócios. <https://www.linkedin.com/in/wagner-vieira-872a224a/>.

**Wesley de Sá Teles.** Gestor de projetos de Engenharia e Inovação Tecnológica com atuação em projetos estratégicos em empresas multinacionais no Brasil e no exterior. Especialista em Engenharia, Inovação e Gestão. <https://www.linkedin.com/in/wesleyteles/>.